新时期高校辅导员工作概论

中共北京市委教育工作委员会
高校思想政治工作队伍培训研修中心（北京师范大学） 组编
程建平 主编
李晓兵 王显芳 隋璐璐 副主编

U0866955

XINSHIQI
GAOXIAO FUDAOYUAN
GONGZUO GAILUN

北京师范大学出版集团
BEIJING NORMAL UNIVERSITY PUBLISHING GROUP
北京师范大学出版社

图书在版编目(CIP)数据

新时期高校辅导员工作概论/程建平主编. —北京：北京师范大学出版社，2022.4
ISBN 978-7-303-25746-1

Ⅰ. ①新… Ⅱ. ①程… Ⅲ. ①高等学校—辅导员—工作—概论 Ⅳ. ①G645.1

中国版本图书馆 CIP 数据核字(2020)第 032332 号

营 销 中 心 电 话 010-58802135 58802786
北师大出版社教师教育分社微信公众号 京师教师教育

出版发行：北京师范大学出版社 www.bnupg.com
北京市西城区新街口外大街 12-3 号
邮政编码：100088
印 刷：保定市中画美凯印刷有限公司
经 销：全国新华书店
开 本：730 mm×980 mm 1/16
印 张：25
字 数：325 千字
版 次：2022 年 4 月第 1 版
印 次：2022 年 4 月第 1 次印刷
定 价：89.00 元

策划编辑：何 琳 责任编辑：周 鹏 王思琪
美术编辑：焦 丽 装帧设计：焦 丽
责任校对：陈 民 责任印制：赵 龙

版权所有 侵权必究

反盗版、侵权举报电话：010-58800697
北京读者服务部电话：010-58808104
外埠邮购电话：010-58808083
本书如有印装质量问题，请与印制管理部联系调换。
印制管理部电话：010-58805079

编 委 会

主　编　程建平

副主编　李晓兵　王显芳　隋璐璐

编　委　（按姓氏笔画排序）

于小雷　王　蕾　王显芳　亓振华

牛小游　田　震　任雅才　李　响

邱化民　陈　乐　陈卿庆　单人俊

赵曾臻　胡　曼　倪佳琪　高　超

郭智芳　隋璐璐　韩　舰　鄢雨欣

序　言

教育，不仅是匡正个体的标尺，更是国家发展的基石。党的十八大以来，以习近平同志为核心的党中央高度重视高校思想政治工作，对思政工作队伍寄予厚望。习近平总书记在全国高校思想政治工作会议上的讲话强调："要坚持把立德树人作为中心环节，把思想政治工作贯穿教育教学全过程，实现全程育人、全方位育人，努力开创我国高等教育事业发展新局面。"《中共中央 国务院关于全面深化新时代教师队伍建设改革的意见》指出，要配齐建强高等学校思想政治工作队伍和党务工作队伍，完善选拔、培养、激励机制，形成一支专职为主、专兼结合、数量充足、素质优良的工作力量。

一切伟大的事业都需要合格的人才来担当。大学阶段是人生的拔节孕穗期，此时大学生需要精心的引导和栽培。辅导员是高校思想政治工作队伍中的一支专门力量，是大学生思想政治教育工作一线的教师，对大学生的成长成才有着至关重要的影响。兢兢业业、甘于奉献、奋发有为的辅导员队伍为合格社会主义建设者和接班人的培养作出了重要贡献。这是一支不可或缺的队伍，也是一支值得信赖的队伍。我们必须从党和国家事业发展的全局出发，从战略高度认识加强高校辅导员队伍建设的重大意义。坚持把建设高素质、专业化的辅导员队伍作为高校重要的基础工作，引导广大辅导员做有坚定理想信念、高尚道德情操、扎实专业本领的优秀思想政治工作者。

国势之强由于人，人才之成出于学。把辅导员队伍建设好，让思想政治教育真正入脑入心入行，把立德树人的根本任务落实好，是时代赋予我们的光荣责任。要打造一支高素质、专业化的辅导员队伍，就必须像重视业务骨干和学术骨干一样重视辅导员的选拔和培养，像关心业务骨干和学术骨干成长一样关心辅导员的成长。

习近平总书记提出“政治要强、情怀要深、思维要新、视野要广、自律要严、人格要正”六点要求，这些要求同样适用于辅导员队伍。达到这个要求，要不断地加强辅导员队伍建设，进行有针对性、有计划的培养，不断增强这支队伍的政治素质、理论素养、创新能力等，以实际行动实现总书记对这支队伍的期待。加强辅导员业务培训，提升辅导员的履职尽责能力，也是完善高校治理能力的必要手段之一。

为了更好地规范辅导员培训培养的内容，提升培训培养的水平，进一步加强高校辅导员队伍建设，北京师范大学高校思想政治工作队伍培训研修中心组织相关领导、青年教师和一线辅导员等思政教育的骨干力量和优秀辅导员人才，编写了这本高校辅导员培训和研修教材。希望辅导员抓住机遇、紧跟时代、立德树人、兼济天下，努力成为高素质、专业化、人民满意的好老师。

本书结合了北京师范大学辅导员队伍建设的理论探索和工作实际，内容包括大学生思想理论教育与价值引领、学生党建工作、学风建议与学业指导、学生日常事务管理、心理健康教育与咨询工作、网络思想政治教育、安全教育与危机事件应对、职业生涯规划教育、深度辅导、校园文化建设、理论与实践研究等辅导员日常工作的各个方面，为新时代打造高素质专业化辅导员队伍、加强辅导员工作的理论和实践的探索提供了全新思考。

在此，特向教育部思政司、各位审稿专家及参加本教材撰写的各位作者表示衷心感谢！特别要感谢教育部思政司原司长冯刚教授在本书编写过程中给予的大力支持和指导！由于编写时间有限，不足之处在所难免，欢迎广大读者和使用者多多批评指正。

北京师范大学党委书记　程建平

2022年3月

前　言

2018年习近平总书记在全国教育大会上强调："要精心培养和组织一支会做思想政治工作的政工队伍，把思想政治工作做在日常、做到个人。"高校辅导员作为思想政治工作队伍的重要组成部分，肩负着培养德智体美劳全面发展的社会主义建设者和接班人的重要使命，在新时代应努力做到"政治强、情怀深、思维新、视野广、自律严、人格正"，做好青年学生的"知心人、热心人、引路人"。

一、党的十九大开启了中国特色社会主义建设新时代

2017年10月在北京召开的中国共产党第十九次全国代表大会，深刻回答了新时代坚持和发展中国特色社会主义的一系列重大理论和实践问题，确立了习近平新时代中国特色社会主义思想，描绘了决胜全面建成小康社会、夺取新时代中国特色社会主义伟大胜利的宏伟蓝图，进一步指明了党和国家事业的前进方向。党的十九大强调，建设教育强国是中华民族伟大复兴的基础工程，必须把

教育事业放在优先位置，办好人民满意的教育，号召广大青年在实现中国梦的生动实践中放飞青春梦想，在为人民利益的不懈奋斗中书写人生华章。这些重要论述和战略部署，为新时代高校思想政治工作指明了前进方向，提供了根本遵循。

党的十九大报告指出：“要全面贯彻党的教育方针，落实立德树人根本任务，发展素质教育，推进教育公平，培养德智体美全面发展的社会主义建设者和接班人。”这充分体现了新时代党中央对社会主义现代化建设事业后继有人和国家长治久安的战略思考。

习近平总书记在党的十九大报告的最后部分，用浓墨重彩的一段专门论述青年、寄语青年：“中国梦是历史的、现实的，也是未来的；是我们这一代的，更是青年一代的。中华民族伟大复兴的中国梦终将在一代代青年的接力奋斗中变为现实。全党要关心和爱护青年，为他们实现人生出彩搭建舞台。”总书记的期待，发出了广大青年奋勇投身新时代、接力建功中国梦的动员令，也吹响了新时代落实立德树人根本任务、加快建设教育强国和实现社会主义现代化、建成社会主义现代化强国的冲锋号。高校辅导员要把党中央对青年一代的浓浓深情和无限期待转化为做好青年学生思想政治教育工作的光荣使命和政治担当，教育引导广大青年学生认清历史和时代赋予的责任，为实现中华民族伟大复兴的中国梦贡献青春力量。

习近平总书记在2016年12月召开的全国高校思想政治工作会议上强调：“高校思想政治工作关系高校培养什么样的人、如何培养人以及为谁培养人这个根本问题。要坚持把立德树人作为中心环节，把思想政治工作贯穿教育教学全过程，实现全程育人、全方位育人，努力开创我国高等教育事业发展新局面。”习近平总书记的重要讲话充分肯定了高等教育改革发展和高校思想政治工作取得的成绩，精辟阐述了加强和改进新形势下高校思想政治工作的重大意义、目标定位、主要任务和基本要求，深刻回答了事关高等教育事业长远发展的一系列方向性重大问题，深刻阐明了高校思想政治工作的一系列重大理论和实践问题。总书记还肯定了长期以来高校思想政治工作队伍为高等教育事业发展作出的重要贡献，指出要保证这支队伍后继有人、源源不断。

培养新时代的接班人，关键靠教育。教育是要培养中国特色社会主义事业的建设者和接班人，而不是旁观者和反对派。这就要求高校辅导员必须不忘“教育强国”之初心，牢记“民族伟大复兴”之使命；不忘“立德树人”之初心，牢记“培养接班人”之使命，把习近平新时代中国特色社会主义思想转化为优先发展教育事业的生动实践，使高校始终充满积极向上的正能量，洋溢蓬勃向上的青春活力，展现改革创新的时代风采。

二、习近平新时代中国特色社会主义思想全方位指导工作实践

党的十九大精神是高校辅导员的思想罗盘和行动指南。用习近平新时代中国特色社会主义思想指导高校思想政治工作，就是要系统学习、深入领会，准确把握其中蕴含的时代特征、精神实质、丰富内涵和核心要义，科学认识“新时代”的历史坐标、“新判断”的战略地位、“新使命”的责任担当、“新思想”的真理力量、“新目标”的战略安排、“新要求”的政治保证、“新期待”的光荣职责。其中，尤其要深刻领会社会主要矛盾转化为人民日益增长的美好生活需要与不平衡不充分发展之间的矛盾变化在高校辅导员工作中的体现。

第一，培养目标的统一性与青年多样性之间的矛盾。党的十九大报告对青年提出了“有理想、有本领、有担当”的期望，而新时代高校思想政治教育的任务就是培养担当民族复兴大任的时代新人，这体现了培养目标的统一性。但是在实际工作中，工作目标的统一

性面临教育对象实际情况多样性的挑战。当代青年学生追求个性化、多样化，青年思想具有层次性和复杂性。同时，由于自身思维方式、认识能力、成长经历等存在差异，青年大学生对未来发展目标的界定和认识层次与学校培养目标存在一定差距，迫切需要辅导员的引导。

第二，辅导员工作内容的相对稳定与社会环境的复杂多变之间的矛盾。辅导员从事思想政治教育，其内容丰富权威，在一定阶段内具有稳定性，而现实社会生动鲜活、瞬息万变，尤其是在经济全球化、信息网络化、多元文化交锋的时代，青年学生思想活跃，获取信息的需求和能力得到极大提升，而且极易被负面社会舆论带偏，陷入从众式迷茫。网络时代青年学生的认知特点呼唤辅导员改变传统教育方式，灵活运用党的理论创新成果，及时回应学生关注的社会热点，采用鲜活的话语方式解疑释惑，采用一对一谈心谈话，提高思想政治工作的说服力、亲和力和感染力。

第三，思想政治教育形成育人合力的要求和思想政治教育队伍各自为战之间的矛盾。在高校思想政治教育格局中，思想政治理论课教学和日常思想政治教育是两项重要内容，是主渠道和主阵地，扮演着不同的角色，发挥着不同的作用。高校辅导员是开展大学生思想政治教育的骨干力量。这种力量的发挥需要高校思想政治工作队伍形成育人合力，需要党政干部和共青团干部、思想政治理论课教师和哲学社会科学课教师、辅导员和心理咨询教师立足本职工作，打破孤岛，互相补充，同向同行，共同发力，形成协同育人格局，实现全员育人、全过程育人、全方位育人的稳定状态。

三、高校辅导员要勇于承担历史使命奋勇向前

党和国家历来重视辅导员队伍建设。2017 年 10 月重新修订的

《普通高等学校辅导员队伍建设规定》明确，高校辅导员是开展大学生思想政治教育的骨干力量，是高等学校学生日常思想政治教育和管理工作的组织者、实施者、指导者。辅导员应当努力成为学生成长成才的人生导师和健康生活的知心朋友。

高校辅导员工作进入新时代，要求高校辅导员树牢“四个意识”、增强“四个自信”，用习近平新时代中国特色社会主义思想武装头脑、指导实践、推动工作，将党的最新理论成果贯彻到高校思想政治工作全过程、落实到党的建设各方面，努力推进课程、科研、实践、文化、网络、心理、管理、服务、资助、组织等方面工作的育人一体化新模式，打通育人“最后一公里”，使教育教学更有温度、思想引领更有力度、立德树人更有效度，在新时代新境界上，进一步激发青年学生在为人民利益的不懈奋斗中书写人生华章的理想和志向，努力谱写新时代辅导员工作新篇章。

首先，更加重视青年学生思想引领，广泛开展理想信念教育。坚定的理想信念不仅是共产党人的精神之“钙”，也是青年学生的精神支柱。高校辅导员要坚持问题导向和目标导向相统一，瞄准助力青年学生发展的薄弱环节，以培养担当民族复兴大任的时代新人为着眼点，以社会主义核心价值观为引领，把改革开放的伟大成就作为最有说服力的教材，做好“学习十九大、永远跟党走”主题党日团日活动，推动学生将能力培养与理想信念、价值理念、道德观念的树立有机结合，引导学生树立家国情怀，将育人工作落到实处。

其次，更加重视网络思想政治教育，敢于为新时代亮剑发声。网络时代，任何人无法置身网外，每一条新闻热点都会牵动青年学生的心，青年学生在哪里，辅导员就应该在哪里，思想政治教育就应该出现在哪里。2018 年 1 月 4 日，全国高校思想政治工作网开通，这是全国高校思政工作的资源集散库、思想文化策源地和宣传舆论风向标。高校辅导员既要俯身钻研学习、立身实践探索，又要在系统谋划、提升质量上下功夫，补齐网络思想政治教育的弱项和短板，强化网络意识，树立网络思维，拓展网络平台，创作有态度、有温度、有厚度、有力度的网络文化作品，在众说纷纭中凝聚共识，在众声喧哗中唱响主旋律，努力成为能够在网络上引领青年学生的领路人。

最后，更加重视自身能力素质提升，助力协同育人格局的形成。高校协同育人是新时代人才培养的内在要求，能够促进青年做到知行合一。辅导员要在协同育人中发挥积极促进作用，挖掘自身在“十大育人”体系中的独特作用，与思想政治工作队伍互相配合、相得益彰、形成育人合力。打铁必须自身硬，高校辅导员在践行党的创新理论中要起到带头作用，要以习近平新时代中国特色社会主义思想为引领，深入学习思想政治理论知识，了解世界大势和国家改革发展实际，扩展格局、开阔眼界，努力成为贯彻落实党的十九大精神的排头兵、职业化专业化建设的推动者和提高工作科学化水平的先行军。

本书的编写以习近平新时代中国特色社会主义思想为指导，聚焦党的十九大精神提出的新任务新要求，落实全国高校思想政治工作会议精神，全方位展现新时代辅导员应当具备的能力素质，号召广大高校辅导员立足新时代，不忘教育强国的初心，牢记民族复兴的使命，自觉用习近平新时代中国特色社会主义思想武装头脑、指导实践，着力培养担当民族复兴大任的时代新人，为实现第二个百年奋斗目标、实现中华民族伟大复兴的中国梦提供强大的人才保障和智力支撑。

全书共分为十二章。导论，主要介绍新时期高校辅导员工作的历史沿革、高校辅导员培养与发展、新时期高校辅导员专业化职业化专家化发展。第一章至第十一章，主要从思想理论教育和价值引领、党团和班级建设、学风建设与学业指导、学生日常事务管理、心理健康教育与咨询工作、网络思想政治教育、安全教育与危机事件应对、职业生涯规划教育、深度辅导、校园文化建设、理论和实践研究等方面，详尽阐述辅导员工作的理论、方法，分析了具体的辅导员工作案例。

本教材的定位是为新入职辅导员培训，在撰写时更加注重理论和实践相结合。希望本书的出版能够给新入职辅导员提供工作借鉴，帮助新入职辅导员尽快适应工作角色，解决工作中实际遇到的问题，从而提升工作科学化水平，为我国高校思想政治教育工作的发展贡献力量。

目　录

导论　新时期高校辅导员工作概述

第一节　高校辅导员工作的历史沿革

高校辅导员工作不是突然产生的，它的萌发发展经历了长期的过程。对大学生进行思想政治教育，可以追溯到延安时期，中国共产党在长期的革命斗争中积累了丰富的大学生思想政治教育经验。新中国成立后正式建立高校政治辅导员工作制度，这是中国共产党一贯重视青年学生、重视思想政治工作的体现。

高校辅导员工作的发展演进与党和国家发展进程一脉相承，各个历史时期并非一帆风顺，既有成功的经验，又有挫折和教训。以标志性的历史事件或标志性的政治文件的出台为依据，大体可以将高校辅导员工作的历史沿革划分为确立起步阶段、稳步探索阶段、发展壮大阶段和全面展开阶段。以2016年全国高校思想政治工作会议为新起点，高校辅导员工作迎来了科学发展的新时代。

一、确立起步阶段(1952—1978 年)

新中国成立以后，党和国家高度重视高等教育发展，逐步确立了高校辅导员制度。1951 年 11 月 30 日政务院批准的《关于全国工学院调整方案的报告》中就提出“设立专人担任各级政治辅导员，主持政治学习思想改造工作”。1952 年 10 月 28 日，《教育部关于在高等学校有重点地试行政治工作制度的指示》指出，“全国高等学校在思想改造学习后，应有准备地在校内设立政治工作机构，其名称可称为政治辅导处”，“政治辅导处设辅导员若干人，应在教师和学生中选取具有一定理论水平和政治品质优良者充任”。1953 年 4 月，清华大学设立了政治辅导员制度，也就是“双肩挑”制度(一肩挑业务学习，一肩挑思想政治工作)。蒋南翔同志曾把政治辅导员队伍形容为“学生政治代表队”，与学习代表队和文体代表队并称为“三支代表队”，发挥示范引领作用，带领全校学生一起向着“又红又专、全面发展”的目标前进。由此，清华大学的经验推广到全国。

1961 年 9 月中共中央批准试行《教育部直属高等学校暂行工作条例(草案)》，也即“高教六十条”，这是在中共中央文件中第一次正式提出要在高等学校设置专职政治辅导员，这是高校思想政治方面的创举，是政治辅导员专职化的开端。但是由于这个时期在“以阶级斗争为纲”这个大的社会背景下，辅导员工作呈现出曲折发展。尤其是在“文化大革命”中，辅导员工作受到很大冲击。

二、稳步探索阶段(1978—2004 年)

1978 年 12 月，党的十一届三中全会开始了改革开放的伟大征程，党和国家高度重视高等教育事业大发展。高校政治辅导员的工作职责和角色分工都有了长足的发展和进步。

1980 年 4 月,《教育部、共青团中央关于加强高等学校学生思想政治工作的意见》要求“各校要根据具体情况建立政治辅导员制度或班主任制度”。1981 年 8 月,召开了全国学校思想政治教育工作会议。1984 年 6 月,召开了全国高等学校思想政治工作会议。1984 年 11 月 13 日,《中央宣传部、教育部关于加强高等学校思想政治工作队伍建设的意见》,对高等学校思想政治工作队伍的结构,专职思想政治工作人员的政治素质、知识水平、来源、发展方向、培训、待遇以及表彰等提出了意见。1987 年 5 月《中共中央关于改进和加强高等学校思想政治工作的决定》、1994 年 8 月 31 日《中共中央关于加强和改进学校德育工作的若干意见》和 1999 年 9 月 29 日《中共中央关于加强和改进思想政治工作的若干意见》指导基层高校对辅导员工作进行了新的探索。

三、发展壮大阶段(2004—2016 年)

2004 年,中共中央、国务院下发了《关于进一步加强和改进大学生思想政治教育的意见》即“16 号文件”,这是高校思想政治教育工作的纲领性文件,为高校辅导员队伍走向专业化和职业化奠定了重要基础。为落实“16 号文件”精神,教育部于 2005 年 3 月发布了《教育部关于加强高等学校辅导员、班主任队伍建设的意见》作为配套文件。

2006 年 4 月,全国高校辅导员队伍建设工作会议在上海召开。同年 5 月教育部发布《普通高等学校辅导员队伍建设规定》,即“24 号令”。“24 号令”明确了加强辅导员队伍建设的意义和目的,详细规定了高校辅导员队伍的角色定位、岗位职责和素质要求,是辅导员队伍建设的纲领性文件,开启了辅导员队伍建设专业化、职业化建设的序幕。由此往后十年间，辅导员队伍专业化、职业化建设大力推进，全国辅导员人数从2006年的6.9万增加到2016年的13.6万人，年龄结构、学历结构、知识结构日趋合理，在一系列重点时期、重大活动、重要事件中发挥了突出作用。

2014年3月，教育部制定印发了《高等学校辅导员职业能力标准(暂行)》详细界定了辅导员的职业定义、等级、能力特征、基本要求和能力标准，进一步增强辅导员职业的社会认同，强化了辅导员队伍建设的政策导向，充实丰富辅导员工作的专业内涵，规范辅导员的工作范畴，进一步推动了高校辅导员队伍专业化、职业化发展。

四、全面展开阶段(2016年至今)

2016年12月7—8日，全国高校思想政治工作会议在北京召开，习近平总书记出席会议并发表了重要讲话，他高度肯定了思想政治工作队伍的成绩，指出，长期以来，高校思想政治工作队伍兢兢业业、甘于奉献、奋发有为，为高等教育事业发展做出了重要贡献。要拓展选拔视野，抓好教育培训，强化实践锻炼，健全激励机制，整体推进高校党政干部和共青团干部、思想政治理论课教师和哲学社会科学课教师、辅导员班主任和心理咨询教师等队伍建设，保证这支队伍后继有人、源源不断。总书记的肯定极大地鼓舞了高校辅导员队伍。

作为此次会议的配套文件，中共中央、国务院下发了《关于加强和改进新形势下高校思想政治工作的意见》，即“31号文件”。为落实“31号文件”精神，教育部于2017年10月1日期施行《普通高等学校辅导员队伍建设规定》，即“43号令”。“31号文件”“43号令”是原“16号文件”“24号令”在社会主义现代化建设新时代的升级版和加强版，是党的理论创新成果在思想政治教育、在高校辅导员工作上的集中体现。随后，2017 年 12 月 4 日，中共教育部党组印发《高校思想政治工作质量提升工程实施纲要》，详细规划了课程、科研、实践、文化、网络、心理、管理、服务、资助、组织等“十大育人”体系的实施内容、载体、路径和方法，以解决高校思想政治工作发展不平衡不充分问题，构建一体化育人体系，打通育人最后一公里，使高校思想政治工作更好地适应和满足学生成长诉求、时代发展要求、社会进步需求，不断提升工作科学化水平。

当前高校辅导员工作正处在高速发展的黄金时代，高校辅导员处在大有可为的关键时期，工作有条件、干事有平台、待遇有保障、发展有空间，一定能够在实现中华民族伟大复兴中国梦的伟大实践中谱写更加壮美的诗篇。

第二节　高校辅导员的培养与发展

辅导员培养与发展的历史脱胎于高校辅导员工作的沿革史，昭示辅导员队伍建设从无到有、从弱到强。进入新时期，党和国家高度重视辅导员培养与发展。中共教育部党组在 2006 年、2013 年分别印发《普通高等学校辅导员培训规划》打造辅导员培训体系，使辅导员思想政治素质、职业素养、业务水平大幅提升，为大学生思想政治教育的科学发展提供了有力支撑。

除出台制度文件形成体制机制保障外，党和国家还为辅导员发展搭建了广阔平台。举办全国大学生心理健康教育工作专题培训班，培育建设三批全国高校心理健康教育与咨询示范中心。建设全国网络文化研究评价中心，加强对优秀网络文化成果的评价认证，将优秀网络文化成果纳入科研成果统计、职务职称评聘和评奖评优条件，增强高校师生网络上发声的内生动力。开展全国高校辅导员年度人物评选、全国高校辅导员工作优秀论文评选，举办高校辅导员职业能力大赛，实施思想政治教育中青年杰出人才支持计划、高校辅导员在职攻读博士学位等专项计划，加大高校思想政治工作队伍培训力度，强化抓党建和思想政治工作的职责和意识，提高辅导员的思想水平和工作能力，使辅导员真正成为开展高校思想政治工作、引导学生成长成才、维护学校和谐稳定的中坚力量。

以 2016 年为例，党和国家在辅导员培养与发展方面构建起全方位、多渠道培养体系，极大推进了辅导员队伍的专业化、职业化建设。全国新成立 8 个高校辅导员发展研究中心。原有的 21 个教育部高校辅导员培训研修基地共举办 34 期示范培训班，培训辅导员骨干 2000 余名。有 110 名优秀辅导员、学工干部参加海内外访学研修，一些高校招收 150 名辅导员在职攻读博士学位。同步推进网络培训，“辅导员网络学院”“辅导员网络培训中心”，研制开发辅导员网络培训核心课程，扩大辅导员高水平培训的覆盖面。

第三节　新时期高校辅导员专业化职业化专家化发展

2019 年 3 月，中共中央、国务院印发的《中国教育现代化 2035》强调要“夯实教师专业发展体系，推动教师终身学习和专业自主发展”，让教育者先受教育，让教育者更加专业。作为高校教师的重要组成部分，高校辅导员队伍只有深刻把握中国教育现代化的新要求、遵循高校辅导员队伍建设的逻辑规律、坚持以促进学生全面发展为目标，才能确保队伍发展的质量和高校思想政治教育的实效。高校辅导员工作是一项用心灵陪伴心灵、用青春点燃青春、用梦想照亮梦想的事业。保持事业之树常青，需要辅导员走出一条专业化、职业化、专家化的发展之路。

一、专业化

切实增强高校辅导员队伍发展专业化是新时代辅导员队伍建设的内在要求，它有利于更好地激发高校辅导员的工作积极性和实现岗位价值。一般而言，专业化指一个普通职业逐渐符合专业标准，成为专门职业并获得相应的专业地位的过程。辅导员专业化是从辅导员队伍整体工作能力的角度，要求由经过专门培训、具备相关知识和能力的人来从事辅导员工作，推动辅导员职业向相对独立的方向发展，并使辅导员队伍成为高素质、高效率的群体。辅导员工作成为一门专业需要一定行业标准，为此，高校对辅导员的职责和任务、管理和考核等进行了严格规定。

《高等学校辅导员职业能力标准(暂行)》指出辅导员的职业知识包括基础知识(具备宽广的知识储备，了解马克思主义理论、哲学、政治学、教育学、社会学、心理学、管理学、伦理学、法学等学科的基本原理和基础知识)、专业知识(思想政治教育专业基本理论、基本知识、基本方法、马克思主义中国化相关理论及知识、大学生思想政治教育工作实务相关知识)和法律法规知识。这些知识体系构成了辅导员专业化的前提。目前，绝大多数辅导员每年参加过至少一次的职业咨询、心理咨询、职业技能等方面的学习，有些成为国家心理咨询师、国家职业指导师、KAB创业导师、GCDF生涯导师或人才测评师。

新时代高校辅导员队伍专业化发展需要深刻把握中国教育现代化的新要求、遵循高校辅导员队伍建设的逻辑规律、坚持以促进学生全面发展为目标，以应对时代之变、满足社会需求、服务学生成长。专业化知识体系的构建成为辅导员专家化的基础。推进高校辅导员队伍专业化，要找准着力点，构建辅导员专业学科理论体系，强化专业化发展的理论支撑；要完善专业能力培养体系，分类提升辅导员队伍专业发展能力；要稳固辅导员队伍人员结构和数量，保障专业化建设持续推进。

二、职业化

辅导员的职业化是从个体发展角度来看，是指高校思想政治工作队伍中有一部分专业人才长期从事这项工作，成为这支队伍中相对稳定的中坚力量，能够保证队伍持续发展；也是指辅导员个体的职业素养、职业道德和职业精神要达到一定的专业标准。《高等学校辅导员职业能力标准(暂行)》中指出，辅导员的职业守则是爱国守法、敬业爱生、育人为本、终身学习、为人师表；辅导员的职业能力特征是政治强、业务精、纪律严、作风正。具备思想政治教育工作相关学科的宽口径知识储备。具备较强的组织管理能力和语言、文字表达能力，及教育引导能力、调查研究能力等。这些政策措施将最大限度地满足人尽其才、人职匹配，提升辅导员职业热情，提高辅导员终身从事这项工作的保障，加强辅导员的职业认同和专业归属，塑造辅导员特有的职业形象，使辅导员静下心来踏踏实实做好本职工作，这将成为辅导员职业的标准化发展路径。

目前辅导员招聘中，大部分高校已将学历水平要求提升至硕士研究生，有的高校要求博士研究生。每年辅导员岗位都吸引大量毕业生报名，辅导员岗位的吸引力和影响力日渐增加。教育部门和高校通过辅导员讲形势与政策课的课程建设、通过评比评优、通过拍摄辅导员微电影和人物肖像画等形式，极大增强了辅导员的职业认同感和荣誉感，增加了社会对辅导员的认可度和美誉度。

三、专家化

《高等学校辅导员职业能力标准(暂行)》规定了辅导员职业能力标准，对初级、中级、高级辅导员要求依次递进。初级辅导员一般工作年限为1～3年，中级辅导员工作年限为4～8年，高级辅导员一般工作8年以上，具有丰富的实践经验，较高的理论水平和学术修养，在思想政治教育工作某一领域有深入研究并具备影响力的成果，成为该领域的专家。按照职业功能划分，高校辅导员可以成为思想政治教育专家、党建专家、学生事务管理专家、心理健康教育专家、网络思想政治教育专家、校园公共危机管理专家、职业规划与就业指导专家，并对专家工作内容、能力要求、相关理论和知识要求做出了详细规定，是辅导员专家化的指南。

经过多年的培训和学历提升规划，高校辅导员学历程度普遍有了明显提高，辅导员参与主持课题的积极性不断提高，有更多辅导员公开发表研究论文、出版专著。在历届全国高校辅导员年度人物中，已经出现了专家化辅导员，如教育部首批思想政治教育中青年杰出人才支持计划入选者重庆大学蒲清平教授。

为推动辅导员队伍专家化发展，着力培育一批高校思想政治工作骨干力量，教育部于2018年实施“高校思想政治工作中青年骨干队伍建设项目”支持计划，每年遴选一次，云南大学辅导员朱丹等成为首批入选者。

第一章　思想理论教育与价值引领

第一节　高校思想政治教育工作概述

高校思想政治工作关系高校培养什么样的人、如何培养人以及为谁培养人这个根本问题。要坚持以立德树人为根本，把思想政治工作贯穿教育教学全过程，形成并完善全员全程全方位育人格局。党历来高度重视高校思想政治工作。2016 年 12 月，全国高校思想政治工作会议在北京召开，习近平总书记发表重要讲话，强调把思想政治工作贯穿教育教学全过程，开创我国高等教育事业发展新局面。随后党中央、国务院印发《关于加强和改进新形势下高校思想政治工作的意见》，中共教育部党组印发《高校思想政治工作质量提升工程实施纲要》，为新形势下高校思想政治工作进一步指明了方向，提供了基本遵循。

高校全面系统学习贯彻党的十八大、十九大精神，树牢“四个意识”、增强“四个自信”，用习近平新时代中国特色社会主义思想武装头脑、指导实践、推动工作，将党的最新理论成果贯彻到高校思想政治工作全过程、落实到党的建设各方面。充分发挥政治建设在高校党的建设中的统领作用，充分发挥理想信念教育在高校思想政治工作中的先导作用，充分发挥意识形态工作在高校政治生态建设中的决定作用，充分发挥高校思政工作队伍在践行党的创新理论中的带头作用，努力开创高校思想工作新局面。

一、掌握高校思想政治工作领导权，平台机制建设进一步健全

高校作为思想政治工作前沿阵地，肩负着学习研究宣传马克思主义、培养中国特色社会主义事业合格建设者和可靠接班人的重大任务。做好高校思想政治工作，加强高校意识形态阵地建设，事关党对高校的领导，事关全面贯彻党的教育方针，事关中国特色社会主义事业后继有人。《关于加强和改进新形势下高校思想政治工作的意见》中指出，要加强和改善党对高校的领导，强化院(系)党的领导，加强高校基层党建工作。

加强党对高校的领导，特别是加强和改进党对高校思想政治工作的领导，是办好中国特色社会主义大学的根本保证。近年来，各高校积极推进思想政治工作，主动掌握思想政治工作领导权，构建大思政工作机制，动员各条战线、各个部门，协同演奏好高校思想政治工作的大乐章。各级党委把高校思想政治工作摆在重要位置，加强领导和指导，形成党委统一领导、各部门各方面齐抓共管的工作格局，建立健全统一领导、权责清晰、齐抓共管、分工明确、运转有序的工作机制。

二、社会主义核心价值观教育贯穿全过程，思想阵地建设不断加强

培育和践行社会主义核心价值观，是高校思想政治工作的核心内容。各地各高校始终紧紧抓住这一主线，切实加强课堂教育、宣传引导、活动渗透、示范带动、社会实践、文化熏陶、典型塑造、志愿服务、社会协同和制度保障等路径探索，着力加强社会主义核心价值观教育，引导广大师生做社会主义核心价值观的坚定信仰者、积极传播者、模范践行者，与此同时，网络思想阵地建设同步推进。在信息化背景下，推进高校网络空间建设改革创新，真正成为运用现代传媒新手段的行家里手，是做好高校思想政治工作的题中应有之义。如今，多地高校正在创新教学方法，积极探索课堂教学、实践教学和网络教学相结合的新路子，实现课堂育人、实践育人和网络育人的协调推进。

三、高校思想政治工作队伍素质提升，工作格局不断拓展

近年来，教育部先后出台加强教师队伍建设、高校青年教师思想政治工作、建立健全高校师德建设长效机制等文件，划出师德建设红线，推动建立师德一票否决制，师德建设制度体系基本形成，涌现出了一大批教书育人楷模，发挥了有力的示范带动作用。

高校按照有理想信念、有道德情操、有扎实学识、有仁爱之心的好教师标准，加强教师队伍建设。全国现有思政课教师近 7 万人、辅导员 13 万名，中青年教师已成为思政课教学的主干力量，很多高校评选的“最受本科生喜爱的教师”“最受研究生喜爱的教师”，都有

思想政治工作队伍的教师入选。在各地各高校，提升教师队伍素质的行动持续开展。

蓬勃成长的新一代大学生是高校思想政治工作的对象和主体，从目标对象的实际需求出发，站在中华民族伟大复兴的战略高度，将思想政治工作深刻融入立德树人的全过程和各个环节，以精进的态度、创新的意识、多元的格局，统筹协调校内校外、课内课外、线上线下等各方面资源和力量。在构建高校思想政治工作大格局的进程中，各高校正以踏石留印、抓铁有痕的劲头，以钉钉子的精神，努力谱写加强和改进新形势下高校思想政治工作的新篇章。

第二节　高校思想理论教育与价值引领的主要内容

《普通高等学校辅导员队伍建设规定》中指出，辅导员的主要职责是进行思想理论教育和价值引领，引导学生深入学习习近平总书记系列重要讲话精神和治国理政新理念新思想新战略，深入开展中国特色社会主义、中国梦宣传教育和社会主义核心价值观教育，帮助学生不断坚定中国特色社会主义道路自信、理论自信、制度自信、文化自信，牢固树立正确的世界观、人生观、价值观。掌握学生思想行为特点及思想政治状况，有针对性地帮助学生处理好思想认识、价值取向、学习生活、择业交友等方面的具体问题。

一、深入学习贯彻习近平新时代中国特色社会主义思想

习近平新时代中国特色社会主义思想是对马克思列宁主义、毛

泽东思想、邓小平理论、“三个代表”重要思想、科学发展观的继承和发展，是马克思主义中国化的最新成果，是党和人民实践经验和集体智慧的结晶，是中国特色社会主义理论体系的重要组成部分，是全党全国人民为实现中华民族伟大复兴而奋斗的行动指南，也是高校教育工作的行动指南。高校辅导员肩负着宣传马克思主义、培养社会主义接班人和建设者的重大使命，因此必须紧紧围绕培养社会主义接班人和建设者这一主题，以习近平新时代中国特色社会主义思想为根本遵循，确保党的建设、教书育人、科学研究、行政后勤等各项工作不出方向性偏差，不留根本性隐患，沿着正确的道路前进。

(一)做新思想的传播者和新方略的阐释者

习近平新时代中国特色社会主义思想是一个主题鲜明、内容丰富、思想深邃、博大精深的完整科学理论体系，学习贯彻习近平新时代中国特色社会主义思想是一个持续推进、逐步深化的过程。高校辅导员要引导学生学习习近平新时代中国特色社会主义思想核心内容，深刻领会其精神实质、丰富内涵、核心要义和时代特征。同时，将习近平新时代中国特色社会主义思想和日常工作开展紧密结合，以立德树人为根本、理想信念为核心、社会主义核心价值观为引领，坚持全员、全程、全方位育人的要求，培养学生从思想深处、灵魂深处产生认同感，增强道路自信、理论自信、制度自信和文化自信，真正成为中国特色社会主义的坚定信仰者、忠实执行者、自觉实践者和积极促进者。

(二)以新思想引领新实践

习近平新时代中国特色社会主义思想对高校辅导员开展思想政治教育工作提出了新的要求。高校辅导员应该立足教育教学岗位，创新工作方式方法，发挥社会实践育人功能，努力为高校学生搭建更加广阔的平台。同时，辅导员应以习近平新时代中国特色社会主义思想为指导，按照高校思想政治工作会议总体部署，围绕思政工作薄弱环节，进一步强化思想引领，推进思政工作改革创新，营造良好思政育人氛围，使科学理论真正成为指导实践、推动工作的思想武器。

二、切实加强中国特色社会主义理论体系学习教育

走具有中国特色的高等教育发展道路，扎实办好中国特色社会主义高校，是时代为高等教育领域提出的重大任务。高校辅导员作为学生思想政治工作一线的组织者和承担者，肩负着培养中国特色社会主义接班人的重大使命，其不仅要自身学习中国特色社会主义理论体系基础知识，更要引导学生加强中国特色社会主义理论体系学习教育。

(一)积极开展中国特色社会主义理论体系学习教育

高校辅导员应积极开展中国特色社会主义理论体系学习教育活动。始终坚持马克思主义理论教育，引导学生正确认识世界和中国发展大势，从党探索中国特色社会主义历史发展和伟大实践中，认识和把握人类社会发展的历史必然性，认识和把握中国特色社会主义的历史必然性，不断树立为共产主义远大理想和中国特色社会主义共同理想而奋斗的信念。

(二)推动中华优秀传统文化融入教育工作

高校辅导员应帮助学生不断坚定中国特色社会主义道路自信、理论自信、制度自信和文化自信，而在“四个自信”中，文化自信居

于灵魂性地位。习近平总书记在党的十九大报告中指出，深入挖掘中华优秀传统文化蕴含的思想观念、人文精神、道德规范，结合时代要求继承创新，让中华文化展现出永久魅力和时代风采。高校作为高层次人才的培养基地，在继承和发扬中华优秀传统文化方面有重要责任。因此，高校辅导员应组织学生开展主题活动，将优秀的传统文化切实融入当代大学教育实践中，以优秀的文化精神濡染学生的心灵和塑造学生的人格。

三、广泛开展中国梦宣传教育

中国梦的提出，以其通俗亲和的话语表达方式给当代中国社会和中国人民一个既有憧憬超越又看得见摸得着的目标，一个既科学崇高又喜闻乐见的理想，让中国特色社会主义更加亲和、更加清晰、更加具体。高校开展中国梦宣传教育活动是引导广大师生健康成长的重要方式，既能增强广大师生对中国梦的认知认同，集聚同心共筑中国梦的正能量，又能强化广大师生对自身所肩负责任和使命的深刻认识，激发其强烈的爱国心、强国愿、报国志。

(一)坚定理想信念，仰望星空脚踏实地

加强大学生理想信念教育，是高等教育人才培养的重要课题，是促进学生健康成长和全面发展的现实需要，也是应对当前日益复杂的意识形态形势的必然选择。习近平总书记在多次讲话中，都提及理想信念对于青年的重要性。高校辅导员应肩负起引导青年大学生树立正确理想信念的重任，引导学生在中国梦的引领下树立崇高理想和人生奋斗目标，增强对中国特色社会主义道路的信心，胸怀国家、民族与人民，志存高远，脚踏实地，做社会主义建设事业的栋梁之材。

(二)唱响主旋律，领会中国梦的精神实质

高校辅导员应着力引导学生领会中国梦的精神实质，通过多渠道多方式深入开展中国梦宣传教育活动。高校辅导员要在把握内涵上下功夫，引导学生坚定理想信念、构筑精神支柱，与此同时，辅导员还应在进一步结合融入上下功夫，将中国梦的宣传教育与党的十九大精神的学习宣传贯彻有机融合，与中国特色社会主义的宣传教育有机融合，与社会主义核心价值体系建设有机融合，与高等教育质量的全面提高有机融合，引导学生凝聚实现中国梦的强大力量。

(三)筑牢主阵地，做好学生第二课堂的组织者

高校辅导员应做好学生第二课堂的组织者，切实增强第二课堂的实用性，使其成为思政教师第一课堂的增效器，积极推进第一课堂与第二课堂协同育人。在思想政治理论课程的基础之上，引导学生积极投身于实现中国梦的生动实践，以形式多样的社会实践活动为载体，引导学生深入基层、深入群众，帮助他们将对中国梦的感性认识转化为理性认识，将对中国梦的认识、认知、认同落实到具体的行动上，以实干托起中国梦。

四、践行和培育社会主义核心价值观

中共中央办公厅2013年12月印发的《关于培育和践行社会主义核心价值观的意见》(以下简称《意见》)强调，要“把培育和践行社会主义核心价值观融入国民教育全过程”。这是对我国教育界的一个总体要求，而高等教育是国民教育的重要组成部分，把培育和践行社会主义核心价值观融入大学生思想政治教育全过程，既是贯彻《意见》的必然要求，更是增强大学生价值观教育针对性和实效性的时代

召唤。

(一)引导学生树立正确的世界观、人生观和价值观

大学生的世界观、人生观、价值观教育与培养是思想政治工作的核心内容。高校辅导员应掌握主题教育、党团活动、社会实践活动等思想政治教育的基本方法，引导学生树立正确的世界观、人生观和价值观；激励学生自觉把个人的理想追求融入国家和民族的事业中，勇做走在时代前列的奋进者、开拓者；引导学生正确认识远大抱负和脚踏实地的关系，把远大抱负落实到实际行动中。

(二)落实“四个意识”教育宣传

高校辅导员应着力增强大学生国家意识、法治意识、社会责任意识和家庭教育意识的教育宣传，充分整合利用高校文化教育资源，增强大学生对国家和民族的认同感和归属感，使大学生形成符合社会发展需要的法治心理、法治观念、法治理论和法治信仰。

(三)全面提升大学生道德素养

习近平总书记在全国高校思想政治工作会议上强调，高校应该进一步增强立德树人的紧迫感、责任感和使命感，坚持立德树人的核心地位不动摇。立德树人是大学的立身之本，是对人才培养的根本要求，立德就是确立培养崇高的思想品德。高校辅导员应积极引导学生提高践行社会主义核心价值观的自觉性，把社会主义核心价值观的行为规范外化为日常实践，慎思笃行；时刻铭记教书育人使命，以良好的道德示范做学生健康成长的指导者和引路人；以诚信建设为重点，加强对学生社会公德、职业道德、家庭美德、个人品德教育的培养，提升整体道德水准。

五、密切关注学生思想状况，切实解决学生实际问题

高校辅导员处在思想政治工作的最前沿，做好辅导员工作必须深入到学生中去，了解和掌握学生的思想动态，把握学生思想脉搏，摸清学生的思想发展规律，才能有的放矢地进行教育。同时，高校辅导员应采用多样化的沟通交流方式，有针对性地了解学生需求，帮助学生处理各个方面的具体问题，真正做到关心学生发展、助力学生成长。

(一)掌握学生思想特点、动态及思想政治状态

大学生思想活跃、情感丰富、接受新生事物快。因此，要让大学生敞开心扉，及时有效掌握学生思想动态，高校辅导员应具备过硬的思想政治素质、广博的知识兴趣和一定的深度辅导技巧方法。高校辅导员应着力通过学生干部例会、主题班会、宿舍座谈会以及心理访谈网络交流会等多渠道开展工作，及时了解学生动态。同时，高校辅导员应通过查阅档案、日常观察、一对一谈心谈话、问卷调查等方式，收集学生基本信息，了解学生思想动态，对学生关心的热点、焦点问题，及时进行教育和引导。

(二)有针对性地帮助学生处理具体问题

高校辅导员应致力于有针对性地帮助大学生处理好学习成才、择业交友、健康生活等方面的具体问题。譬如，引导大学生具体落实学业、职业生涯规划，帮助学生分析规划中存在的问题；积极开展就业指导和服务工作，为学生提供高效优质的就业指导和信息服务；把握“导”的方向和内容，掌握科学的方法与原则，引导学生养成良好的心理品质和自尊、自爱、自律、自强的优良品质。

第三节　高校思想理论教育与价值引领的工作特点及若干难点问题

一、高校理想信念教育与价值引领存在不足

(一)对国内外新形势下的新挑战应对

改革开放后，国内外形势变化给大学生思想政治教育带来了冲击。大量的西方文化思潮和价值观念影响着大学生的认知和判断，不少大学生受到负面影响。在此方面，高校应对不够，大学生中存在政治信仰迷茫、理想信念模糊、缺失社会责任感等一系列的问题。

(二)高校理想信念教育针对性有待提升

目前，我国高校对于大学生的理想信念教育所使用的标准比较宽泛，缺乏针对性，因而教育引领作用发挥有限。理想信念教育必须与学生的实际情况相结合，并进行分门别类的引导。虽然理想信念教育已经走进了课堂，但是却没有完全走进学生的心灵。据有关调查显示，有不少学生认为开设马克思主义理论课和思想政治教育课的意义没有那么大，理想信念教育对他们没有足够大的影响。

(三)高校理想信念教育的理论支撑不够深入

理性信仰必须要有一定的理论支撑，否则是不可能持久的。但是当代大学生对于马克思主义经典著作，党的路线、方针、政策以及时事政治等关注不够，这给大学生思想信念教育开展带来了很多

困难。此外，舆论导向的错位、缺位也会影响学生的人生观、价值观、世界观。如何用马克思主义理想信念去吸引更多的大学生，保证马克思主义在意识形态领域的主导性地位已经成为一个重要、紧迫的课题。

二、高校中国特色社会主义文化建设需进一步完善

高等院校作为文化传承创新的重要场所，是中国特色社会主义文化建设的主阵地，在引领社会文化方面发挥着重要作用。加强高校文化传承创新研究，充分发挥高校文化育人功能，积极推动社会主义核心价值观在高校落细、落小、落实，是高校思政教育的重点。但目前在文化育人的深化发展上，高校还存在改进空间。

(一)高校文化育人工作顶层设计和统筹规划需进一步完善

在实践层面上，一线的素质教育实践者对“战略主题”的理解、领悟仍然不完全到位。比如，一些高校规章制度的重点，仍放在纠正学生错误行为上，目的更倾向于“管理”学生，而不是养成积极健康的行为；部分素质教育实践者把大部分精力投入在基础活动的数量方面，缺乏理念和思路上的创新，缺少全局性的工作设想和完整的体系构建。

(二)高校教师育人工作的效能有待进一步发挥

部分高校教师认为课堂教学、科学研究是主业，而文化素质教育则是副业，副业上投入太多是浪费个人的时间和精力。教师在文化育人工作中的缺位，限制了教育引导和教化作用的发挥。

(三)学生需求的多元化对文化育人工作提出更高要求

在网络文化的冲击下，学生习惯于追逐娱乐化、碎片化的知识

内容，对中华优秀传统文化了解不够。同时，学生对于文化育人的教育形式也产生了更高的要求。传统的教育往往过于深奥或死板，学生的接受度和认可度不高。有的文化教育活动缺乏充分的设计和论证，内涵深挖不够，流于形式，不能满足学生的期待，育人效果差。

三、高校社会主义核心价值观教育需要新的突破点

（一）需要形成家庭、学校、社会多方联动的教育协同局面

一些家长在价值观教育上有欠缺；一些高校对学生表现出来的不良思想倾向及价值观缺失时缺乏有效的应对机制；社会教育中，红色教育基地、社会实践基地等在社会主义核心价值观教育中发挥的作用依然不够。

（二）教育内容与形式需要相辅相成

有的高校呈现实用主义至上的倾向，对传统的继承、知识的沉淀略显浅薄，在社会主义核心价值观教育上缺乏精神凝聚。一些教师开展社会主义核心价值观教育的内容与形式不太配套，导致大学生的认同度、收获感不高。

（三）教育机制需要更灵活

不少学校的教学体系及内容缺乏创新，不能及时有效地将中国特色社会主义理论的创新发展纳入教学和实践活动中，内容与实际相脱离，不能有效增强大学生对社会主义核心价值观的理解。目前对于高校思想政治工作创新的研究主要在工作机制方面，大学生创新的机制研究不足。“大思政”的教育形势必然要求高校整合校内各

方资源，构建协同教育机制。

四、新媒体环境中思想政治教育和价值引领效果不理想

(一)思想政治教育者的主导地位动摇

在传统的思想政治教育中，教育者占主导地位，学生被动地接受教育者所传输的信息。在新媒体环境下，思想政治教育不再单纯依靠教育者单方面的传输，学生获取信息的手段日益多元，学生可以通过微博、微信等平台获取最新的知识和社会热点，这使得教育者的信息优势被削弱，教育者的话语主导权得不到有效行使。此外，学生不满足于被动接受的角色，渴望拥有话语权。这都给思想政治教育工作带来了挑战。

(二)传统的方法和手段面临挑战

新媒体和新技术的迅速发展为思想政治教育方法和手段的创新提供了技术支撑。新媒体环境下，学生接收信息的速度甚至比教育者更快，教育者不能再故步自封，而应不断更新自己的知识储备，改变自己的教育方式，运用新的教育手段，积极利用新媒体，以便学生们可以更好地接受知识和理念。

(三)大学生的思想观念和学习方式受到负面影响

新媒体的普及使得部分大学生沉迷其中，信息网络复杂化造成了大学生们思想道德状况的复杂化。例如，大学生们在课堂上接受社会主义意识形态的正面教育，在课堂外却受到负面网络舆论信息的影响以及不良思潮的侵蚀，这严重影响了大学生正确思想观念的形成。在泛娱乐化背景下，大学生面临主流价值观错位、理想信念

淡化、道德选择困惑等问题，部分大学生的思想意识出现扭曲，贪图物质享受、拜金主义倾向明显增多。

（四）传统的考评机制有待改善

目前，大学生的思想政治状态考评还没有明确的量化指标，大学生思想政治理论课也还是以考试为手段，不能对大学生在学习理论课过程中的态度和表现进行全面综合的考量。因此，应及时地进行调整和创新，充分运用新媒体平台，设置更合理的考核机制，充分实现考评的目的和价值。

习近平总书记在全国高校思想政治工作会议上指出，“要运用新媒体新技术使工作活起来，推进思想政治工作传统优势同信息技术高度融合，增强时代感和吸引力”。高校思想政治工作应遵循时代发展的规律，充分利用新媒体，创建高校官方微博、微信公众号等新媒体账号，不断更新观念、方法，切实增强高校思想政治教育的实效性。2018 年年初上线的全国高校思想政治工作网起到了一个很好的示范、引导、辐射、带动作用。

第四节　思想理论教育与价值引领工作案例与相关政策法规

一、思想理论教育与价值引领工作案例

为总结各高校在思想理论教育与价值引领工作的典型做法和经验，特此撷取部分工作案例，以期启发思路，激发创新。

(一)深入贯彻学习近平新时代中国特色社会主义思想

2018 年 5 月起，在教育部党组的统一部署下，各地各高校广泛开展“学习新思想千万师生同上一堂课”活动，推动习近平总书记重要讲话精神的学习研究阐释课件化、学术化、机理化，不断将习近平新时代中国特色社会主义思想学习、宣传、贯彻、引向深入。各地各高校纷纷组织专家讲师团开展巡回授课。上海市紧密对接暑期社会实践主题，组织 700 位骨干教师开展学习实践研修，组织 1000 支主题实践小分队开展实践调研，通过“行走的课堂”形式，不断拓展学习时间和空间，推进新思想融入各门课程，深化学习实效。天津市集中打造 10 期“学习时间”电视节目，举办“新时代”大学生思想政治理论课公开课大赛，组织不低于 1000 支学生团队登台讲授思政公开课，建设一批“新时代”示范课程，固化学习成果。

(二)完善网络平台建设

教育部推进建设“高校辅导员网络学院”“高校辅导员网络培训中心”等在线学习平台，提高辅导员队伍网络培训质量。北京市启动高校思政课教育教学“高精尖”项目、建设北京高校社会主义核心价值观新媒体传播工作室，建设高水准的马克思主义理论文献资料库和集课堂支撑、教学互动、专题辅导、自主学习为一体的网络教学平台的同时加强新媒体传播的力量。陕西省“圣地红炉”辅导员名师工作室建立红色故事育人网络思政平台，通过“圣地红炉”微信公众号，定期推送红色故事、历史事件和原创网文，并尝试在平台上开播思政教育类的语音和直播栏目。

(三)着力提升思政队伍能力素质

电子科技大学从强化政策保障、拓宽发展通道、健全培训体系和推进能力提升等方面开展工作，尤其注重提升辅导员专业水平、理论素养、研究能力，通过“辅导员夜校”“成电辅导员之声”微信公众号等拓展辅导员影响力。广东大力加强思政工作队伍培养平台建设，创设了思想政治课名师工作室、名辅导员工作室等示范引领平台，搭建了思想政治课青年教师教学基本功、辅导员职业技能等比赛展示平台，打造了思想政治课新任教师岗前培训、骨干教师研修、辅导员省校两级培训等培训平台。

(四)扎实推进传统文化融入思想政治教育工作

东华大学依托艺术教育中心打造以“德育”为核心，以“艺术”为引领，以“智育”为目标的全方位立体化美育育人体系，紧扣民乐特色，打通艺术教学、艺术实践、艺术赏析各环节，打造民乐美育教育传播新格局，全面培养和提升大学生的艺术文化素养。

南京医科大学紧紧围绕“立德树人”根本任务，深度挖掘传统文化中所蕴含的丰富育人资源，积极实施和探索中华优秀传统文化“研读—传承—践行”育人新路径，构建“专职辅导员、兼职班主任、成长导师、本科生导师、专任教师、家长观察员”的“六位一体”育人体系，推进中华优秀传统文化有机融入人才培养的全过程、各环节。该校始终以“营造经典阅读氛围，弘扬传统优秀文化”为主线，牢牢把握文化育人的精髓，倡导研读经典，注重传统优秀文化与社会主义核心价值观结合、与医学专业结合。该校在国内较早创立大学生假期文化制度，要求学生每个假期完成精读1本书、泛读2～3本书的假期作业，并组织各类学习沙龙、主题班会、院际交流等特色活动，开展导读、快乐读书、读书报告、书评会等形式多样的活动，并成立微党课宣讲团，讲述新时代的大战略和身边故事，并引导学生结合专业知识开展健康宣教、社区义诊、志愿服务等。

（五）切实完善中国梦宣传教育工作

山东大学“讲好改革开放故事，承新时代青年使命——山东大学青年宣讲团”于 2018 年暑期在全国各地开展主题宣讲和调研活动，一方面展示改革开放 40 年以来的光辉历程、伟大成就、宝贵经验，宣传党的十八大以来的历史性成就和历史性变革以及十九大精神；另一方面深入各地走访实践，以实地调研为基础，了解时代发展。

中国农业大学组织近 100 名师生于 2018 年寒假在河北省曲周县组织开展“村村宣讲十九大，农技培训全覆盖”行动，走遍全县 342 个村庄，和农民面对面宣讲、膝对膝交谈，培训了近 10 000 名农民，把习近平新时代中国特色社会主义思想、农业技术送到农民身边，受到农民群众的热情称赞。

（六）强化社会主义核心价值观教育

2017 年，上海杨浦区、普陀区和宝山区在市教委的指导下首批试点人文行走项目，通过引导学生寻找、发现、参观、记录、体验、分享等一系列学习过程去感受、感知、触摸上海知名文化地标和历史遗迹。该项目得到了上海市委的重视，并被确认为上海市重点项目。为纪念五四运动一百周年和上海财经大学法学会成立三十周年，2019 年 1 月至 4 月，上海财经大学举办法文化红色探寻活动，师生通过缅怀历史、探寻遗迹、聆听讲座和游园展示，立足上海红色文化资源，弘扬法治精神。

北京林业大学开展了以“自觉践行社会主义核心价值观，争做担当民族复兴大任的时代新人”为主题的文化墙绘制活动。活动由党委宣传部牵头主办，艺术设计学院承办，将“社会主义核心价值观”内容生动地融入科技、文化、生活中的设计画面中，促进广大师生学习和践行“社会主义核心价值观”，营造良好校园文化氛围。

二、思想理论教育与价值引领相关政策法规

我们党历来重视高校思想政治教育工作，在长期的工作中探索出了一系列规律，制定了许多规章制度，促进高校思政工作的开展。在此重点选取党的十八大以来的相关政策法规，进行简要陈述。

2013 年 7 月，中组部、中宣部、教育部党组联合印发《关于进一步加强高校学生党员发展和教育管理服务工作的若干意见》。2014 年 12 月 29 日，习近平总书记在第二十三次全国高等学校党的建设工作会议上做出重要指示，要坚持立德树人思想引领，加强改进高校党建工作。这为高校党建思政工作进一步指明了方向。

2015 年 1 月，中共中央办公厅、国务院办公厅印发《关于进一步加强和改进新形势下高校宣传思想工作的意见》，为加强高校思想政治工作提供遵循。随后，《教育系统贯彻落实〈关于培育和践行社会主义核心价值观的意见〉的工作方案》《中共教育部党组　共青团中央关于在各级各类学校推动培育和践行社会主义核心价值观长效机制建设的意见》等文件相继出台，为高校深入开展思想理论教育与价值引领工作提供了具体方向。

2016 年 12 月，全国高校思想政治工作会议在北京召开，习近平总书记强调要把思想政治工作贯穿教育教学全过程，并对开展高校思想政治工作做出重要指示。当月，中共中央、国务院印发《关于加强和改进新形势下高校思想政治工作的意见》，对高校思想政治工作做出总体安排。2017 年 2 月，教育部印发《普通高等学校党建工作标准》，为高校全面从严治党、开展党建思政工作提供明确标准。2017 年年底，教育部党组印发《高校思想政治工作质量提升工程实施纲要》，推进“十大育人”工程，进一步完善全员全方位全过程育人体系。

2018 年 9 月，全国教育大会在北京召开。习近平总书记强调，

要坚持中国特色社会主义教育发展道路，培养德智体美劳全面发展的社会主义建设者和接班人。2019 年 2 月，中共中央、国务院印发《中国教育现代化 2035》，从战略背景、总体思路、战略任务、实施路径、保障措施五个方面做出了阐释，是加快推进教育现代化、建设教育强国的纲领性文件，也为高校加强思政工作、培养德智体美劳全面发展的社会主义建设者和接班人提供了指导。

高校思想理论教育与价值引领工作作为高校思政工作的重要组成部分，越来越受到各界的高度重视。政府颁布了一系列政策文件、规章制度，各地各高校也积极开展实践。高校思政工作必将坚持以立德树人为根本，进一步创新提质，切实做到“因事而化、因时而进、因势而新”。

参考文献

[1]习近平. 习近平谈治国理政(第一卷)[M]. 北京：外文出版社，2018.

[2]习近平. 习近平谈治国理政(第二卷)[M]. 北京：外文出版社，2018.

[3]中共中央文献研究室. 习近平关于青少年和共青团工作论述摘编[M]. 北京：中央文献出版社，2017.

[4]王向明，戚雯泾. 强化思想理论教育 积极进行价值引领——学习贯彻《关于加强和改进新形势下高校思想政治工作的意见》[J]. 思想政治工作研究，2017(4).

[5]南亚娟，苏玉波. 新时代大学生思想理论教育和价值引领的路径探索[J]. 理论导刊，2018(9).

[6]习近平在全国高校思想政治工作会议上强调：把思想政治工作贯穿教育教学全过程 开创我国高等教育事业发展新局面[J]. 实践(思想理论版)，2017(2).

[7]习近平主持召开学校思想政治理论课教师座谈会强调 用新时代中国特色社会主义思想铸魂育人 贯彻党的教育方针落实立德树人根本任务[J]. 党建，2019(4).

[8]中共中央国务院印发《关于加强和改进新形势下高校思想政治工作的意见》[EB/OL]. (2017-02-27)[2021-03-15]. http://www.gov.cn/xinwen/2017-02/27/content_5182502.htm.

[9]普通高等学校辅导员队伍建设规定. [EB/OL]. (2017-09-29)[2021-03-15]. http://www.moe.gov.cn/srcsite/A02/s5911/moe_621/201709/t20170929_315781.html.

[10]曹建. 电子科技大学着力加强辅导员队伍建设. [EB/OL]. (2019-09-19)[2021-03-15]. http://www.moe.gov.cn/jyb_xwfb/s6192/s133/s211/201909/t20190909_398384.html.

[11]刘潇翰. 各地各高校广泛开展“学习新思想千万师生同上一堂课”活动 持续掀起学习贯彻习近平总书记重要讲话精神热潮[EB/OL]. [2021-03-15]. http://www.moe.gov.cn/s78/A12/gongzuo/moe_2154/201806/t20180612_339220.html.

[12]周纪来，朱一超. 东华大学构建以民乐为底色的美育育人体系 弘扬中华美育精神 筑牢文化自信[EB/OL]. (2019-04-02)[2021-03-15]. https://www.sizhengwang.cn/dxjy/sxjy/2019/0402/2256.shtml.

[13]祖勤. 弘扬传统文化 探寻医学之美[EB/OL]. (2019-04-08)[2021-03-15]. http://www.sizhengwang.cn/dxjy/sxjy/2019/0408/2265.shtml.

[14]山东大学. 不忘初心本色 牢记使命担当[EB/OL]. (2018-12-03)[2021-03-15]. http://www.sizhengwang.cn/dxjy/sxjy/2018/1203/1853.shtml.

[15]刘潇翰. 中国农业大学师生深入乡村宣讲习近平新时代中国特色社会主义思想[EB/OL]. [2021-03-15]. http://www.moe.gov.cn/s78/A12/gongzuo/moe_2154/201803/t20180313_329882.html.

[16]罗山鸿. 上海财大举办“弘扬法治精神 传承红色文化”法文化红色探寻系列活动展[EB/OL]. (2019-04-30)[2021-03-15]. http://www.sizhengwang.cn/dxjy/sxjy/2019/0430/2304.shtml.

[17]北京林业大学党委宣传部，北京林业大学艺术设计学院. 北京林业大学校园文化墙弘扬社会主义核心价值观[EB/OL]. (2018-10-17)[2021-03-15]. http://www.sizhengwang.cn/dxjy/sxjy/2018/1017/1758.shtml.

[18]吴晶，胡浩，施雨岑. 风起扬帆正当时——党的十八大以来加强高校思想政治工作纪实[EB/OL]. (2016-12-07)[2021-03-15]. http://www.xinhuanet.com//politics/2016-12/07/c_1120074954.htm.

[19]习近平就高校党建工作作出重要指示强调 坚持立德树人思想引领 加强改进高校党建工作[EB/OL]. (2014-12-19)[2021-03-15]. http://www.gov.cn/xinwen/2014-12/29/content_2798452.htm.

[20]中共教育部党组关于印发《普通高等学校学生党建工作标准》的通知[EB/OL]. (2017-02-28)[2021-03-15]. http://www.moe.gov.cn/srcsite/A12/moe_1416/moe_1417/201703/t20170310_298978.html.

[21]中共教育部党组关于印发《高校思想政治工作质量提升工程实施纲要》的通知[EB/OL]. (2017-12-05)[2021-03-15]. http://www.moe.gov.cn/srcsite/A12/s7060/201712/t20171206_320698.html.

[22]习近平出席全国教育大会并发表重要讲话[EB/OL].

(2018-09-10)[2021-03-15]. http://www.gov.cn/xinwen/2018-09/10/content_5320835.htm.

[23]中共中央、国务院印发《中国教育现代化2035》[EB/OL]. (2019-02-23)[2021-03-15]. http://www.moe.gov.cn/jyb_xwfb/s6052/moe_838/201902/t20190223_370857.html.

[24]杨晓茹，亢升. 网络空间治理视阈下大学生思想政治教育的审思[J]. 学校党建与思想教育，2019(8).

[25]孙永祥. 改革开放以来高校思想政治工作队伍建设的历程及基本经验[J]. 学校党建与思想教育，2019(7).

[26]李淑敏. 新时代高校思想政治工作质量提升关键问题研究[J]. 思想理论教育导刊. 2019(3).

[27]沈壮海，金瑶. 思想政治教育研究的新10年：回顾与展望[J]. 马克思主义理论学科研究，2018(5).

[28]冯刚，成黎明. 改革开放以来高校思想政治工作的实践与理论发展[J]. 思想理论教育，2018(10).

[29]南亚娟，苏玉波. 新时代大学生思想理论教育和价值引领的路径探索[J]. 理论导刊，2018(9).

[30]段然. 自媒体碎片化对高校思想政治教育的挑战及其应对[J]. 学校党建与思想教育，2018(6).

[31]王瑾. 高校思政工作如何更有成效[J]. 人民论坛，2018(22).

[32]冯刚. 改革开放40年来高校思想政治教育发展的经验与展望[J]. 中国高等教育. 2018(Z2).

[33]牛瑞，徐仲亨，钟周. 浅谈泛娱乐化时代背景下高校大学生价值引领工作的开展路径[J]. 教育现代化，2018(26).

[34] 陈赛金. 论高校网络思想政治教育的未来转向[J]. 中国青

年社会科学，2018(3).

[35]刘修华，揭锡捷. 高校思想政治工作价值引领的实践逻辑[J]. 高教探索，2018(4).

[36]孙莉玲. 以问题为导向提升大学生思想政治工作有效性的路径优化[J]. 江苏高教，2018(4).

[37]于向东. 聚焦立德树人，健全高校大思政工作格局[J]. 红旗文稿，2018(6).

[38]朱小芳. 当前高校思想政治教育工作协同机制研究[J]. 学校党建与思想教育，2018(3).

[39]肖本新. 高校思政教育如何实现"供求平衡"[J]. 人民论坛，2018(1).

[40]冯荣. "大思政"背景下高校思政资源整合路径研究[J]. 宏观经济管理，2017(S1).

[41]张丽霞. 自媒体时代高校思想政治工作的挑战与对策[J]. 河南社会科学，2017(8).

[42]武传钟. 新媒体时代高校思政教育的应变与创新[J]. 教育与职业，2016(10).

[43]韩晓峰，张天译. 新媒体环境下高校思想政治教育工作的机遇与挑战[J]. 东北师大学报(哲学社会科学版)，2015(6).

[44]朱志勇. 网络时代下大学生思想政治教育工作特点探析[J]. 中国高教研究，2009(10).

学习资料

[1]袁勃，王倩：《人民日报评论员：建设具有强大凝聚力和引领力的社会主义意识形态——论学习贯彻习近平总书记在全国宣传思想工作会议重要讲话精神》，http://opinion.people.com.cn/n1/2018/0830/c1003-30259617.html，2021-03-15。

[2]人民网：《人民日报评论员：党的领导是思政课建设根本保证——论学习贯彻习近平总书记在学校思政课教师座谈会上重要讲话》，http://theory.people.com.cn/n1/2019/0322/c40531-30988947.html，2021-03-15。

[3]王仁宏，曹昆：《人民日报评论员：着力推动思政课改革创新——论学习贯彻习近平总书记在学校思政课教师座谈会上重要讲话》，http://opinion.people.com.cn/n1/2019/0321/c1003-30986673.html，2021-03-15。

[4]王仁宏，王倩：《人民日报评论员：办好思政课关键在教师——论学习贯彻习近平总书记在学校思政课教师座谈会上重要讲话》，http://opinion.people.com.cn/n1/2019/0320/c1003-30984303.html，2021-03-15。

[5]王仁宏，曹昆：《人民日报评论员：把思政课办得越来越好——论学习贯彻习近平总书记在学校思政课教师座谈会上重要讲话》，http://opinion.people.com.cn/n1/2019/0319/c1003-30982115.html，2021-03-15。

[6]冯粒，黄策舆：《人民日报评论员：当代青年要与时代主题同心同向——一论“在激情奋斗中绽放青春光芒”》http://opinion.people.com.cn/n1/2017/0505/c1003-29254965.html，2021-03-15。

[7]崔东，文松辉：《立德树人，把核心价值观融入国民教育全过程》，http://opinion.people.com.cn/n/2014/0117/c1003-24144292.html，2021-03-15。

[8]贾凤姿：《人民日报：用核心价值观培育当代大学生》，http://opinion.people.com.cn/n/2014/0106/c1003-24029439.html，2021-03-15。

[9]温儒敏：《人民日报名家笔谈：教育，须以价值观铸魂》，

http://opinion.people.com.cn/n/2013/0319/c1003-20831092.html，2021-03-15。

[10]沈壮海：《担负好涵养文化自信的教育使命》，http://theory.people.com.cn/n1/2016/0802/c40531-28603059.html，2021-03-15。

[11]祁芬莲，樊练刚：《高校思政教育工作"打铁必须自身硬"》，http://theory.people.com.cn/n1/2019/0520/c40531-31093848.html，2021-03-15。

[12]刘曙辉：《高校思政工作如何"因事而化、因时而进、因势而新"》，http://theory.people.com.cn/n1/2019/0220/c40531-30806708.html，2021-03-15。

[13]陈宁：《做好高校思想政治教育工作的三重维度》，http://theory.people.com.cn/n1/2019/0108/c40531-30509110.html，2021-03-15。

[14]申晓晶：《媒介传播视角下高校辅导员微信公众号优化策略》，media.people.com.cn/n1/2018/1211/c422740-30458459.html，2021-03-15。

[15]王飞霞：《深化高校社会主义核心价值观教育》，http://theory.people.com.cn/n1/2016/0112/c143844-28041092.html，2021-03-15。

[16]李丽娜，边宏广：《高校核心价值观教育的三个着力点》，http://epaper.gmw.cn/gmrb/html/2015-08/22/nw.D110000gmrb_20150822_2-07.htm? div=-1，2021-03-15。

[17]蓝晓霞：《高校核心价值观教育三问》，http://theory.people.com.cn/n/2014/0603/c40531-25094554.html，2021-03-15。

[18]黄蓉生：《高校思想政治教育的时代使命》，http://dangjian.people.com.cn/n1/2018/0123/c117092-29780486.html，

2021-03-15。

[19]张学洪：《不忘育人初心 全面加强高校思想政治工作》，http://epaper. gmw. cn/gmrb/html/2018-11/29/nw. D110000gmrb _ 20181129 _ 2-08. htm，2021-03-15。

[20]杨宝忠：《高校思想政治辅导员的角色定位》，http://theory. people. com. cn/n1/2017/0811/c40531-29464534. html，2021-03-15。

[21]田鹏颖：《核心价值观教育如何"入脑入心"》，http://epaper. gmw. cn/gmrb/html/2014-12/03/nw. D110000gmrb _ 20141203_7-02. htm? div=-1，2021-03-15。

[22]余丹：《教育部官员：高校网络文化建设要讲好故事》，http://edu. people. com. cn/n/2015/0424/c1053-26901310. html，2021-03-15。

[23]王睿：《增强思政教育"微力量"》，http://news. gmw. cn/2019-10/08/content_33210747. htm，2021-03-15。

[24]吴小妮：《新中国成立初期的思想政治理论课建设》，http://theory. people. com. cn/n1/2019/0906/c40531-31339687. html，2021-03-15。

[25]魏华：《把思政小课堂同社会大课堂结合起来》，http://epaper. gmw. cn/gmrb/html/2019-08/01/nw. D110000gmrb _ 20190801 _ 2-05. htm，2021-03-15。

[26]周小李，刘志敏：《提升高校思想政治教育话语亲和力的四个着力点》，http://epaper. gmw. cn/gmrb/html/2019-05/13/nw. D110000gmrb_20190513_2-06. htm，2021-03-15。

[27]李怀华：《强化思想理论教育的价值引领》，http://dangjian. gmw. cn/2017-03/03/content_23878458. htm，2021-03-15。

[28]邹吉忠：《高校思想政治理论课教师的新使命》，http://

epaper. gmw. cn/gmrb/html/2019-04/10/nw. D110000gmrb_20190410_1-06. htm，2021-03-15。

[29]赵洪波，张士英：《把大学的根深扎在泥土中——访哈尔滨学院党委书记孙洪庆》，http://news. gmw. cn/2017-11/24/content_26882355. htm，2021-03-15。

[30]周小李，彭小奇：《提升高校思想政治教育亲和力》，http://theory. people. com. cn/n1/2018/1207/c40531-30448580. html，2021-03-15。

[31]鲍莉炜：《创新大学生思想理论教育工作》，http://theory. people. com. cn/n/2012/1207/c107503-19823337. html，2021-03-15。

第二章　学生党建工作

第一节　高校学生党建概述

一、高校学生党建的重要意义

(一)推进中国特色社会主义事业的时代要求

经过长期努力，中国特色社会主义进入了新时代，这是我国发展新的历史方位。在新的发展阶段，实现“两个一百年”奋斗目标、实现中华民族伟大复兴的中国梦，必须要不断推进党的建设新的伟大工程。

高校学生党建作为党的建设的有机组成部分，通过党的政治建设，使党的政治路线在青年学生中获得高度认同，不断坚定正确的政治立场和政治方向；通过开展理想信念教育，引导广大青年学生树立正确的世界观、人生观、价值观，不断提高自我管理、自我教育意识；通过扎实开展组织发展工作，培养一大批理想坚定、思想进步、作风优良、能力突出的学生党员，确保党员队伍整体结构合理化和高质量，持续体现党的先进性；通过在工作中贯彻新时代党的建设总要求，为中国特色社会主义事业发展的正确方向提供重要保障。

中国共产党立志于中华民族千秋伟业，中华民族伟大复兴的中国梦终将在一代代青年的接力奋斗中变为现实。当前，我国正处在改革开放的伟大实践中，历史和现实告诉我们，一场社会革命要取得最终胜利，往往需要一个漫长的历史过程，需要在未来的青年人手中实现。高校作为社会主义建设者和接班人的培养基地，在中国特色社会主义的发展历程中承担着重要的历史使命。加强和改进高校学生党建工作，有利于高校扎根中国大地办教育，始终坚持社会主义办学方向，为科教兴国战略、人才强国战略和创新驱动发展战略的实施提供源源不断的智力支持和人才支撑，进而为中国特色社会主义事业的发展提供不竭动力。

(二)加强和改进高校思想政治工作的迫切需要

中国高校实行党委领导下的校长负责制，高校党委对学校工作全面领导，承担着管党治党、办学治校的主体责任，承担着开展思想政治工作的首要责任。中共中央、国务院《关于进一步加强和改进大学生思想政治教育工作的意见》指出："加强和改进高校思想政治工作，事关办什么样的大学、怎样办大学的根本问题，事关党对高校的领导，事关中国特色社会主义事业后继有人，是一项重大的政治任务和战略工程。"此文件从战略的和全局的高度阐述了当前加强和改进高校学生党建工作的重要意义。

高校学生党建工作作为高校基层党建工作的重要方面，是新形势下大学生思想政治教育最主要、最有效的途径。对大学生群体分层开展马克思主义、毛泽东思想以及中国特色社会主义理论体系的教育，能够系统培养大学生思想政治素质，引导团员自觉向党组织靠拢；引导入党积极分子自觉用党员标准要求自己；引导党员牢固树立身份意识，发挥模范能动性，带动广大同学更好发展；引导各学生党支部通过发挥战斗堡垒作用，建立学生成长发展标准，主导学生发展导向，从而切实加强党对高校的领导，提高思想政治工作的实效性。

(三)高校深化改革与“双一流”建设的必要条件

进入 21 世纪，随着改革开放逐步深入和社会主义市场经济的发展与完善，我国高等教育已经逐渐大众化。培养规模的扩大、外部环境的改变、自身发展的需要，迫切要求高校积极推进改革深化，不断挖掘自身原动力，不断提升发展水平，增强核心竞争力，奠定长远发展基础。

建设世界一流大学和一流学科，是党中央、国务院做出的重大战略决策，对实现我国从高等教育大国到高等教育强国的历史性跨越具有十分重要的历史意义和现实意义。2015 年 10 月，国务院印发的《统筹推进世界一流大学和一流学科建设总体方案》中明确指出，高校要牢牢把握高校意识形态工作领导权，不断坚定广大师生中国特色社会主义道路自信、理论自信、制度自信；要全面推进高校党的建设各项工作，着力扩大党组织的覆盖面，推进工作创新，有效发挥高校基层党组织战斗堡垒作用和党员先锋模范作用。

加强高校学生党建工作，能够确保在学校深化改革和“双一流”建设过程中落实高校意识形态工作责任，保证学生思想上的团结一致，保持师生思想动态稳定，维护学校安全稳定发展局面，不断提高构建和谐校园的能力，凝聚高校改革发展建设力量。

(四)大学生成长发展的客观需求

我国《中长期青年发展规划(2016—2025 年)》中提出，“到 2025

年，具有中国特色的青年发展政策体系和工作机制更加完善，广大青年思想政治素养和全面发展水平明显提升，不断成长为志存高远、德才并重、情理兼修、勇于开拓，堪当实现中华民族伟大复兴中国梦历史重任的有生力量”。新时代呼唤新青年，新青年要有理想、有本领、有担当。新青年的理想必须是中国特色社会主义理想，锻炼的本领必须是建设中国特色社会主义事业的本领，担负的责任必须是实现中华民族伟大复兴的历史责任，只有在理想、本领和担当方面与国家和民族的需要相一致，新青年才能更充分的体现个人价值。高校扎实开展学生党建工作，正是满足了新青年成长发展、实现个人价值的客观需要。

当代大学生要在中国特色社会主义建设事业中放飞梦想、实现价值，不仅要提高科学文化素质，更要提高思想政治素质。在经济迅速推进，国际交流日益加深的过程中，西方国家从来没有放松对我国大学生的影响，以各种方式和渠道对我国大学生进行思想渗透。高校学生党建工作就是要用马克思主义世界观、人生观和价值观教育武装广大学生，不断坚定理想信念，增强政治鉴别力和是非判断能力。

二、高校学生党建的主要方面

(一)政治建设统领，坚定青年学生的理想信念

党的十九大报告中明确指出，旗帜鲜明讲政治是我们党作为马克思主义政党的根本要求。党的政治建设是党的根本性建设，决定党的建设方向和效果。坚持和加强党的全面领导，要以党的政治建设为统领，以思想建设为党的基础性建设。

高校在学生中开展政治建设，加强理想信念教育，首先要对大

学生进行党的性质宗旨、基本理论、路线方针政策、历史目标任务、发展历程的宣传教育。具体到当下，就是要着重引导大学生加强对习近平新时代中国特色社会主义思想的学习，使大学生对党的基本政治理论知识有着深入的了解，对党成长发展的艰难历程有着深刻的认识，对党领导全国人民取得的改革发展成就和面临的实际困难能够客观辩证看待，对党和国家的发展蓝图和实现路径能够真心认同。

其次，要对大学生持续开展社会主义核心价值观主题教育。国无德不兴，人无德不立。社会主义核心价值观蕴含着中华优秀传统文化的基因，是新时代中国人的精神追求，从国家、社会和个人层面规定了应该培育和践行的价值标准，明确了我们要建设什么样的国家、建设什么样的社会、培育什么样的公民的重大问题。习近平总书记指出，青年的价值取向决定了未来整个社会的价值取向，而青年又处在价值观形成和确立的时期，这一时期的价值观养成十分重要。这就像穿衣服扣扣子一样，如果第一粒扣子扣错了，剩余的扣子都会扣错。人生的扣子从一开始就要扣好。

最后，要注重对大学生开展学校优秀传统文化教育。高校自身发展过程中形成的优秀传统文化是高校精神文化的重要内容，是各高校大学生日用不觉的价值观，主要包括办学传统、育人理念、校训精神、校歌等内容。办学传统是高校各个发展阶段中的目标、方针、特色文化的历史沉淀；育人理念则是人才培养过程中的指导思想，贯穿于高校育人过程的各个方面；校训精神是高校办学传统及育人理念的高度概括和升华，是整个学校师生共同的理想、信念和行为的追求，是高校精神文化的灵魂；校歌作为各高校精神文化的艺术表达形式，也是高校优秀传统文化的重要载体。

(二)夯实组织基础，建设党建工作的坚强堡垒

2017 年 2 月，中共教育部党组印发《普通高等学校学生党建工作

标准》。文件中指出，学校要建立健全学生党建工作组织领导机制，形成党委统一领导，组织部门牵头抓总，学生工作（研究生工作）、宣传、共青团、党校、教务、人事等部门协同配合，院（系）党组织负责实施、学生党支部具体落实的学生党建工作格局；要统筹院（系）党组织书记、副书记、组织员、辅导员和班主任、学生党支部书记、共青团干部等队伍建设。此外，文件还对学生党支部设置、入党积极分子培养、发展对象培养、预备党员教育、党员继续教育等做了明确规定。不难看出，高校要落实上述任务，达到文件要求的标准，就必须要夯实学生党建工作的各级学生组织基础，为顺利推进党建工作建设坚强堡垒。

（三）加强作风建设，塑造良好校园文化氛围

高校学生的作风是指学生在日常学习、生活和实践中所表现出相对稳定的言行特点。加强高校学生尤其是学生党员作风建设，有利于高校学生党建工作的开展；有利于塑造良好的学风和校风，对引导全体学生积极健康成长，营造良好的校园精神文化氛围也有重要意义。

当前，个别学生党员在入党前后的表现不一致，入党后出现作风懒散、积极性下降；有的基层院系团学组织存在机关化、行政化、贵族化、娱乐化等现象。为克服上述问题和不足，高校基层院系党委要有效开展学习型、服务型、创新型党组织建设，领导和支持学生党组织发挥好组织带动、工作带动、队伍带动、榜样带动作用。辅导员要注意引导学生党支部紧紧围绕青年学生，关照青年学生，服务青年学生，让青年学生感受到党的关心和爱护，不断厚植党组织在青年学生中的群众基础；要通过强化党支部的政治纪律和组织纪律，使学生党员的群众纪律、学习纪律、工作纪律和生活纪律严起来；要通过积极参加组织生活会和民主生活会，组织学生党员干

部和党员开展批评和自我批评，做到防微杜渐；要通过思想汇报、谈心谈话、深度辅导等，持续关注学生思想动态在言行作风上面的反映；要通过强化校规校纪的教育和执行，让学生尤其是学生党员在正常的管理约束下健康成长。

在团学工作方面，高校院系基层党委要通过党建带团建，持续加强团员尤其是团学干部的作风建设，以系统性学习、培训、轮训等进一步深入开展团学干部健康成长教育，不断教育引导团学干部筑牢理想根基、强化宗旨意识、践行群众路线；要通过建立健全对团学骨干的选拔考核、培养使用、淘汰退出等机制，努力打造信念坚定、品学兼优、作风优良、心系同学的团学骨干队伍；要通过创新团员教育培养、团组织联系学生和开展活动的方式，以学生喜闻乐见、便于参加的形式和方法开展工作，更好地联系、引导、服务青年学生。

高校院系基层党委通过持续加强学生党组织和党员、团学组织和团员的作风建设，吸引青年大学生积极参加团学活动，积极向党组织靠拢；通过党组织和团学组织的教育，引导全体青年学生养成热爱学习、认真学习、积极生活、积极实践、严于律己、团结友善的行为习惯，共同塑造和谐的校园文化氛围。

(四)注重制度建设，完善学生党建工作机制

高校学生党建工作内容丰富，形式多样，但必须要以制度建设为保障，完善工作机制，才能持续提高和保证学生思想政治工作的实效性。

学生党组织在管理和建设方面，要切实发挥党支部主体作用。坚持以“两学一做”学习教育为基本内容，以“三会一课”为基本制度，以党支部为基本单位，形成学生党建工作常态化、长效化机制。要按照党章要求，规范党支部设置，明确党支部建设标准，明确学生

党支部各支委的主要职责，严格党支部成立、支委改选以及增补支部委员工作的程序，完善学生党员服务联系群众制度、民主生活会制度、组织生活制度、定期学习和思想汇报制度，规范学生党支部日常工作内容和形式，明确党支部工作考核评价标准。在党员教育管理方面，要形成入党积极分子、发展对象、预备党员、正式党员的系统性培养机制，将政治建设、党性教育融入全过程；要严格党员组织关系和党籍管理工作，使学生党员无论是在学校学习还是在社会开展实践，无论是在国内深造还是国外交流学习，都能树立身份意识，履行党员义务。

在团组织发展方面，要逐步探索形成与高校基层院系学生党组织建设相适应，党组织领导下的“一心双环”工作制度设计；持续加强团学各组织工作运行机制建设，改革和改进团学组织设置、管理模式和运行机制，完善党建带团建机制建设、推优入党机制建设、民主集中制建设、考评激励机制建设、学习制度建设和管理制度建设等内容，适应完成党组织中心任务、高校基层院系工作、青年学生成长发展需要，充分体现团学组织的政治性、群众性，切实保障选拔推荐优秀的团员成为入党积极分子并顺利发展成为党员，不断增强团学工作发展的活力。

第二节　高校学生党建的工作内容

一、学生党支部建设

学生党支部是高校基层党组织中最具活力与生机的部分，是党联系广大学生党员的桥梁纽带，是教育引导学生党员执行党的路线方针政策、保持先进性的重要保证。

首先，要合理设置学生党支部。不同专业背景的院系，可以在依照学生年级设置学生党支部的基础上，根据工作实际和专业特色，依托重大项目组、课题组和学生公寓、社区、社团组织等建立党组织，不断扩大党组织的覆盖面和影响力。此外，还要注意在一些特殊教育阶段的临时党支部建设，如在大学生军训时期，根据工作的实际情况适时建立军训临时党支部，充分发挥党员在军训期间的模范带头作用，使学生在军训期间对党和国家的热爱得到进一步升华。

其次，要选齐配强学生党支部支委班子。注重从优秀辅导员、骨干教师、优秀大学生党员中选拔学生党支部书记，充实支部工作力量，保障支部工作条件；要摸底排查软弱涣散的学生党支部，对支委不强、长期不开展组织生活、不发挥作用的支部，积极开展整顿转化工作。

最后，要监督指导学生党支部规范开展组织生活，严格党员管理，充分发挥基层党组织的战斗堡垒作用。学生党支部的组织要有针对性地解决学生党员的实际问题；要坚持“三会一课”制度，突出政治学习和教育，突出党性锻炼；要坚持组织生活会制度，会前广泛听取意见、深入谈心交心，会上认真查摆问题、深刻剖析根源、明确整改方向，会后逐一整改落实；要指导学生党支部坚持落实谈心谈话制度，引导学生党员和普通同学做到坦诚相见，交流思想和意见；要坚持民主评议制度，督促学生党员开展党性分析，强化党员意识。

二、基层院系团委建设

基层团组织是团的一切工作的基础，也是党建工作的重要基础。高校基层院系团委是高校团建工作的重要枢纽和组织基础，是落实党建工作和开展团建工作的重要组织层级。

中国共青团团章中明确规定，要坚持党建带团建，把党的要求贯彻落实到团的建设之中，使团的建设纳入党的建设总体规划；要坚持不懈地抓好基层建设，团的领导机关要确立基层第一的观念，发扬务实、求实的作风，深入基层，服务基层，不断增强基层活力。2016年11月，共青团中央、教育部印发的《高校共青团改革实施方案》中指出，要在高校党委领导下，构建“一心双环”组织格局。这其中的“一心”就是指以团委为工作核心和枢纽。

高校基层院系团委作为团工作和活动的基本单位，应从实际出发，灵活设置，由团员大会或代表大会选举产生，充分发挥团结教育青年的核心作用，其基本任务包括组织团员和青年学习马克思列宁主义、毛泽东思想和中国特色社会主义理论体系；宣传执行上级党团组织的指示和决议，参与民主管理和民主监督；了解和反映青年的思想、要求，关心青年的成长发展；对要求入团的青年进行培养教育，发展团员、收缴团费；对团员进行教育和管理，健全团的组织生活；推荐优秀团员成为党的发展对象。

三、学生团支部建设

学生团支部是高校学生共青团组织的最基层单位，是学校党建带团建工作的“最后一公里”和终端。学生团支部的工作质量，不仅影响高校共青团组织作用的发挥，也直接体现高校学生党建工作的辐射效果和实效性。因此，要将学生团支部建设作为高校共青团组织建设的重点，深入实施高校基层团支部“活力提升”工程，不断巩固和创新支部建设方式和效果。

以学生班级为基础建立的团支部基本覆盖高校所有学生团员，是高校学生团支部的最常见形式，日常管理工作由院系团委（团总支)来负责。在稳步建设班级团支部的基础上，可以探索在学生社团、宿舍、科研团队、网络平台等层面建设模式多样的团支部，加强对学生团员的教育、管理和服务，进一步扩大团建工作的影响力，发挥共青团员的团队凝聚力；构建“多种模式、多重覆盖”的团建创新机制，尝试班级团支部与班委会一体化运行机制，探索实行班长兼任团支部副书记或团支部书记兼任班长的制度。此外，要充分考虑学生团员实践活动的时效性和灵活性，积极建设临时团支部。比如，在国际大型赛会期间，可以通过尝试建立临时团支部来加强团员志愿者的管理，更充分发挥团组织在社会活动和社会服务中的作用。

加强高校基层团支部建设，增强学生团支部活力，要进一步健全团支部组织生活，以团课、民主生活会、理论学习会、座谈交流会等形式，使学生团支部组织生活常态化、规范化；要完善学生团员骨干的培养和激励机制，通过评奖评优、典型选树等方式，引导全体学生团员争做先进，选拔优秀团员骨干担任团支部支委，切实提高团建工作的实效性；要紧密结合不同学科特色和学生团员的实际需要，开展特色团建活动，打造基层团支部特色工作品牌，不断发挥基层团组织围绕青年、服务青年、凝聚青年的功能。

四、学生班集体建设

学生班集体是高校“为实现教育目的而组织起来的基本单元，在整个高校管理体系中处于最基层，也是学生自我教育、自我管理、自我服务的基础单位”①。学生班集体育人功能的发挥直接制约学生工作的全面开展。加强新时代学生班集体建设，是培养全面发展的

① 申小蓉：《论新时代班集体建设的思想政治教育功能之强化》，载《学校党建与思想教育》，2019(01)。

“时代新人”的必然要求，是推进高校党建工作的有效途径。

在全国高校思想政治工作会议上，习近平主席明确指出，“思想政治工作从根本上说是做人的工作，必须围绕学生、关照学生、服务学生”。牢牢把握“以学生为本”这一指导思想，对于科学重构学生班集体，打造优秀班集体具有重要意义。要以学生发展为本，聚焦学生内在需求，回应学生内在期盼，精准服务学生，科学引导学生是提高班集体凝聚力、号召力的必然选择；要根据《中共中央组织部、中共教育部党组、共青团中央关于加强和改进在大学生中发展党员工作和大学生支部建设的意见》的要求，坚持把学生党支部建在班上。发展完善班主任＋党支部＋团支部＋班委“四位一体”的管理模式，主动配合或承担班主任职责，明确班级建设方向，教育、引导、监督党支部、团支部、班委的思想引领工作、学生服务工作、班级日常管理工作。真正做到关心学生、尊重学生、爱护学生，实现一切为了学生，为了学生的一切，为了一切学生。

五、学生自治组织建设

高校学生社团、学生会、研究生会等学生团体是高校大学生自愿组成的非营利性学生组织，各级学生会、研究生会则是中华全国学生联合会的基层组织。

《高校共青团改革实施方案》中指出，在高校党委领导下，构建“一心双环”组织格局，以团委为核心和枢纽，以学生会组织为学生自我服务、自我管理、自我教育、自我监督的主体组织，以学生社团及相关学生组织为外围延伸手臂。高校要改进团组织对学生会组织的指导，推动学生会组织深化改革，使其依法依章程独立自主开展工作；高校的各级学生会组织，由同级团委归口指导；高校团委履行对学生社团的主要管理职能，支持引导学生社团规范发展；学生会组织配合团组织加强对学生社团的引导、服务和联系。

高校基层院系学生自治组织要按照学校具体规定申请备案，有具体的指导老师指导，有具体的团体章程，按照自我教育、自我管理、自我服务的要求，利用课余时间创造性地开展理论教育、科技创新、文化体育等丰富校园文化生活、弘扬校园文化主旋律的团体活动，突出思想性、知识性、学术性、趣味性，提高大学生综合素质，为大学生的全面成长成才服务。

第三节 高校学生党建的工作途径与方法

一、高校学生党建工作的途径

要扎实开展高校学生党建工作，首先必须要做好党员、团员的发展、培养和管理工作，做好学生班级建设工作。《普通高等学校学生党建工作标准》对于党员发展、培养和管理提出了明确的要求，具有很强的可操作性。共青团中央和教育部对团学工作的开展也提出了相应的具体要求。

(一)党员发展工作

在党员发展原则方面，应坚持党章规定的党员标准，认真落实《中国共产党发展党员工作细则》各项要求，始终把政治标准放在首位；要坚持慎重发展、均衡发展，坚持入党自愿原则和个别吸收原则，成熟一个，发展一个；要禁止突击发展，反对“关门主义”，注重发展边疆少数民族优秀学生党员，在坚持标准的前提下给予倾斜政策；要制定年度发展工作计划，在上级党组织规定的年度发展计划控制数内发展党员。

在党员发展程序方面，要认真落实培养、预审、公示、谈话、审批、接收、转正等要求；保证学生支部开展大会程序规范，参会人数符合要求；要组织预备党员面向党旗进行庄重的入党宣誓；指导学生党支部规范学生党员的档案材料，指导学生认真规范地填写入党申请书、入党志愿书、思想汇报等材料。

在党员发展质量方面，要严把发展关口，严格政治审查，深入考察发展对象的入党动机是否端正，对党的认识是否深刻，是否懂得党员义务和权利，是否遵守党章党规党纪，是否坚定不移听党话、跟党走。要把综合素质作为发展学生党员的重要考察内容，全面考察学生的思想政治、能力素质、道德品行和现实表现，注重学生的一贯表现和关键时刻表现、自我评价和群众评议、学习情况和社会实践情况，防止把学习成绩作为党员发展的唯一条件。

(二)党员培养工作

在入党积极分子培养方面，要指导学生党支部在收到学生入党申请书后，在一个月内与入党申请人谈话，指派培养联系人了解入党积极分子思想状况；要采取党员推荐、团组织推优等方式确定入党积极分子；要组织入党积极分子参加党校学习、开展集中培训，定期向党组织进行书面或口头思想汇报；要指导党支部每半年对入党积极分子进行一次考察。

在发展对象培养方面，要严格落实入党积极分子一年以上培养教育和考察的要求，指导学生党支部书记、培养联系人、入党介绍人和组织员承担起培养教育的责任；要指导学生党支部健全落实发展对象谈心谈话和政治审查制度；指导发展对象定期向党组织进行书面思想汇报。

在预备党员教育方面，可以将对学生的深度辅导与学生本人思想汇报、党组织谈心谈话、集中培训、实践锻炼等方式结合起来，对预备党员进行细致教育和综合考察，重点考察预备期的思想政治表现、个人党性分析和学习工作情况。

在党员继续教育方面，要紧密结合本(专)科生、研究生等不同类型学生的特点，以增强党性与党员意识、提高思想政治素质为目标，依托学生党支部组织党员学党章党规、学党的理论创新成果，组织开展党的基本理论、基本路线、基本纲领、基本经验、基本要求学习和党的历史、优良传统教育，组织开展中国特色社会主义理论教育，组织开展党中央治国理政新理念新思想新战略、社会主义核心价值观和中国梦主题教育，开展学生党员遵守政治纪律和政治规矩、廉洁自律教育，引导党员政治合格、实现纪律合格、品德合格、发挥作用合格。

(三)党员管理工作

在党员组织生活方面，要将组织生活的内容与学生党员成长发展面临的实际问题紧密结合，使学生党支部组织生活规范、认真、严肃；要监督指导学生党支部和党员坚持“三会一课”制度，将“三会一课”与学生的关注点相结合，突出政治学习和教育，突出党性锻炼，坚决防止表面化、形式化、娱乐化、庸俗化；要指导学生党支部坚持组织生活会制度、谈心谈话制度、民主评议制度，将制度的落实与辅导员实际工作相结合。

在党员日常管理方面，要保证每一名学生党员都能纳入党的基层组织管理之中；监督学生党员严格执行党组织关系接转规定，按照组织要求严格审查新转入学生党员的档案材料；严格落实流动党员和出国境党员管理实施办法，规范滞留学校毕业生党员组织关系管理，妥善做好“失联党员”“口袋党员”的联系查找和组织关系接转；定期做好学生党员基本信息统计工作，督促学生党支部严格落实党费收缴、使用和管理工作；协助党组织及时教育和稳妥处置不合格党员，及时处分违纪党员。

在党员权利保障方面，坚持以人为本，指导学生党支部从政治、思想、学习、工作和生活上关心爱护学生党员，建立健全党内激励、关怀与帮扶机制，搭建务实管用、灵活多样、特色鲜明的服务学生党员载体；尊重学生党员的主体地位，保障党员民主权利，指导学生党支部落实党员的知情权、参与权、选举权和监督权，保障党员申辩申诉等权利，支持学生党员广泛参与班级、院（系）和学校管理工作，拓宽学生党员表达意见渠道，营造党内民主讨论的政治氛围。

（四）团员教育管理工作

团员群体是大学生和研究生的主要组成部分，高校基层院系辅导员要做好学生思想政治工作，做好学生党建工作，就要高度重视团员教育管理。

在团员教育方面，要重视发挥团学组织团结广大学生开展理论学习和实践锻炼的重要作用，将各级团学组织建设成为学生自我教育的重要平台，指导推动组织团员和青年学习党的政治理论知识，宣传、执行党团组织的指示和决议，继承党的优良传统，发扬社会主义道德风尚，自觉培育和践行社会主义核心价值观。

在团员管理方面，要健全团的组织生活，开展批评和自我批评，监督团员切实履行义务，保障团员的权利不受侵犯；要深入了解和反映团员的思想、要求，引导各级团学组织盯牢学生所急、所思、所盼，重点帮助学生解决日常学习工作生活中最关心、最直接、最现实的利益问题和最困难、最迷茫、最困惑的实际问题；要指导团学组织围绕坚定学生理想信念、学习科研朋辈辅导、社会实践志愿服务、就业创业能力提升、心理健康等开展学生活动；要指导各级团学组织制定服务型组织建设意见，打造符合学生需求的学生活动品牌；要指导团学组织落实好民主集中制，完善组织事务公开制度，指导团学组织主动接受党组织、教师和学生的监督。

（五）班干部选拔培养工作

班干部是班集体的中坚、班集体建设的核心，辅导员的得力助手。班干部得力与否直接影响班级建设的成效，班集体凝聚力的提升，优良班风的形成。①

在班干部选拔方面，要一改过去班主任任命的方式，打破“终身制”的做法，将民主选举和定期轮换相结合，将思想政治考核和综合能力考察相统一，打造一支有理想、有信念、有担当的班干部队伍。要充分听取班级成员意见，听取各科老师评价，采用公平、公正、竞争的方式选举真正热爱集体、自愿服务同学的班干部。

在班干部培养方面，要注重学生干部业务能力和综合素质的提升，教育与自我教育的统一；要充分尊重、信任学生干部，激发学生干部参与班级事务管理的主动性和积极性；要有效引导、教育学生干部，保证学生干部在班级同学中的先进性和示范性。坚持定期开展班委工作会议，了解班级近况，了解班委需求及困难，为学生干部提供支持与帮助。搭建学生干部交流平台，引导学生自主分享，相互交流，提升班干部队伍凝聚力。注重健全完善学生干部例会制度、考核制度，规范学生干部思想行为，充分发挥班干部模范带头作用。

二、高校学生党建工作的方法

开展高校学生党建工作，要构建政治理论专题学习为重点、主

① 姜玉洪，刘艳春：《高校班集体建设与评价体系研究》，载《学校党建与思想教育》，2018(18)。

题教育实践和志愿服务活动为支撑、网络思想政治教育为辅助的学生党员和团员系统性学习的教育体系。基层院系和辅导员要紧紧围绕上级党组织关于加强学生党建工作的重要部署，结合不同学生专业背景特色，科学设计培训计划，切实增强二级党校和团校教育的实效性。

(一)充分利用第一课堂，扎实开展政治理论教育

1. 形势与政策课

习近平总书记指出，要教育引导学生正确认识世界和中国发展大势。正确认识中国特色，全面客观认识当代中国、看待外部世界。形势与政策课教学作为高校开展大学生形势与政策教育的主要手段，是高校学生党建工作的重要内容。基层院系专职辅导员要结合自身的专业背景、学术经历和工作内容，积极参与到形势与政策课教学过程中，通过集体备课、分班授课或分专题授课等形式，将理论知识传授与学生党建工作深度融合，不断提升党建育人的效果。

2. 党课

高校基层院系要在学校组织开展校级党校的基础上，单独或者联合其他院系举办二级党校，系统性开展入党积极分子培训、发展对象培训、预备党员和正式党员培训等，培训内容要涉及党的政治理论知识的方方面面，将历史和现实相结合、理论和实际相结合、学生课堂学习和小组讨论相结合、集体学习和个人总结相结合；专职辅导员要参加党课教育过程，督促学生党支部每季度开展一次党课教育活动，根据自己的专业特长，主动为学生讲党课，在开展党建工作的同时，拉近与学生之间的距离。

3. 团课

负责团建工作的专职辅导员要着眼思想政治引领和价值引领，以学习宣传贯彻习近平新时代中国特色社会主义思想、中国特色社

会主义理论体系、中国梦主题教育、培育和践行社会主义核心价值观为主要内容，结合青年学生成长发展特点和学生党建工作的客观规律，深入实施“青年马克思主义者培养工程”；要不断改进思想引领和价值引领的工作方式，广泛开展“四进四信”活动，即通过“进支部、进社团、进网络、进团课”，引导帮助青年学生和团学干部牢固树立对党的科学理论的信仰、坚定走中国特色社会主义道路实现“中国梦”的信念、增强对党和政府的信任、增进对以习近平同志为核心的党中央的信赖。

4. 班会

专职辅导员还要积极利用班主任身份，结合重要事件、重要时间节点、重大活动、社会热点等，适时召开主题班会，通过个人分享、小组讨论、集体展示等环节，引导全体学生学会用马克思主义观点分析问题、解决问题，树立正确的世界观、人生观、价值观，坚定向党组织靠拢的决心，以及为实现中华民族伟大复兴贡献青春力量的信念。

(二)积极利用第二课堂，加强引导社会实践和志愿服务

基层院系党组织和专职辅导员要在引导青年学生学好专业课的同时，针对学生实习实践、就业创业、志愿公益和社会发展的普遍需求，要加强与学校相关部门、社会基层一线单位的合作，大力开展学生社会实践和志愿服务活动，探索实施社会实践学分制，从能力塑造、实践内容、活动形式、评价机制等方面进行系统设计和整合拓展，客观记录、认证学生社会实践和志愿服务的成果，不断推动工作的规范化、课程化、制度化，使第二课堂成为检验学生的重要依据。

1. 主题党日活动

主题党日活动是增强支部凝聚力、强化学生党员身份意识和纪

律意识、开展学生党建工作的重要形式。专职辅导员可指导学生党支部根据学生专业学习实际，将固定每月的一个时间作为“固定党日”，组织党员开展集中理论学习和主题实践活动。党日活动要按照中央和上级党组织要求，结合学校、学院、学生学习发展的重点，有计划、有记录、有总结、有宣传。

2. 主题团日活动

团日活动与党日活动相对应，是学生团支部组织开展的主题活动，有利于提高团支部的凝聚力，扩大支部影响力，加强支部与社会的联系，提升团员队伍的整体综合素质。团日活动设计开展要紧密结合青年学生的需求和关注点，通过主题讲座、座谈交流、知识竞赛、公益服务、文化展示等形式，积极开展团组织生活、思想教育、文化宣传、公益服务、文体活动等。

3. 假期实践或调研

学生假期社会实践和调研活动是实践育人的重要形式，高校基层院系和专职辅导员要结合上级党团组织的要求，确定实践和调研主题，将实践调研目的地的发展现状同学术科研相结合，将了解实践地民风民情同思想政治教育相结合，将实践调研地实际需求同学校学科优势相结合，将社会实践同学生成长发展相结合，在实践调研中了解国情民意，理解国家大政方针，培育和践行。

4. 志愿服务活动

志愿服务是强化学生党员意识，提升团员素质的重要形式。高校基层院系专职辅导员要结合学生专业特色和社会实际需求，积极组织学生志愿者广泛参与文化宣传、义务支教、绿色环保、爱心帮扶、社区服务、赛会服务等志愿服务公益实践项目，持续打造品牌化、菜单化的志愿服务模式。在学校内部，要发挥学生党团支部的朋辈优势，针对经济困难、学业困难、心理问题、人际沟通困难、上进心不足及毕业未就业等学生群体开展帮扶活动，帮助他们适应大学生活，顺利完成学业，积极融入社会；党组织和团学组织要实时关注学生合法权益，关注校园弱势群体，关注学生普遍性利益诉求，在学校和学生之间、学院和学生之间、老师和学生之间畅通意见表达渠道，助力和谐校园建设。

（三）主动利用网络“课堂”，大力推进网络思想政治教育

随着社会的发展进步，互联网早已成为学生获取信息、讨论学习、适应生活、实践发展的重要平台。在互联网这个平台上，高校基层院系专职辅导员能否站得住，走在学生前面，充分发挥网络思想政治教育的价值引领作用，掌握网络宣传工作主动权，直接关系到新时代高校学生党建工作的效果。开展网络思想政治教育，就要不断巩固网络传统阵地，积极开拓新阵地。

首先，专职辅导员要运用网络互动社区、主题教育网站等，积极建设党建工作网站、网上党校等党员教育平台，确保校外实习实践、毕业求职、境外交流学习等流动学生党员能够持续接受教育。主题网站和网上党校的内容要及时更新，贴近学生，要实时宣传与学生实际相关的党的理论、方针、政策以及党组织主办的教育培训活动，不断引导青年学生养成关注主流宣传渠道，并从主流宣传渠道获取信息、提升能力的习惯。此外还要运用好党员信息统计平台，及时完善党支部和党员信息，使统计平台成为学生党员管理的重要载体。

其次，专职辅导员要不断提升新媒体运用能力和水平，坚持以学生为本的理念，在网络上淡化教师和学生的身份界限，尊重和研究学生个性化表达方式和信息接收方式，增强网络思想政治教育的亲和力，真正成为运用现代传媒新手段新方法的行家里手；要努力打造新媒体工作阵地集群，研究不同交流平台的不同功能和特点，有层次、有重点地开展宣传引导；要潜移默化地运用党的理论知识

和社会主义核心价值观来引导大学生的信息关注点，使大学生自觉学习宣传优秀网络文化；要探索学生党建工作的“网红效应”和“头雁效应”，使专职辅导员群体成为学生在网络平台上愿意交流、愿意学习、主动交流和主动学习的对象。

第四节　高校党团支部及班级建设一线工作案例

一、党支部工作案例——依托“五微”行动，构筑学生党员先锋工程

北京师范大学教育学部专职辅导员以高校中最具战斗力的学生党支部为单位，以学生党员为主体，以 10 分钟微党课、1 分钟微论坛、1 刻钟微视频、1 小时微志愿、1 秒微传播的“五微”行动为抓手，构筑学生党员先锋工程，营造实践育人氛围，引导学生自觉践行社会主义核心价值观，将社会主义核心价值观落细、落小、落实。

(一)以微党课精微特色，创新党课教育形式

师范特色高校的党员不仅要会讲党课，更要讲好党课。教育学部专职辅导员以“坚定理想信念，以青春之力践行社会主义核心价值观”为主题，举办微党课比赛。参赛选手结合自身专业学习和生活实际，围绕党的路线方针政策、党史党规党纪、形势政策、时事新闻、先进人物事迹等进行党课讲解，以小见大、深入浅出，突出通俗性，兼具理论性。参赛选手每人 10 分钟，短时间内将思想精华展示给听众，体现了“微党课”以小载体讲大道理的鲜明特色。

(二)以微论坛微言大义，开阔学生学术视野

研究生党支部在注重党性教育的同时，还需要服务研究生学习生活需求，为研究生提升学术素养、开阔学术眼界、提高思辨能力搭建平台。教育学部专职辅导员借鉴宾夕法尼亚大学 60 秒系列讲座的形式开展微论坛活动。“假如给我一分钟，我会把观点讲的那么清晰明了吗?”在限定一分钟的讲述方式激励下，学生能够最大限度地提炼概括观点，听众也能够清晰明了地抓住主题，形成良好的互动交流。时间短，信息量大，学生参与活动的收获比较多。

(三)以微视频光影魅力，传递青春正能量

教育学部专职辅导员坚持“学生写、学生拍、学生传”的工作理念，充分发挥青年学生主体作用，激发学生讲述自身故事，挖掘身边典型，传播青春正能量。各党支部从社会主义核心价值观中选取主题拍摄 12 部微视频。在实施阶段，重点把握剧本撰写、视频拍摄和宣传推广，鼓励党员同学多看、多读、多听、多分享社会主义核心价值观的故事材料。北京师范大学 2014 级教育技术研究生党支部拍摄的《打折的，不要》，通过一位研究生在捡到卡包之后内心纠结的心理过程，表现出诚信的重要性，进而引发同学们对研究生学术诚信问题的深度思考与探讨。

(四)以微志愿典范风采，发扬志愿服务精神

教育学部从 2013 年起制定并实施了《教育学部学生党员志愿服务实施细则》(以下简称《实施细则》)，细化了志愿服务内容，搭建了学生志愿服务平台，规范了志愿服务认定工作。《实施细则》规定，凡在教育学部参加推优入党的积极分子、转正的中共预备党员以及中共正式党员在认证期内参加志愿服务时长须满 30 小时。2015 年上

半年，学部成立了学生党员志愿服务团，组织学生党员参与图书馆日常管理维护、毕业季文案起草，参与后勤志愿服务体验岗，参与国际禁毒日等会务志愿服务活动。

（五）以微传播高效特点，增强宣传效果

微传播的“微”就是不拘泥于宏大的形式，以快速高效和喜闻乐见的方式运行。当前微信是高校学生使用频率较高的生活工具。微信朋友圈具有强关系传播、高到达率的特点。学生通过转发、点赞，就可将信息由支部委员扩展到全体党员，再覆盖到普通同学，再辐射到外院系同学以及延伸到社会人群。微党课、微论坛、微视频、微志愿，都可以通过学生 1 秒钟的“参与”实现微传播。学部注重建设学生党建工作微信公众号“教育学部红色风采”，由专人负责维护，可以实现信息发布、资源共享、消息推送；部分学生党支部建立支部微信公众号，由点到面，形成网状覆盖到党员同学。

（六）主要成效及经验

从活动效果来看，微党课在锻炼学生登台讲课能力的同时，加深了学生对党内重要问题的认识；微论坛节奏紧凑，观点云集，金句频出，促进学生深层次思考；微视频时间较短、信息含量大、视觉效果突出，学生们主动参与的积极性高，此次活动被北京市教工委评为北京高校社会主义核心价值观宣传教育优秀案例；微志愿活动促进学生走向社会，增强理论联系实际的能力。所有这些通过网络微传播，营造出社会主义核心价值观鲜活可观、无处不在的氛围。

在具体实施上，每个党支部在四个必选微行动中，自由选择举办顺序。学部以一学年为周期，在党支部先期选拔的基础上，每学年举办一次全学部的竞赛以表彰先进。青年大学生既是社会主义核心价值观传播者也是践行者，青年人在哪里，学生党建工作的教育

就应当到哪里。只有关注学生实际、了解学生需求、关注学生兴趣点，才能服务学生、做好学生工作。

二、团支部工作案例——北京师范大学地理学部2013级本科生团支部

北京师范大学地理学部2013级本科生团支部共有团员88人。支部成立以来，始终牢牢把握共青团是党的助手和后备军这一基本定位，充分发挥团支部在班集体中的政治堡垒地位和战斗核心作用，在思想、组织、学风、成长服务和创新建设方面都取得了丰富的成果。

(一)思想建设情况

支部以党建带团建的方式，将集中性学习和经常性学习相结合，采取主题团日、党员进宿舍等具体措施，全方位、多层次、多角度地对每一位团员进行思想引领和政治引导。

(1)党建带团建：开展了社会主义核心价值观系列主题活动，其中包括以爱国为主题的纪念抗战胜利70周年卢沟桥之行，以敬业为主题的采访离退休老教师，以诚信为主题的素质拓展活动，以及以友善为主题的学困生精准帮扶等。

(2)主题团日：主题团日是集中性学习的有效方式，支部先后开展了学习研讨型、外出实践型、知识竞赛型及趣味益智型等一系列团日活动。

(3)党员进宿舍：通过党员进宿舍来发挥党员的先锋模范作用，并以此来及时了解团员的思想动态，为其提供相应的帮助，营造了同学之间互帮互助的友善之风。

(二)组织建设情况

支部坚持制度、推优与合作三位一体、协调推进的模式。

1. 创新制度建设

支部利用网络创新开展“三会两制一课”，实现了在线召开团小组会和观看网络团课。在学院团学组织中率先设置网络委员和实践委员职务，网络委员负责支部网络平台的管理工作，每天推出新闻三分钟、地遥快讯等栏目，并定期组织在线学习讨论会；实践委员受本支部与分团委实践部的双重领导，以“志愿北京”为载体，负责支部成员的社会实践活动。

2. 完善推优入党

支部重新修订了《入党推优加分细则》，制订了“德才兼备，以德为先”的推优标准，使得推优入党工作朝着规范化、正规化方向发展。

3. 加强合作交流

支部积极联系其他团学组织，既有与学院分团委、党支部的纵向合作，也有与其他支部、班级、社团的横向合作，合作开展了一系列活动，取得了丰硕的成果。其中，支部联系首都各地理学高校开展的“经纬杯”首都高校地理知识竞赛，充分弘扬了地学精神，已成为一项品牌活动。

(三)学风建设情况

支部努力营造良好氛围，完善学业辅导，注重师生之间、生生之间的沟通交流，学风建设取得了一系列成果。

(1)专业成绩：支部成员大多数好学向上，水文学、土壤地理学、植物地理学等课程平均分达到 90 以上。

(2)科研竞赛：支部共有 14 名同学主持各类科研项目，41 名同学参加了不同级别的科研项目。支部成员参加各类竞赛的有60余人次，在美国大学生数学建模大赛、全国大学生英语竞赛、全国地理学青年辩论赛等竞赛中屡获佳绩。

(3)野外实习：在地质地貌、气象气候、植物土壤、3S等野外实习中，同学们通过采集原始数据，开展野外调查，增进了对所学专业的认同，深化了同学之间的友谊，同时强健了个人体魄，培养了团队精神。

(4)民族生、师范生培养：支部采取一对一帮扶的方式，帮助少数民族学同学克服语言障碍、跟上学习进度。在“四有”好老师培养方面，师范生职业信念养成活动、未来教师素质大赛以及义务支教、暑期社会实践活动等提高了师范生的教学技能和职业素养。

(四)成长服务情况

在创建基层服务型团组织的目标指引下，支部致力于服务同学成长，助力同学发展，为支部成员解决学习、生活等各方面的困难，得到了支部成员的认可。

(1)宿舍读书会：支部组织成员以宿舍为单位，开展读书分享活动，每周召开一次分享会，不仅促进了室友之间的思想交流，也增进了室友之间的感情，从而了维护宿舍的文明和谐。

(2)“雪绒花”心理咨询：大学生是心理问题高发群体，学习、就业、感情、人际上的压力均会存在。支部由班级雪绒花使者牵头，开通了雪绒花邮箱、晚饭说心事等活动，有效地缓解了大家的心理压力，也解决了一部分学生的心理问题。

(3)职业生涯规划：支部有三分之二的非师范生成员，他们普遍对未来的职业发展缺少认识。鉴于此，支部开展了职业生涯规划系列辅导活动，邀请已入职场的学长和老师对有职业发展困惑的同学进行专一辅导，建立了职业生涯规划导师制度。

(五)工作创新情况

支部依托互联网平台，在班团关系、支委设置、会议形式及服务范围等方面进行了改革，成为学部共青团工作创新的典范。

(1)班团关系：支部改变了以往班团关系混乱的局面，实行班长兼任团支部副书记的制度，进一步理顺了班团联系，强化了团支部在班级中的政治核心作用。

(2)支委设置：在支委设置上，根据实际需求，支部增选了网络委员和实践委员，分管网络宣传工作和社会实践工作。

(3)服务范围：通过开展支部共建，实现了以“本支部成员为主，其他支部成员为辅”的服务定位，扩大了活动的影响范围。

三、班级建设案例——北京师范大学心理学部2015级3班

北京师范大学心理学部2015级3班共有39名同学组成。自建班以来，通过辅导员、班主任、班委会以及全体同学的共同努力，全班同学在思想、学习、科研、实践等方面都取得了优异成绩，形成了良好的班风学风。

(一)班级制度建设

班级在制度建设上坚持责任分担细致化、班委会议定期化、信息交流多样化。

班委会成员职责分别为：班长负责班级事务统筹与班集体建设；学习委员负责学业成绩辅导与建设；生活委员负责生活后勤保障与财务报销；文体委员负责文艺体育活动建设；组宣委员负责对外宣传与班级档案建设；雪绒花使者共两人，主要负责学生心理健康建

设；寝室长、宿舍负责人共五人，主要负责宿舍文化建设。

班委会每周一次召开例会，以线上和线下相结合的形式，传达各类通知，听取收集同学意见，交流工作计划和总结。参会人员要求根据具体会议内容而定，会议形式灵活。在学期初及学期末例会上重点讨论工作计划和工作总结。

班级建立了完善畅通的“同学－班委－教师及学部”的信息沟通机制。以班级 QQ 群、年级公告群、班委群、群邮件、微信公众号等为信息发布渠道，重要信息利用多种渠道同时发布，确保信息传达到位，覆盖所有同学；设立多样的信息反馈渠道，确保同学的意见和建议的及时传达；考虑到转系生多、宿舍分散的特点，班级特别设立宿舍负责人，更好地管理宿舍，增强班级凝聚力。

(二)班级活动建设

班级活动注重质量和效果。班级以建立“积极心理场”为主线，开展各类班级活动，让成员与班级一同成长，引导同学坚定“心思想”，形成“心习惯”，树立“心榜样”，指引“心方向”。

1. 心思想

所谓“心思想”，就是提升同学思想道德素质、坚定同学的心理学专业思想。例如，班级结合十九大精神举办线上“十九大·三行诗”活动，利用线上平台组织同学深入学习十九大精神；举办“我与社会主义核心价值观”的主题班会，以知识竞猜、热点话题辩论、事迹分享的形式，促进同学对社会主义核心价值观的理解；在八宝山革命烈士公墓参观活动中，同学在任弼时同志的墓前献花，了解了很多革命前辈的事迹，学习他们为国家和民族的献身精神。班级还定期举办丰富多样的主题教育座谈会，了解同学近期思想动态，联合团支部开展主题团日和民主生活会，对时事热点进行讨论，坚定“四个自信”，提升同学的政治素质。

2. 心习惯

所谓“心习惯”，就是帮助同学养成良好的学习和生活习惯。班级与本校和其他高校的不同专业班级举行联谊活动，分享专业优势，提升专业自信；举办“如何进行心理学文献检索”“心理学中的Matlab”等各类专业知识和技能讲座，提升学习科研能力；定期举办专业读书会，通过共同阅读，分享读书心得，同学们了解了多样的心理学知识，拓宽了专业知识面。

班级举办“打卡”活动，从运动打卡到阅读打卡，从早起打卡到八杯水打卡，利用线上平台，提倡同学们“走下网络、走出宿舍、走向操场”，积极参与体育活动，引导同学们养成健康的生活习惯和今日事今日毕的学习习惯。

班级建立“三瓣心香”专属公众号，关注粉丝覆盖同学、老师、家长。在全部95篇推送中，最具特色的是37篇每周一推的Deadline(截止日期)推送。推送内容涉及未来一周的学习任务，让同学们不再被Deadline赶着跑。

3. 心榜样

所谓“心榜样”，就是为同学树立榜样，互帮互助，共同提升。班级按照同学未来规划组建读研、出国、工作等多样的学习小组，小组中将成绩和实践优异的同学树立为学习榜样，并邀请高年级优秀学长为不同小组做主题指导和经验分享会，以前带后、共同学习，让朋辈互助力量充分发挥。

班级举办退伍大学生军旅分享活动，了解大学生入伍政策，学习军人吃苦耐劳、甘于奉献的精神；举办专题班会专题学习《习近平总书记给南开大学入伍大学生的回信》，立志做有担当的大学生。

4. 心方向

所谓“心方向”，就是帮助同学建立生涯规划，明确目标。心理咨询师、心理教师、科研工作者等都是同学今后可能从事的行业。

班级利用线上平台提前收集同学生涯规划问题，有针对性地向同学介绍心理学专业就业前景、职业要求、社会需要等信息，帮助同学科学设计生涯规划。

鼓励同学参与心理学相关支教活动，帮助中小学生提高调适心理的能力，引导学生利用思维导图等思维工具发现问题、思考问题、解决问题。

通过“心思想”“心习惯”“心榜样”“心方向”，开展系列班级活动，帮助同学在提升自我的同时服务社会，争做有理想、有本领、有担当的新时代青年。

(三)班级建设成绩

在良好的班级氛围下，班级同学的整体学习成绩良好。在大一学年平均分年级第一的基础上，大二学年年级前 20 名中有 9 名班级同学；在综测成绩中，年级前 10 名占有 5 名；荣获国家奖学金 2 人，京师一等奖 2 人，荣誉一等奖 3 人，二等奖 8 人，荣誉二等奖 2 人，三等奖 7 人，学术三等奖 1 人。

班级同学在创新创业项目、社会实践和社会工作中也都有出色表现。有 29 名同学(74.4%)参与到各类科研项目中，23 名同学(59.0%)成功申请了本科生基金项目，其中国家级项目 5 人，市级项目 2 人，校级项目 16 人，且有 6 人在项目中担任主持。两名同学在学术期刊上分别以一作和三作的身份发表了学术论文。

在社会实践方面，近一半的同学积极参与寒暑假社会实践和调研，在已完成评定的实践项目中有多个项目获得校级、市级优秀，1 名同学被评为市级优秀实践个人。

在学生工作中，6 名同学担任学生社团的正副社长、会长等职务；12 名同学担任所属团体下属部门的正副部长；还有多名同学作为干事积极开展工作。

在社会活动中，所有同学均为“志愿北京”平台的注册志愿者，总志愿时长达2700余小时，人均志愿时长72小时。1名同学在教育部主办的2017年高校科学营中被评为优秀志愿者；1名同学在“首都高校心理学知识邀请赛”中获得团体冠军、优秀个人的优异成绩；1名同学参加2016年“Hi Dreams”北师大校园梦想孵化计划获得资助约9000元，并获得第七届“视友杯”中国高校电视奖新闻类二等奖。

学习资料

[1] 谢倩，闫妍：《人民日报评论员：以理论滋养初心引领使命——论深入开展“不忘初心、牢记使命”主题教育》，http://dangjian.people.com.cn/n1/2019/0909/c117092-31343642.html，2021-03-15。

[2] 冯粒，仝宗莉：《人民日报评论员：将学习教育贯穿始终——论扎实开展“不忘初心、牢记使命”主题教育》，http://opinion.people.com.cn/n1/2019/0628/c1003-31200323.html，2021-03-15。

[3] 李枫，袁勃：《人民日报评论员：牢牢把握主题教育的主线——论扎实开展“不忘初心、牢记使命”主题教育》，http://opinion.people.com.cn/n1/2019/0625/c1003-31177814.html，2021-03-15。

[4] 袁勃，黄策舆：《人民日报评论员：坚持党对教育事业的全面领导——论学习贯彻习近平总书记全国教育大会重要讲话》，http://opinion.people.com.cn/n1/2018/0918/c1003-30298963.html，2021-03-15。

[5]马跃华，欧阳桂莲：《厦门大学：春风化雨做实学生党建》，http://www.chinanews.com/sh/2019/04-01/8796838.shtml，2021-03-15。

[6]陈建强，刘茜：《为青年的人生出彩搭建“天大”舞台》，http://www.chinanews.com/gn/2018/08-09/8594617.shtml，2021-

03-15。

[7]吉翔：《高校学生党建工作标准出台 明确入党前后教育具体要求》，http://www. chinanews. com/gn/2017/03-17/8176642. shtml，2021-03-15。

[8]盛捷：《江苏提高大学生党员素质 严把入党关探索退出机制》，www. chinanews. com/edu/2012/06-13/3961067. shtml，2021-03-15。

[9]乔业琼，秦华：《滁州学院："达标、提升、创优"谱好党支部标准化建设"三步曲"》，http://dangjian. people. com. cn/n1/2019/1016/c429005-31403816. html，2021-03-15。

[10]乔业琼，秦华：《赣南师范大学：打造大学生党员理想信念教育的坚强阵地》，http://dangjian. people. com. cn/n1/2019/1012/c429005-31396887. html，2021-03-15。

[11]高巍，秦华：《东北电力大学：实施"栋梁工程"提升学生党员教育培养质量》，http://dangjian. people. com. cn/n1/2019/0429/c117092-31057906. html，2021-03-15。

[12]刘博超：《北航学生党员的开学第一课》，http://epaper. gmw. cn/gmrb/html/2019-02/25/nw. D110000gmrb _ 20190225 _ 3-08. htm，2021-03-15。

[13]丁雅诵：《大学生党员要有"先锋范儿"》，http://dangjian. people. com. cn/n1/2017/0330/c117092-29179168. html，2021-03-15。

[14]马跃华，欧阳桂莲：《厦门大学：春风化雨 做实学生党建》，http://news. gmw. cn/2019-04/01/content _ 32701931. htm，2021-03-15。

[15]人民网：《中南财经政法大学创新海外学生党建工作》，http://politics. people. com. cn/n/2015/0406/c70731-26802043. html，2021-03-15。

[16]陈俊松：《教育部：确保学生党建工作力量配置》，http://

www. xinhuanet. com/politics/2017-03/17/c _ 1120649092. htm，2021-03-15。

[17]肖波：《以高校党建工作创新推进教育创新》，http://www. people. com. cn/GB/paper85/9244/858103. html，2021-03-15。

[18]王胜昔：《多种途径激发高校党建工作新活力—访河南大学党委书记卢克平》，http://epaper. gmw. cn/gmrb/html/2018-01/19/nw. D110000gmrb _ 20180119 _ 2-05. htm，2021-03-15。

[19]李涛：《高校学生党支部建设的问题及对策思考》，载《思想理论教育导刊》，2014(4)。

[20]王元彬，李航敏：《创新高校大学生党支部建设的实践探索》，载《思想理论教育导刊》，2017(1)。

[21]王猛：《基层团支部建设对提升大学生思想政治教育质量的作用》，载《科教文汇(上旬刊)》，2016(3)。

[22]高敏，寇家庆，袁源：《加强高校"党建带团建"，提高党团支部共建工作实效性》，载《文教资料》，2015(11)。

[23]刘颖，李军庆：《新时期主题团日活动在学生班集体建设中的思考与探索》，载《现代交际》，2018(18)。

[24]孙云龙，鲁焱：《新媒体在高校学生党建工作中的应用探究》，载《学生党建与思想教育》，2014(18)。

[25]曹培庚：《新形势下高校基层学生党建工作的探索思想》，载《思想教育研究》，2012(2)。

第三章　学风建设与学业指导

第一节　高校学风建设概述

一、高校学风建设的内涵

学风即学习的风气，高校学风是指高等学校全体师生在长期教育实践过程中形成的一种较为稳定的治学目的、治学精神、治学态度和治学方法。① 高校学风是当代大学生个人修养和综合素质的外在表现，也是高校办学理念、教育水平和综合实力的重要标志。高校学风建设不仅是关系大学生健康成长的重要问题，也是高校思想政治工作的重大课题，是辅导员工作的重要内容。

改革开放以来，我国高等教育事业取得了跨越式发展，逐步完成了从“精英化”向“大众化”的转型。教育部在 2012 年 12 月颁布的《教育部关于切实加强和改进高等学校学风建

① 王敏：《高校学风建设探析》，载《湖南科技学院学报》，2007(09)。

设的实施意见》中指出，“学风是大学精神的集中体现，是教书育人的本质要求，是高等学校的立校之本，发展之魂”。作为高校工作的重要组成部分，学风建设在新时代有着新的发展也面临着新的挑战，培养高校优良学风成为一项长期性、系统性的工程。

二、高校学风建设的意义

加强学风建设、创建优良学风，是大学改革与发展的重要内容，也是大学办学水平的根本体现。[①] 优良的学风是一种润物细无声的精神力量，是大学生思想品德发展、专业素质培养、社会观念形成等过程中的导航仪。由此可见，高校学风建设不仅关乎大学的发展，也关乎我国新时代教育现代化建设的推进，是塑造有理想、有本领、有担当的优秀青年的内在需求。随着社会主义市场经济的深入发展和高等教育大众化的迅速推进，高校学风建设有了新的时代特点下的重要意义。

(一)高校学风建设的重要性

1. 提高人才培养质量的迫切需求

人才是实现民族振兴、赢得国际竞争主动的重要战略资源。现阶段，我国要建成社会主义现代化强国，人才培养必须得到高度重视。只有实行更加积极、更加开放、更加有效的人才政策，才能加快建成人才强国。2019 年“两会”期间，习近平总书记指出，发展是第一要务，人才是第一资源，创新是第一动力。这个重要论述，深刻揭示了人才对贯彻新发展理念、引领高水平创新、推动高质量发展的重大战略支撑作用。

---

① 韩延明：《学风建设：大学可持续发展的永恒主题》，载《高等教育研究》，2006(03)。

青年兴则国家兴，青年强则国家强。高校是国家人才培养的主阵地，而高校学风的好坏直接关系到人才培养的质量。优良的学风能够为学生提供良好的学习氛围和强有力的发展后盾。因此，加强学风建设，对调动学生的发展积极性，帮助学生树立远大理想，端正学习态度，培养勤奋刻苦、严谨朴实、团结创新的品格有着极为重要的意义。

2. 促进学校“双一流”建设的内在要求

建设世界一流大学、一流学科，首先要有一流的人才队伍作为支撑，而一流的人才队伍必将为一所高校的持续发展提供源源不断的动力。

在国家推进“双一流”建设的背景下，高等学校若想抓住机遇，有所作为，实现学科实力和国际竞争力的提升，首先需要在人才队伍建设方面实现新的突破。优良的学风，特别是良好的学术环境，是高校提高人才培养质量的基本保障，也是学校办学水平的重要体现。新时代，高校的办学质量、科研水平已经成为高校的生命线和核心竞争力，办有质量、有特色、有成果的高校，才能得到社会的认同，才能在竞争中立于不败之地，也才更有益于国际化人才、创新型人才、复合型人才的发掘和培养，而这些要素正与学校的学风相得益彰。建设良好学风，为学生提供良好的学习氛围和优质的科研环境，是提升人才培养质量、促进人才梯队建设和高校持续快速发展的关键所在。

3. 实现大学生全面发展的实际需要

大学阶段是学生世界观、人生观和价值观形成的关键时期，是人生成长的黄金阶段。优良的学风能够为处于成长黄金期的大学生提供人格塑造和品性修养的发展根基，帮助其树立科学的人生理想，形成积极的人生态度，并在专业发展和个人成长中找到自己的人生价值。

在大学生的成长阶段，教师是引路人。优良的学风是科学、严谨的教风的必然要求与最终结果，二者相辅相成。教师良好的品行和过硬的专业素质，可以通过教学影响学生的一生。学风的好坏直接影响了学生能否健康成长、全面发展。优良学风的塑造，将是当代大学生握紧时代接力棒，在时代接力中跑出更好成绩的重要保障。

(二)高校学风建设的必要性

当代大学生思想活跃，视野开阔，志向远大，对获取新信息的渠道和媒体非常敏感，对新知识、新技术的了解和掌握异常迅速。[①]然而，伴随着社会选择的多样化，当今大学生在学习、生活和思想等诸多方面也出现了一些共性的问题，因此，加强高校学风建设刻不容缓。

1. 学业水准把关不严

随着高等教育大众化的迅速推进以及大学办学规模的不断扩大，教育资源紧张、生源水平参差不齐、学校教育改革滞后等问题日益凸显。由于教育资源紧张，学生在学习和生活方面的困难变得更加复杂，教育的不平衡问题也成为一个重要的社会问题。高校办学中存在的专业口径偏窄、教学内容陈旧、激励选拔机制老套等问题，使得学生现实发展需求无法得到满足，在一定程度上打击了学生的学习积极性。此外，为达到就业率等指标要求，高校“严进宽出”现象也经常被诟病。随即带来的一些社会影响，如学业失败、就业难度增加、学术造假等问题越来越突出，这些都对学风产生了消极影响。

2. 应试教育弊端显露

应试教育是当今人才选拔中“无奈之举”，加之社会一些不良风

---

① 郑家茂、潘晓卉：《关于加强大学生学风建设的思考》，载《清华大学教育研究》，2003(08)。

气的严重冲击，一些进入大学阶段的学生表现出以下三种问题。

一是学习动机不纯。应试教育使得学生认为“考上大学即人生终极目标”。在接受基础教育阶段，大部分学生并未养成独立思考的习惯，这使得他们进入大学后容易迷失自我，缺乏自我规划能力和设定人生目标的能力。拜金主义、功利主义等带来的冲击使得这些大学生在学习过程中急功近利，注重“漂亮”结果，而忽视努力过程，从而缺少对人格修养和品行养成的正确认识。

二是学习方式不适应。应试教育使得一些学生习惯于被动地接受，而不会主动思考；习惯于“他律”，无法“自律”。学生无法适应大学这个相对宽松的教育模式，缺乏自我约束的能力，一味追求享乐，心浮气躁，无法静心提高专业素质，谋求自身的全面发展。

三是抗压能力不足。一些大学生在成长过程中，部分获得了家庭的过分关心和关注，并未经历太多挫折，心态脆弱，自理能力较差。应试教育带来的升学压力也会一定程度上带来负面影响。个人主义等社会风气也造成了一些大学生在无法承担相应责任后，出现遇事逃避、推诿等问题。

3. 复杂社会环境冲击强劲

当今大学生处于复杂多变的社会环境中，经济的发展、社会的转型和新科技的产生为学生学习成长提供舒适条件的同时，也在无形中影响着他们思想和观念，并对大学生的学习风气带来了极大的挑战。

社会转型在改变人们生产方式、生活方式的同时，也造成了发展的不平衡和新旧观念的冲突，这种局面使得一些大学生在学习和成长过程中的不安全性和不确定性增加，难以找准自己的位置，看不清发展的方向，从而出现学习中的盲目性和生活上的功利性。

新科技的产生和发展，环境网络化的到来，对高校学风也造成了极大的影响。互联网为学生学习带来便利的同时，也催生了诸如学术不端等不良学习风气，而学校对于此类问题的反映稍显滞后，对诸如此类的学术失范行为尚缺乏更加科学有效的管理，一定程度上对高校学风和社会中学术影响力产生不良影响。当前，社会媒体舆论监督力度不断增强，这使得学校学风建设面临更高的要求和全新的挑战。此外，网络中五花八门的信息不断涌入大学生的日常生活，使得部分大学生沉迷网络，逃避现实，形成了懒惰、孤僻等品质。

第二节　高校学风建设的内容与方法

一、高校学风建设的主要内容

《礼记・中庸》中，“博学之，审问之，慎思之，明辨之，笃行之”是对“学风”一词的最早论述。毛泽东在《改造我们的学习》中详细论述了学风问题，强调实事求是，主动改造学习方法。党的十八大以来，以习近平同志为核心的党中央高度重视学风问题，曾指出“学风问题是关系党的事业兴衰成败的一个重大政治问题”。可见，从古至今，学风建设不仅是教育发展的核心要义，也是关乎社会发展和国家命运的重要命题。新时代，加强高校学风建设有着新的时代内容。

(一)理想信念的培养

在中共中央、国务院 2017 年印发的《关于加强和改进新形势下高校思想政治工作的意见》中指出，强化思想理论教育和价值引领要把理想信念教育放在首位。培养理想信念是贯穿学风建设始终的重要任务。加强高校理想信念教育，旨在培育大学生政治素养和养成积极的个人理想。

政治素养建立在客观认识社情国情的基础之上。当前我国处在决胜全面建成小康社会的关键期、“两个一百年”的交汇期，新中国成立以来在取得巨大成就的同时也存在着多种问题。对于大学生而言，当今社会机遇与挑战并存，学风建设应当帮助大学生形成客观的社会认知，明辨是非，自觉抵制享乐主义、拜金主义等不良社会风气。在此基础上，加强大学生对个人发展与国家命运紧密相连的深刻认识也是学风建设的重要目标。“为中华之崛起而读书”曾是周恩来等老一辈革命家读书治学的人生目标，将个人成长与民族发展紧密结合，才能实现个人的价值。新时代，实现中华民族伟大复兴，需要全国人民的共同努力，加强学风建设，就是要培养德才兼备、全面发展的中国特色社会主义合格建设者和可靠接班人。

远大的个人理想的建立要以全面了解和认识自己为基础。大学是学生迈向社会的过渡，承担着帮助学生建立完善人格的责任。离开家庭与父母，大学生需要从更加独立的视角和集体的维度去审视自己，而高校的学风建设可以帮助学生正确认同和接纳自己，为迎接机遇和挑战做好准备。此外，明确的发展目标是建立个人理想的关键。只有找到适合自己的未来发展道路，清楚自己日后想成为什么样的人，才能更好地指导当前的学习生活，引导自己为实现目标不断努力。而在实现个人理想的过程中，做好当下的生活规划也是促进学生及时调整学习生活状态，丰富人生经历的重要途径。当代大学生学习之余存在缺乏兴趣爱好、沉迷网络等问题，引导大学生建立科学的学习生活规划，丰富业余生活，能够帮助学生尽量消减空虚感，提高在其他领域的获得感，从而增加生活幸福感。

(二)专业素养的提高

学习是学生的主业，高等学校的专业化教育决定了学生专业素养的要求，学风建设必须高度重视学生专业知识和技能的掌握与提高。专业素养的提高需要严谨的学习态度、合理的学习方法和科学的学习评估方式。严谨的学习态度要求学生要深刻认识到自己为什么学习，该如何学习。严格的纪律要求是培养严谨学习态度的外在约束力，推进学风建设要建立基本的制度规约，杜绝迟到早退、无故缺勤、敷衍了事的课堂风气，通过纪律规范、教师监督等保证学习效果。

学风建设应立足于端正学生学习态度。学习没有捷径，脚踏实地、日积月累是攀登学习高峰的唯一路径。学风建设还应帮助学生结合自己的学习特点探索灵活多样的学习方法。相较于高中阶段的学习，大学的学习环境更为宽松，不局限于课堂讲授，更强调课下的自主学习和交流讨论。所以，要引导学生养成自主学习的习惯，在完成课堂任务之外，积极主动地学习和钻研，寻找学习的兴趣点，有效提高学习效率。

建立有效的学习评估方式也是学风建设的重要内容，通过学习评估检验学生学习效果，推动学习的开展。学风建设应鼓励采取多样化的考核方式，灵活地将过程性与结果性、理论知识与实践能力、课上表现与课后讨论考核相结合，教师评价学生与学生评价教师相结合，真正实现双向交流，教学相长。

(三)创新实践能力的发展

创新是国家发展与社会进步的根本动力，是高校的核心竞争力，也是个人发展所必备的能力。创新的社会实践有助于推动理论联系实际，提高学生综合素质。学风建设应当通过灵活生动的课堂教学和丰富多彩的校园活动提高学生的创新实践能力。

课堂是学生参与学习活动的主要场所。推进高校学风建设，就是要打造“金课”，让课堂“活”起来。高校课堂不应局限于书本知识的传授，而应以课程为依托探索更新的教学方式，这个“新”就要结合新时代，满足学生新要求。在让学生掌握基础知识的前提下，可以采取报告、小组讨论、辩论等方式，鼓励学生大胆提出新想法和新观点，并让学生自主而严谨地展开求证，让大学生在课堂上独立思考、科学求证、清晰阐释，实现综合提升。

校园活动是大学生生活的重要组成部分，与第一课堂的教学相互补益。各种学生组织和社团也为学生提供了能力提升和兴趣拓展的渠道。学校鼓励学生有选择地参加校园文化活动，有利于学生身心的健康发展、人际交往的有效增进和视野的不断开拓等。在学生工作和活动组织参与中，学生能提高时间规划能力，增强协调沟通能力等。与此同时，高校应积极鼓励学生参与假期实践调研和义务支教等活动，并为学生的学习转化、能力培养和价值输出提供良好平台。

习近平总书记在全国高校思想政治工作会中强调，做好高校思想政治工作，要遵循思想政治工作规律，遵循教书育人规律，遵循学生成长规律。① 高校学风建设是个系统工程，必须凝聚共识，遵循规律，形成合力。

二、高校学风建设的基本原则

（一）坚持知识教育与价值引领相结合

立德树人是高等教育的根本任务和中心环节，开展学风建设，必须要将专业知识教育和价值引领相结合。在课堂教学的主渠道，每门专业课程都要守好自己的一段渠，种好自己的责任田，在课堂教学中传递正确的价值观念。辅导员在第二课堂的学业辅导和校园

---

① 《习近平在全国高校思想政治工作会议上的讲话》，载《光明日报》，2016-12-09。

活动组织中，要把好内容关，要做到既能有效配合第一课堂的专业讲授，又能实现思想引领，使各项学业活动与思想政治工作、育人目标同向同行，引导学生把会学习与会做人结合起来，培养德才兼备的新时代青年。

(二)坚持教育引导与严格管理相结合

大学生的成长特点和行为习惯，要求高校在学风建设中将引导和管理相结合。教育引导的核心在于激发学生的内在动力，注重提升学生的学习自觉。严格管理注重制度规范对学生行为的约束，是推进学风建设的重要保障。学风建设作为一个长期、系统的工程，挖掘学生内在学习动力是学风建设的根本，建立健全并严格执行学风制度是优化学风的重要保障，两者缺一不可，相互作用。这是遵循学生自律与他律、内化与外化成长规律的实践应用。

(三)坚持系统性与灵活性相结合

学风建设既是系统性的工程又是具体化的工作。坚持系统性和灵活性相结合，需要学校层面的整体统筹，做好各部门的协调工作，同时必须兼顾各院系班级的具体情况，使学风建设活动更具针对性。高校学风建设要在统一思想的基础上，制定学风建设的目标、内容和方法，并赋予院系自主权，有效推进学风建设的落实与实施。

(四)坚持普遍化与个性化相结合

发展是普遍性和特殊性的统一。在学风建设工作中，要把握教育教学规律和学生成长规律，要坚持集体教育与个别辅导相结合，在掌握大多数学生发展的情况下，关注每一位学生的个人特点。在集体教育中要坚持普遍化原则，以专业基础知识和热点问题为切入，以学生反映的普遍问题为导向，科学合理地组织教学。同时，必须因材施教，关注个体教育。学风建设应该充分了解学生个体特点，针对学有余力的学生要注重能力提升，针对学业较为困难的学生要注重基础夯实，要尊重学生学业个性发展，为每个学生的发展提供充足空间，保证每位学生学有所获。

（五）坚持教师主导和学生主体相结合

教师主导与学生主体在学风建设中相辅相成。高校教师的教风直接影响学风建设的落实与成效。坚持教师主导与学生主体相结合，在学风建设中教师要以身作则，主动发挥学风引领作用，在教师的引导与支持下，学生充分发挥其主体作用。学风建设中，学校教师应当坚持以人为本的教育理念，通过课上教学与课下交流实现对于学生的激励与引导。学生是学习的主体，是学风建设的主要对象，学风建设要充分发挥学生的主体性，力求将学风建设转化为学生自主提高和自觉发展的行动，从而实现学生的自主发展。

三、高校学风建设的工作方法

（一）注重思想政治教育，树立正确学习信念

思想是行动的先导。在实际工作中可以发现，许多学生存在的学业问题有着更深的思想根源，如学习目标不明确、学习态度不端正等。加强学风建设，首先要从思想上对学生进行教育引导，辅导员要深入学生，及时了解学生思想动态，着力解决学生理想信念方面存在的问题。辅导员可以通过情感教育、激励教育、心理疏导等方式辅助具体学业工作的开展，帮助学生确立科学合理的学习目标，端正学习态度，解决学生学业发展的内在问题，激发其学习的主动性，为培养优良学风提供精神动力。

(二)注重专业方向普及，提高学生专业认知

对专业知识和专业发展的系统认知是学生进行学业发展规划，主动提升专业素质的前提。新生入学阶段是提高学生专业认知的重要阶段，要将专业认知教育纳入入学教育体系，并根据不同年级的发展特点贯穿于学业发展始终。辅导员要邀请本专业领域的专家、授课教师和高年级学长，分层次、分阶段、有重点、有导向的开展专业认知教育，通过消除专业误解，解决学生厌学问题；通过明确专业发展，解决学生学业规划问题；通过鼓励专业实践，激发学生学习兴趣，帮助学生形成正确的专业思想。

(三)加强学业日常管理，塑造良好学习习惯

建立健全学业制度，加强学业日常管理，是建设优良学风的重要保障。加强学风建设，要正视当前学生在学业发展中存在的问题，深刻剖析问题产生的原因，在教育引导的基础上，通过加强管理规范学生行为。例如，通过考风考纪制度加强诚信教育，通过学业预警机制发现学生问题，通过早读自习制度帮助学生塑造良好学习习惯等。严格日常管理不仅能够对不良行为的学生开展有效的教育、管理和转化，更根本的是能提高学业要求，促进良好习惯的养成和优良学风的形成。

(四)加强朋辈示范引领，发挥榜样作用

朋辈教育是通过同辈人之间的交流，获取不同成长经验，以实现优势互补、共同进步。通过对学生的抽样访谈可知，绝大部分同学在个人学业发展中更倾向于向同学和学长求助，学生榜样在一定程度上能够成为学生努力的方向，在学生群体中产生较强的精神引领作用。辅导员要重视朋辈教育队伍的建设，深入挖掘学生身边的

优秀事迹，在学习、实践等各方面树立典型，鼓励学生全面发展。同时要注重培养学生干部，发挥学生干部的带头作用，要通过各种形式开展“传帮带”工作，举办新老生经验交流会、校友分享会等，通过搭建朋辈交流平台，为在校学生铺就成长阶梯。

(五)加强校园文化建设，增强环境育人功能

学风从本质上属于校园文化的内涵，校园文化建设的核心任务就是要构建优良学风。[①] 校园文化和学风建设相互影响、相互依存，良好的校园文化氛围对优良学风的形成具有潜移默化的作用。校园文化的开展要立足于学生需求，学校要积极培育具有学校特色、体现大学精神的校园文化，要结合专业特点开展的学术文化节，丰富学生课余生活的社团活动。要深刻意识到凡是能够帮助学生拓展专业兴趣、缓解学业压力、增强成长获得感的文化活动对学生成长都具有积极意义，对于学风建设都具有促进作用。

(六)加强各项资源整合，促进形成教育合力

高校学风建设不是孤立的，它不仅需要教学部门的专心从教，也需要学工、宣传、后勤等多部门的通力合作。此外，高校的学习风气不仅仅是代表着学校的对内评价，更影响到全社会对该高校的整体判断。学生家长对于学校的信赖和支持，社会对于学校的认可和评价，都来自高校学风的有效建设。加强学风建设，要积极寻求家校合作。一方面，学生在校期间出现的大部分问题都能从家庭找到缘由，另一方面，因为家庭和学校在学生成长成才方面有着共同的目标，所以家校之间要建立良好的沟通，直面学生的问题，在沟通中了解学生的成长经历和现实状态，采取更有效的措施，帮助学生更好成长。加强学风建设，要积极拓展社会资源。大学阶段学习

---

① 阚宝奎：《论高校校园文化与学风建设》，载《思想教育研究》，2009(06)。

的最终目的是实现知识的实际应用和成果转化，在社会中参与实践锻炼，是检验学生学习成果和学校教学成果的重要渠道。

第三节　高校学业指导的基本概述

一、学业指导的基本概况

随着高校教育改革深化，加强高校学风建设，提高高校教学质量成为国内各高校的工作重点。学业指导作为高校教育改革的重要一环，作为实现高校学风建设的重点内容，强调以学生发展为基础，有效利用高校资源，为学生成长提供指导与帮助，从而树立学生正确学习观，塑造学生人生观、价值观和世界观。当前，高校学业指导处在黄金发展期，以完善学业指导为切入点，推进高校学风建设是新时代高校改革深化的必然选择。

(一)学业指导的定义

教育部高等教育教学评估中心编制的《中国高等教育评估词汇》中将大学生学业指导定义为"高等院校对在校生进行的学术与非学术、课内与课外、大学学习与终身学习乃至职业生涯规划等在内的所有学习活动的指导。内容包括学习思想与观念、学习目标与内容、学习方法与手段、学习心理与道德等。目的是最大限度地挖掘学生潜力，拓宽学生受教育经历，帮助学生顺利地完成学业，培养学生的学习能力，促进学生更好的发展"。

当前"双一流"大学建设背景下，高校学业指导应该以"一流人才"培养为中心，以提高人才培养质量为目标，服务学校内涵式发展的要求，盘活校内外各种资源，综合运用各类指导方法和手段，在助力学生顺利完成学业的基础上，培养学生终生学习的能力和习惯，使学生成为想学习、能学习、善学习的新时代大学生，为培养德智体美劳全面发展的社会主义建设者和接班人保驾护航。

（二）学业指导的内容

在学业辅导内容的设置上，由于不同学校在办学目标和教育理念上的差异，往往具有各自不同的内容和形式，但课程设置、学习态度、学习规划、学习能力、学业咨询、学业危机预防与干预是学校学业辅导的必要内容。

1. 课程设置

学业指导课程的设置是对大学生课程的一个补充，不同专业可以根据专业特色为同学们设置更具有针对性的辅导课程。比如，考虑到大一新生可能存在不适应大学生活等问题，学业指导可以通过配备新生导师、朋辈导生，以及设立专业读书会、习题辅导课等活动，帮助新生尽快适应大学生活、培养专业兴趣、树立学习自信。

2. 学习态度

态度决定成败，学习态度的引导是学业指导的重要任务，引导学生依据自身兴趣和能力，结合所学专业和社会需求，深入思考所学专业的作用，进而树立勤于学习、乐于思考的学习态度，为开展学业指导奠定心理基础。

3. 学习规划

以人为本是当前高校教育的必然遵循，多元人才需求是社会发展的切实需要，为适应学生的多元化发展需求，学业指导需要引导学生根据自身的人生定位和职业目标规划，制定个性化的学习和成长规划，并按照规划为学生成长提供个性化的资源、开展个性化的指导。

4. 学习能力

学习能力的培养是提升学习效率和学习质量的重要途径，高校学业指导需要助力学生不断提升各类学习必备能力，包括思考能力、阅读能力、写作与表达能力、数据分析能力、合作能力等多个方面的能力，并引导学生不断优化学习方法、开发学习潜能。

5. 学业咨询

学业咨询是开展个性化学业指导服务的重要内容，在学业咨询过程中，一方面，学生的困惑可以得到有效解决，避免学业中的困难给学生造成学习困扰。另一方面，有助于对学生的个性化需求，对学生的学业情况、性格特征、未来规划有全面详细的了解，为开展更有针对性的学业指导奠定基础。

6. 学业危机预防与干预

学业危机预警是督促学生加强学习的重要方式，也是对学业困难学生进行实时监测和帮扶的有效手段。学业指导要对学业危机预警工作给予充分的重视，注意统筹协调并严格落实学业危机预防与干预相关工作。充分重视对被预警学生给予学业辅导，帮助被预警学生认真分析其出现问题的原因，为其完成学业提出建议，帮助其制定有效的学习方案。

二、学业指导的重要意义

(一)服务学校一流大学建设

2015 年，国务院下发《统筹推进世界一流大学和一流学科建设总体方案》(以下简称《方案》)，对新时代提升我国教育发展水平、加强我国高等教育建设提供了总体指导。《方案》发布后，各高校纷纷响应，将建设世界一流大学作为办学目标和定位。建设一流大学、培养一流学生必然需要一流校风、学风。校风、学风的教育和培养更多的是一种思想意识和思维观念的培养，相比于第一课堂直接的学术内容教育，学业指导可以更加有效地利用丰富的形式和资源，发挥对学生学习思想和观念、学习心理和道德教育培养的重要作用，引导学生养成良好的学习习惯，在学校内形成好学、乐学的学习氛围，为更好地开展专业学习、提升综合素质奠定基础，从而以良好的校风、学风助力一流大学建设。

（二）服务学校人才培养质量提升

《方案》要求高校要以一流为目标，在建设一流大学和一流学科的同时注重培养一流人才，着力培养具有历史使命感和社会责任心，富有创新精神和实践能力的各类创新型、应用型、复合型优秀人才。方案为新时代高校人才培养指明了方向，对个性化人才培养、学生创新实践能力提升、学生国际化视野拓展等方面做出了要求。学业指导是直接服务于学生学业发展和学校人才培养的工作，合理利用学业指导，对于学校一流人才培养具有重要助力作用。当前高校招生规模不断扩大，人才培养水平不断提升，为学生成长成才提供的平台也不断拓展，然而与此同时产生的是学生发展水平和需求多样化的发展。为提升高校人才培养整体水平，学业指导应该明确目标导向，围绕学生的个性化发展、创新能力和综合素质提升、科学精神和创业精神的培养、国际化视野的拓展等方面，统筹各方资源、发挥联动效应，深入研究学生的成长规律和学业指导工作的开展规律，为学生开展及时、有效的学业指导，从而为学生的全面成长成才提供帮助，在促进学生自身发展的同时为学校一流人才培养服务，为人才强国的建设服务。

（三）服务大学生成长发展需要

人才培养是高校的核心任务和中心工作，立德树人是高校教育的根本任务。大学是学生进入社会前的最后一个阶段，是强化专业知识、提升专业技能的关键时期，同时，还是青年人生观、价值观形成的重要时期。大学为学生提供了拓宽视野、提升综合素质的广阔平台和丰富资源。大学学业指导作为独立于第一课堂并与第一课堂相辅相成的学生成长服务手段，对于大学人才培养和学生成长各方面需要的满足具有重要作用。首先，学业指导是专业学习的加油站。大学的专业学习相比于高中具有更强的创造性、思维性和灵活性，对深度理解和把握的要求也使得学习的难度更大，学业指导能够帮助学生找准学习方法、提升学习能力，并弥补课堂学习漏洞，从而巩固和强化专业知识学习。其次，学业指导是综合发展的助推器。相比于第一课堂的专业性和知识性，学业指导可利用的手段和资源，可呈现的形式和内容具有更大的发挥空间，可以为学生的综合发展提供动力和保障。最后，学业指导是正确学习习惯和价值观念的培养基。学业指导除了是学生获取知识的渠道之外，也是人与人交流的途径，通过学业指导中的方法观念指导以及人对人的相互影响，能够帮助学生养成时时学习、终生学习的习惯，也能够在学业指导的过程中潜移默化地对学生进行人生观和价值观的引导，帮助学生形成正确的人生观、价值观。面对大学生成长需要的多样化、多元化，学业指导的开展要充分利用相关理论和实践资源，为学生的学业发展服务、为学校的人才培养服务。

（四）学业指导服务大学生个性化发展

《国家中长期教育改革和发展规划纲要（2010—2020）》指出，要创新人才培养模式，注重因材施教，关注学生不同特点和个性差异，发挥每一个学生的优势潜能。当前社会发展日新月异、多元多样，一方面，新时代大学生具有明显的时代特征和个人特色，不再适合同一化的培养模式；另一方面，新时代的社会发展需要的是全面发展、多样化发展的人才，社会的现实也对高校人才培养的个性化提出了要求。高校学业指导的一个重要目的和功能就是满足学生成长的个性化需求，服务学生的个性化发展。首先，学业指导能够挖掘学生的特长和潜能。每个学生都具有独特之处，只是未被挖掘或未获得展示的平台，学业指导通过教师、朋辈的观察和帮助，帮助学生发现自身潜能、展现自身优势，从而实现自身个性化的发展。其次，学业指导能够为学生成长提供个性化的帮助和指导。学生个性化的发展需要一定的平台和资源，学业指导通过调动各方资源针对学生的不同成长需求开展具有针对性的指导，使学生能够获得发挥自身特长的知识和技能。同时，学业指导能够通过各种实践和创新活动，帮助学生在实践中更好地了解和挖掘自身潜能，有助于学生科学开展职业生涯规划和大学学业规划，更好地成长为符合自身期待和社会需要的优秀人才。

三、学业指导的原则与工作方法

(一)学业指导的原则

1. 全面覆盖

学业指导是高校学生深度辅导的重要内容，事关高校全体学生，在学业指导的开展过程中，要避免有所偏倚，做到对于学优生和学困生的指导全覆盖，对于课程辅导、心理辅导、职业生涯规划辅导等各方面辅导内容的全覆盖，全面服务于全体学生的成才发展。

2. 突出重点

在全面覆盖的基础上，学业指导工作还应该做到层次清晰、重点突出，不能采取一把抓方式。对于具有不同特长和不同需求的学生给予不同的关注和指导，对于具有特殊情况和特殊需求的学生给予重点、优先关注，从而优化资源配置、增强指导针对性和实效性。

3. 分层分类

处于成长不同阶段、面临不同学业需求的学生对于学业指导的需求也是不同的。学业指导教师应该主动研究学生成长规律、了解学生成长需求，对学生进行分层分类的学业指导。按照学生成长阶段，可将学生分为新生、毕业生等群体；按照学业发展状况可分为学困生、普通学生、学优生等群体；按照学业问题可分为学习态度不端正、学习方法不科学、行为习惯不良以及个性化需求无法得到满足等群体。对于不同分层和分类的学生，学业指导工作需要立足于其切实需要，合理利用时间、分配资源开展针对性的指导工作。

4. 协同推进

学业指导作为服务学生学业发展和全面成长的重要工作，是学校工作的重要内容，绝对不是“单打独斗”或者运用单一方法就能完成的。为使学业指导工作取得良好效果，必须注重学业指导工作中的多措并举和协同合作。一是方法上的多措并举。学业指导的过程中要实现一对一辅导、一对多辅导、多对多辅导等多种方法并用，以丰富的辅导形式提升辅导效果。二是内容上的多元多样。学业指导涉及学生成长成才的各个方面，需要围绕学习动力提升、学习习惯优化、学习方法辅导、学习经验交流、学习问题答疑等多方面内容开展全方位的指导工作。三是指导队伍的协同合作。学业指导不是学生工作教师能够独立完成的事情，要想取得良好效果，必须贯彻全员育人的理念，谋求专业教师、学生工作教师、校外专业人员、朋辈学生等多方面的协同合作，让不同人员在学业指导过程中发挥不同作用，共同为推动学生学业发展和能力提升。

(二)学业指导的工作方法

1. 结合学科特色，针对个性需求开展学业指导

学业指导中可以根据学科特色及学生切实需求，建立学业指导团队，并给予学生具有针对性的帮辅服务。根据不同类别学生的不同需求，建立学业困难学生帮辅体系和优秀学生能力提升体系，为学生提供个性化的学业辅导。

学业困难学生帮辅体系针对学业上有困难的学生，根据其学习成绩和学习状态进行分级，对其学业产生困难的原因进行具体分析，根据学生的不同特点采取个性化的帮辅措施。通过进一步完善学业预警机制，建立学业会商制度等，加强对学业困难学生的帮辅力度。通过一对一咨询、多对一会诊、一对多辅导、多对多座谈等形式，以学习动力提升、学习习惯优化、学习方法辅导、学习经验交流、学习问题答疑等为主题，帮助学业存在困难的学生找准问题，找到方法，找回自信，从而提高学习成绩，顺利完成学业。比如，学业指导团队定期与学业存在困难的同学进行谈话，并和任课老师进行沟通，充分了解影响学生学习成绩的因素，为这些学生制订个性化的指导方案，给予学习存在困难的同学充分的关注与帮助，力求不让任何一名学生掉队。

优秀学生能力提升体系针对学业优秀学生，整合资源，因材施教，努力打造优秀学生的提升通道，培养更多拔尖创新人才。具体来说，一是可以为优秀学生配备成长导师，对学生进行人生规划、学术兴趣和科研方法的指导。二是可以通过举办知名学者、杰出校友和优秀学长的专题讲座以及科研学术交流会，充分调动与激发学生学习和发展的潜能，培养学生的开拓精神和创新能力。三是可以建立优秀学生成长训练营，给予优秀学生重点关注和帮助，通过举办辅导报告、经验交流、素质拓展、学生成长沙龙等活动，使其提

升学习创新能力、沟通交流能力、团队合作能力、应对压力能力、解决问题能力和自我管理能力等，增强学生继续深造、学科竞赛和就业创业的竞争力，为学生的职业发展提供更广阔的平台。

2. 针对不同阶段，分层次开展学业指导

针对大学四年中不同阶段的成长特点和发展需求，学业指导团队可为学业指导工作设计不同主题。例如，学业适应和规划辅导，学业创新和实践辅导，学业发展和就业辅导。

学业适应和规划辅导，适用于大学一年级。通过推行本科生导师制、开展新生学长计划和新生研讨课等，帮助学生做好角色转换定位，适应自主学习方式，增强自我管理能力；帮助学生加深对本专业的培养目标和发展方向的认识，增强专业认同感；指导学生科学规划学业目标，明确努力方向，增强学习自觉性。具体说来，可以根据学科特色为大一新生配备新生导师、研究生助管、朋辈导生，并为他们开展读书会、习题辅导课、论文写作培训课等辅导类课程，培养他们的阅读习惯和学术规范，帮助他们更快、更好地适应大学生活。

学业创新和实践辅导，适用于大学二、三年级。通过辅导，着重帮助学生不断完善学业规划，提高自主学习能力，夯实学生专业基础，开拓学生国际视野；鼓励学生开展学术科研，提高学术科研能力和创新创造力，引导学生积极参加科技创新和学术竞赛活动；指导学生参加各类社会实践，将所学理论知识应用于社会实践，提高独立解决问题的能力。具体说来，针对大二、大三年级的学生，学业指导应当更为尊重学生的学习兴趣和自主选择。因此，这一阶段的指导工作不再拘泥于辅助性课程的设置，而是应当着眼于学生的切实需求。例如，学业指导团队可以不定期组织展开经验交流会，向学生传授各类证书考试、科研项目申请、学术论文发表、社会实践参与等方面的经验，帮助他们提高解决问题的能力，促进他们及早制定自己今后的发展规划，提升自己的综合发展水平。

学业发展和就业辅导，适用于大学三、四年级。通过辅导，帮助学生进一步修订学业目标，为未来的出国、升学和就业制定科学合理的行动方案；指导学生做好职业规划，了解职业信息，提升职业素质，完成从学业到就业的转变。因此，在这一阶段，学业指导团队可以邀请往年考研、保研、申请出国、参加工作的同学为学生答疑解惑、分享经验，使相关学生能够尽早准备、少走弯路，提高成功率，从而为未来更好地发展打下基础。

3. 完善组织建设，构建学业指导全员参与机制

学业指导工作应当注重统筹协调、充分利用校内外各类资源，完善学业指导团队建设，构建包含知名学者、杰出校友、专业教师、学工团队、朋辈学生在内的学业指导全员参与机制。

第一，学业指导团队可以邀请校内知名学者、专业教师、退休教师等担任导师，通过一对一咨询、一对多辅导以及讲座、答疑等形式，对学生开展学习内容、学习方法、学习能力等方面的指导。

第二，学业指导团队可以联系学校学生工作部门教师、院系辅导员担任成长导师，通过主题活动、团体辅导、个别咨询等方式，为学生进行学习态度辅导、学习动力辅导、生涯规划指导和心理压力疏导等。

第三，学业指导团队还可以联系社会贤达、杰出校友担任发展导师，通过主题讲座、座谈交流等形式，以其自身丰富的人生阅历、顽强的奋斗经历和辉煌的成功业绩影响、感召广大学生，激励学生树立远大目标、增强学习动力、学习成功经验、锻造综合素质。

第四，学业指导团队还可以聘请十佳大学生、国家奖学金获得者以及优秀学生党员等志愿者担任朋辈导生，通过学习交流工作坊、学习兴趣小组、读书会、学业帮扶结对子等方式，为学生提供学习技巧、学习经验、学业规划等方面的辅导。

4. 注重统筹兼顾，全面提高学业指导质量

作为一项综合性指导工作，学业指导工作需要多方面工作的统筹协调和机制完善方可取得预期效果，具体包括以下方面。

第一，完善学业辅导室硬件建设。学业指导团队可以建立专门的学业辅导室，并根据学科特点对其进行布置，为学生营造良好的学习氛围。比如，文科类专业可以在学业辅导室中建立图书角等。同时，学业指导团队要合理安排场地开放时间，健全日常管理制度，比如可以工作时间全面向师生开放、实行助管值班制度等，以此为学业指导工作提供良好的环境，为学生营造良好的学业咨询体验，鼓励师生利用学业辅导室场地进行交流。

第二，完善运作机制建设。学业指导可以采用接待来访学生与不定期开展学业辅导主题活动相结合的运作机制。设计合理的预约和接待程序，建立符合实际情况和学生需求的预约咨询制度和来访接待制度，根据学科特点和学生的学业需求，开展相关的学业辅导活动，建立学业辅导的长效机制。

第三，完善考核机制建设。学业指导团队要有完善的工作计划、工作总结以及日常工作记录、活动总结等材料，并定期接受专家团对各学业指导团队开展活动的情况、学业辅导的效果以及科研成果等进行考核。

第四，完善经费支持制度。学业指导应该拥有专门的经费，用于学业辅导室建设、学业辅导活动开展。学业指导团队应该根据经费情况制定详细的经费预算，做出详细的经费决算，以更加科学合理的利用学业指导经费开展学业指导工作。

第四节　高校学风建设与学业指导案例解析

一、学风建设案例解析

（一）发现榜样的力量——最受欢迎的十佳教师评选活动

高校教师是国家教育方针、学校办学思想的执行者，是传道授业解惑的先行者，也是与大学生接触更为直接，对学生影响更为深刻的引导者。“学为人师，行为世范”作为北京师范大学的校训，不仅贯穿于学校人才培养的全过程，更是每一位教师率先垂范的职业坚守。

为发现教师榜样，构建和谐的师生关系，北京师范大学每年坚持开展十佳教师评选活动。截至2019年，“最受本科生欢迎的十佳教师”已举办十届，“最受研究生欢迎的十佳教师”已举办三届。这项活动经由学院初评推荐，在复评环节由全体学生参与网络投票选出候选人，终评环节通过候选教师现场展示最终确定“十佳”人选，包括专业课教师8名，公共课教师2名。评选活动全程遵循学生组织、学生评定、学生颁奖的原则，真正走进学生群体，了解教学教研实况，选出深受学生好评和欢迎的优秀教师，实现了师生的良性交往与互动。评选过程中，老师们分享教学经验，解答同学疑惑，述说与同学们交往过程中发生的点滴故事，促进了师生的共同进步。该评选作为传播师道正能量的校内品牌活动，增强了任课教师的荣誉感，调动了广大教师投身教学的积极性，营造了良好的教风和学风，为各专业师生提供了互相借鉴学习、交流优秀经验的平台。

（二）发挥朋辈的作用——“十佳大学生”品牌系列活动

为激发广大学生积极进取、开拓创新的热情，鼓励学生德智体美劳全面发展，同时在大学生中树立先进典型，北京师范大学自2000年起，开始举办“十佳大学生”评选活动，至今已有190名同学获此殊荣，“十佳大学生”成为朋辈榜样和学风建设的重要品牌。以此为契机，“我与十佳约午餐”“十佳说”等活动也营运而生，“十佳大学生校友分会”的落成更将“十佳大学生”作为校友的重要组成部分，让优秀青年学子无论走向何方都能为学校发展和在校学子的成长助力。

2000年，北师大启动首届“十佳大学生”评选，至今（2019年）已有19届，每一名获评学生身上都体现着青年学子勤学刻苦的为学态度、开拓创新的求知精神、为国为民的家国情怀，同时展现了师大学子崇德乐育、博学向上的独特气质和真诚坦荡、锐意图强的胸怀抱负，对学校优良学风的构建具有积极影响。获评的十佳大学生，积极承担学校学风建设的任务，通过分享自己的学习成长经历鼓励更多学生明确目标、找到方向。

“我与十佳约午餐”通过线上预约和线下午餐会的形式，为同学和十佳大学生亲密接触搭建良好平台，在轻松的氛围中同学能够更好地提出自己学习和成长的困惑，十佳大学生也能全面分享自己的成长细节，更有针对性的解决学生的学业发展问题。目前，“我与十佳大学生约午餐活动”也根据十佳大学生的发展专长，设置科研、保研、实践等各类专场，为同学们提供更具针对性的指导。

2016年，为进一步挖掘十佳大学生这一朋辈教育资源，学生自主设计了一档以十佳大学生为主题的青年励志脱口秀节目——十佳说，以访谈对答和故事分享的形式，为在校生呈现十佳成长经历，以学长的讲述引导大学生做好个人生涯规划，努力追求卓越。此外，依托微信平台，开辟线上“十佳说”和“对话十佳”栏目，进一步推进朋辈学业辅导，深受广大在校同学的喜爱。

十佳大学生校友分会的成立，不仅在校园中发挥榜样力量，更注意教育的传承和社会影响力的拓展。2018 年，十佳大学生走进北师大三附中，和中学生一起交流，从高考备考、专业选择、大学生活等方面和高中学分享自己的成长心得，帮助中学生提前了解大学教育模式，思考个人生涯规划，这也是促进中学和大学教育科学衔接的有效途径。

二、学业指导案例解析

(一)北京师范大学地理科学学部打造“三维一体”追踪辅导机制，助力学业困难学生“脱困”

针对学业困难学生，地理科学学部建立了“三维一体”的学困生追踪帮扶工作方式，以学生为核心，促进自我行动，教师专业指导，朋辈追踪帮扶，深入了解学困生在学业、心理等多个方面的实际问题和困难，客观评价学业发展现状，形成科学合理决策，逐渐形成了体系化、个性化、人性化的学业辅导工作机制。

1. 开展学业状况评估

由负责学业辅导工作的辅导员会同班主任老师，为辅导对象进行学业状况评估，梳理学生出现学业严重困难问题的各方面影响因素，包括心理、学习习惯、自我管理等方面，协助学生本人对已经修读的课程和学分情况进行认真分析，澄清问题关键点。辅导对象作为责任主体认真分析自身原因，自主完成本人的《学业情况自我分析报告》。学部教务老师和相关指导教师可以作为支持资源，如若被学业预警的学生，需要将预警情况和学业评估状况等告知家长，学部教务老师和相关指导教师可以帮助调动家庭资源，帮助学生克服学业困难。

2. 制订学业提升计划

根据学生本人的《学业情况自我分析报告》和教师学业状况评估的结论，进行是否降级的决策，并按照学校要求办理申请、备案等相关手续，需要家长知情并同意。在此基础上，由辅导员协调确定负责该辅导对象的学业辅导室专项干事，班主任牵头，带领班级学习委员、学业辅导室专项干事协助学生制订学业提升计划。计划包括每学期计划修读的课程，需要重点辅导的学科，合适的学业辅导方式等内容。坚持学生有效行动，自我负责的原则，其他参与人员保持充分关注，提供适当支持和校内资源，帮助学生本人完成可执行的学业提升计划。

3. 定期开展学业辅导

学业辅导的内容和形式主要包括：集体自习、学习方法辅导、专业课程辅导和心理疏导等。集体自习由学业辅导室统一组织开展；学习方法和专业课程辅导，由对接的辅导室专项干事帮助协调校内教师和学生资源，一对一或者一对多的形式组织开展；心理疏导主要由班主任负责，有特殊情况的，帮助协调相应校内资源。

4. 健全追踪评估与方案调整

辅导对象参加学业辅导的情况，由学业辅导室专项干事负责建档记录，并定期向班主任和辅导员老师汇报。每学期对辅导对象进行学业状况的重新评估，协助学生本人调整学习计划和帮扶工作重点，对于学习和自我管理能力明显提升，已经解决阶段性学习困难问题的学生结束学业追踪辅导活动。对于自身问题确实无法有效解决的学生，科学判断，及时引入家庭、心理专家等其他资源，帮助其进行最佳决策。

(二)北京师范大学历史学院开展"史学专业科研学术能力提升"系列活动

历史学院本科生皆为历史学专业。课程安排上，一年级多为通识、通史课程，考核方式多为闭卷考试，文科类考试期末考试不及格率较低，即学业困难生少；二年级之后专业必修、专业选修课程较多，考核方式上以论文撰写为主。且二年级之后校内、院内科研项目申报机会多，成果也多以论文方式呈现，绝大部分学生面临论文写作、学术项目申请等压力。为此，历史学院开展"史学专业科研学术能力提升"系列活动。

1. 夯实学业基础，进阶学术发展

"史学专业科研学术能力提升"系列活动以史学沙龙为主要形式，注重把握时间节点，有针对性地创建了课程辅导、学习方法辅导、学术发展辅导三个进阶式活动体系。活动定期开展，均收到良好效果。

开展课程辅导，针对学生课程学习中的具体困难和问题，帮助学生打牢学业基础，顺利完成课业。结合新生入学教育，每年10～11月举办新生与高年级师兄师姐们的学习经验交流会，邀请高年级本科生、硕博研究生分享学习方法探索、学术方向选择、社团与社会实践生活、未来职业规划；结合学业考试，举行期末复习备考经验交流会，邀请在学习资料和读书笔记整理方面有丰富经验的本科生为大家传授复习经验，对于同学高效备考提供了针对性的指导；举办考研指导讲座，邀请考研高分生分享专业考研、跨专业考研的经验；在毕业论文开题前夕，举办论文选题交流沙龙，邀请往届同学与大家交流选题经验，为同学们拓展思路。

开展学习方法辅导，帮助学生适应自主学习方式，改进学习方法，增强学习能力，切实提高学习效果。提供史学研究方法指导，邀请图书馆仝卫敏、李书宁等专家学者讲解"史学专业常用图书馆资源服务及使用技巧”，提高学生利用图书馆史学资源的能力；提供学术道德与学术规范指导，开展专题会，为学生讲解学术论文写作规范，为学生撰写高质量论文固本培元；提供针对性学习问题指导，邀请我院优秀硕士、博士研究生与本科生交流学术研究的困惑、传授论文撰写经验。

开展学术发展辅导，帮助学生明确学业发展目标，提升学业兴趣和动力，全面增强综合素质。明确发展目标，重在培养创新精神，在“国家级大学生创新创业训练计划”“北京市大学生科学研究与创业行动计划”“北京师范大学本科生科研基金”等项目申报之际，邀请学院研究员李志英老师、副院长姜海军老师举办“培养研究能力，从做项目开始”主题讲座，详细分析项目选题、史料搜集和论文规范性问题，帮助学生提升学术兴趣，提高科研能力。

增强全面素质，重在拓展学术视野。定期邀请历史学科与其他人文学科专家学者，举办学术沙龙，开阔学生视野，从新角度、新材料、新方法、新结论出发对话历史，为历史学学术交流与协同创新提供平台。

2. 打造经典品牌，走近史学大师

开展“走近大师”系列活动，邀请历史学领域学术大家与学生共话历史。学业辅导室邀请刘家和先生、晁福林先生等资深历史学者，与普通学生共话历史，助力广大学生的学业进步。其间，历史学院学业辅导室先后两次邀请我国著名历史学家刘家和先生，为学生讲历史、习学术、思为人，答疑解惑间传授学习、读书与研究经验，镌刻历史学子的家国情怀与时代使命。同时，邀请先秦史著名历史学者晁福林先生，举办了4次先秦史教研室硕博论文研讨课，接纳本科生同学共同交流分享学术问题，20篇先秦史硕博士课业论文大讨论，别开生面的学术交流活动收获青年学子好评如潮。

史学大师言传身教，学生受益匪浅。“走近大师”系列活动有效利用了我院丰富的学术人才资源，通过拉近普通学生和学术大家之间的距离，切实增强了学生学习历史的兴趣，提升了学生学术科研水平，更筑牢了历史学子的历史责任感与时代使命感。

“史学专业科研学术能力提升”系列活动发挥了学院资源优势，助力了学生成长成才。“史学专业科研学术能力提升”系列活动充分发挥历史学院资源优势，汇聚学术大师、知名学者与杰出朋辈学子于一堂，整合资源，因材施教，学业辅导和学术发展双管齐下，切实帮助学生夯实学业基础，为培养学生创新能力与科研能力，为学生学术发展打造提升通道。

学习资料

[1] 冯粒，黄策舆：《人民日报评论员：牢牢把握教育改革发展的“九个坚持”——论学习贯彻习近平总书记全国教育大会重要讲话》，http://opinion. people. com. cn/n1/2018/0914/c1003-30292203. html，2021-03-16。

[2] 曹昆，黄策舆：《人民日报评论员：教育是国之大计、党之大计——论学习贯彻习近平总书记全国教育大会重要讲话》，http://opinion. people. com. cn/n1/2018/0913/c1003-30289736. html，2021-03-16。

[3] 曹昆，黄策舆：《人民日报评论员：时代重温读书的价值》，http://opinion. people. com. cn/n1/2017/0423/c1003-29229395. html，2021-03-16。

[4]程纯：《人民日报实事求是：落实立德树人根本任务》，http://opinion. people. com. cn/n1/2018/0715/c1003-30147434. html，2021-03-16。

[5]《中国教育报评论员：对高等学校加强学风建设》，http://

www.edu.cn/zhong_guo_jiao_yu/shi_ye/news/200903/t20090322_367226.shtml ，2021-03-16。

[6]李奇：《光明日报：学风也是专业问题和学生发展问题》，http://epaper.gmw.cn/gmrb/html/2018-11/27/nw.D110000gmrb_20181127_5-08.htm，2021-03-16。

[7]王硕：《北京加强高校学风建设 学术不端者将被一票否决》，http://edu.people.com.cn/n/2014/0926/c1053-25741289.html，2021-03-16。

[8]曹宁：《人民日报凭栏处：教贵在引领 学贵在创新》，http://opinion.people.com.cn/n/2014/0612/c1003-25138836.html，2021-03-16。

[9]陈芳，胡喆：《将推出哪些重大举措加强作风学风建设？科技部部长回应热点》，https://www.thepaper.cn/newsDetail_forward_3761439，2021-03-16。

[10]李敏：《清华修改博士培养规定：增加学风要求，不再以论文为唯一依据》，https://www.thepaper.cn/newsDetail_forward_3329638，2021-03-16。

[11]邓晖：《学风建设，重要的是找到学习的意义》，https://www.thepaper.cn/newsDetail_forward_2652689，2021-03-16。

[12]刘杰：《解决学风问题 不妨从创新校训做起》，http://edu.people.com.cn/n/2013/1202/c1053-23720406.html，2021-03-16。

[13]王恩哥：《高校学风建设从哪入手》，http://www.npopss-cn.gov.cn/GB/219470/17702752.html，2021-03-16。

[14]袁新文：《医治学术不端 防火墙须前移》，http://edu.people.com.cn/GB/n/2012/0731/c1006-18632418.html，2021-03-16。

[15]毛鸽，王丽英：《高举党建旗帜 勇立钱塘潮头——聚焦浙

江财经大学“党建育人”奋斗实践》，https://edu.gmw.cn/2019-10/14/content_33232546.htm，2021-03-16。

[16]冯莹：《兰州理工大学：传承红柳坚韧品格 履行立德树人使命》，http://dangjian.gmw.cn/2019-08/30/content_33120791.htm，2021-03-16。

[17]常河：《中国科学技术大学“教学管联动”系统：用数据实现本科生学业精细化管理》，http://news.gmw.cn/2019-03/22/content_32667651.htm，2021-03-16。

[18]熊颖琪：《躲不过去！大学用AI点名 学生旷课会自动接到来电》，http://life.gmw.cn/2019-03/15/content_32643309.htm，2021-03-16。

[19]袁晴：《中国科大：大数据实现本科生学业“全过程”管理》，http://politics.gmw.cn/2019-03/11/content_32625336.htm，2021-03-16。

[20]陈欣然：《南开大学：教学改革带“火”课堂》，http://edu.gmw.cn/2018-07/10/content_29771156.htm，2021-03-16。

[21]尚航，张德祥：《我国大学生学业指导状况研究——基于全国56所高校的实证调查》，载《中国高教研究》，2019(9)。

[22]杨国庆，郑莉：《高校辅导员学业指导能力提升平台建设研究》，载《黑龙江高教研究》，2015(8)。

[23]郭晓亮，王冬梅：《高校辅导员开展大学生学业指导工作探析》，载《广西教育学院学报》，2017(3)。

[24]王淑珍，翟立：《高校辅导员学风建设途径探析》，载《黑龙江教育(高教研究与评估)》，2018(8)。

[25]李伟新：《浅析高校辅导员在学风建设中的作用》，载《价值工程》，2012(4)。

[26]陈劲仿：《以辅导员队伍建设为着力点探究高校学风建设新

路径》，载《科教文汇(上旬刊)》，2018(3)。

[27]高明，慧于磊，由春桥，张福军：《高校辅导员推动班级学风建设的思考》，载《科教文汇(上旬刊)》，2016(4)。

[28]周剑峰，邓泽燕，王叶菲：《学业指导：高校辅导员角色的新要求》，载《文教资料》，2010(23)。

第四章　学生日常事务管理

第一节　学生日常事务管理概述

学生日常事务管理工作是高校管理系统的重要组成部分。学生日常事务管理的好坏直接影响着高校校风建设的效果和人才培养的质量。辅导员作为高校开展思想政治教育工作的中坚力量，只有着眼于学生的生活点滴，对学生的日常思想和行为进行引导和管理，才能有效保证学生的健康成长，实现高校的稳定安全。

2006 年 7 月，教育部发布的《普通高等学校辅导员队伍建设规定》中明确指出学生日常事务管理是高校辅导员的主要职责之一。从具体内容来看，主要包括新生入学教育工作、国防教育工作、社会实践教育工作、毕业生教育工作以及困难学生帮扶工作。

一、新生入学教育

大学新生入学教育是高校为了促进大学

新生更好地适应和融入大学生活，推动大学生成长成才和实现高校人才培养目标，根据大学新生的特点和需求，开展的有组织、有计划的基础型和阶段性的教育实践活动。

大一年级是一个过渡阶段，是大学新生从高中阶段进入大学阶段学习的一个过渡阶段，也是大学新生认识大学、适应大学和融入大学生活实现成长发展的一个过渡阶段，通过对大学新生进行入学教育，能为新生完成学业打下坚实基础，能够"为实现高校育人目标提供保障"①。大学新生入学教育的开展有利于"把大学新生的思想引向积极健康向上的方向"②，有利于纠正他们错误的思想观念和行为，使得他们的思想和行为更加符合社会发展的正确方向。

大学新生入学教育工作必须服务和服从于高校的整个人才培养工作，"培养真正具有社会责任感、创新精神和实践能力的社会主义建设者和接班人，为国家和地方经济社会发展提供坚强有力的人才支撑和智力支持"。大学新生入学教育工作对人才培养目标和任务的实现起到促进作用。

二、国防教育

国防教育已经为各学校领导部门、管理机构与相关理论学科学院所重视。各高校相继开展国防教育课程、军事理论辅导(如军训国防模拟演习)、征兵工作讲座等。

普通高等学校组织的学生军事技能训练、军事理论课教学，以及与学生军事训练有关的其他活动统称为国防教育。学生履行兵役义务、接受国防教育的基本形式即军训，也是国防教育的基本内容。

---

① 万璨：《大学新生思想政治教育存在的问题及对策研究》，硕士学位论文，湖北大学，2012。

② 同上。

让学生接受国防教育是高校培养“四有”人才的一项重要措施之一，是培养和储备我军后备兵员及预备役军官、壮大国防力量的有效手段。

对在校大学生进行军事训练、考核学生学习军事理论课程的效果以及参与国防专题活动的活跃度，既是全面贯彻党的教育方针，推进素质教育，培养有理想、有道德、有文化、有纪律社会主义新人的客观要求，也是开展国防教育，强化国防意识，为国防建设培养高素质后备人才的战略举措。

三、社会实践教育

大学生社会实践是按照高校大学生培养目标，根据大学生思想政治教育任务，结合学生思想道德发展特点和思想政治教育规律，有目的、有组织、有计划地组织大学生走出校园，深入基层、深入群众、深入实际，以了解社会、认识国情，增长才干、奉献社会，锻炼毅力、培养品格，增强社会责任感为目的的各种实践活动。①

大学生实践是人类实践活动的重要组成部分；是大学生在学习过程中学习知识、理论联系实际的应用与创新活动；是在成长成才过程中改造主观世界、促进自身全面发展的活动；是在走向社会过程中与生产劳动和人民群众相结合的、适应社会、承担社会责任的活动；是高校思想政治教育的重要途径。

大学生社会实践与传统课堂教学相比较，具有生动、形象、直观的特点，更能调动大学生的积极性，从而达到更好的思想政治教育效果。大学生通过亲自参与社会实践活动，能深入社会、深入基层；通过亲自参与到我国特色社会主义事业建设过程中，能明辨是

---

① 韩旭：《思想道德教育视野下的大学生社会实践》，硕士学位论文，南京师范大学，2011。

非，不再盲目推崇其他国家的制度、政策，而是能够客观、公正地看待我国发展的机遇与所面临的困境。大学生加深对我国改革开放政策的理解，能增强对社会主义制度的信心，使他们更加自觉主动地参与到社会主义建设中来；能够使大学生更加信任中国共产党的领导，自觉坚持党的基本路线、方针和政策；能够使大学生学会正确处理个人与社会的关系，使他们明白个人价值的实现离不开社会，让他们在未来就业时能自愿到祖国需要他们的地方做贡献。①

四、毕业生教育

毕业生教育是高校培养合格人才的最后阶段，它不属于专业教学，又与学生在校学习关系不大，因而被忽视的现象普遍存在。其实，毕业教育就如产品的检验、包装阶段，通过质量检验，且包装精美的产品才有市场竞争力，才能受到客户的青睐。加强毕业教育能进一步提高学生的素质与竞争能力，保证教育质量，促使学生创业成功。因此，高校加强学生的毕业教育，也就是包括就业、创业、独立生活与适应工作的教育显得非常重要。②

五、困难学生帮扶工作

关于贫困学生的界定，各地各高校有不同的比照标准。在教育部财政部《关于认真做好高等学校家庭经济困难学生认定工作的指导意见》中指出：家庭经济困难学生是指学生本人及其家庭所能筹集到的资金，难以支付在校学习期间的学习和生活基本费用的学生。一

---

① 施莉琴：《思想政治教育视域下大学生社会实践研究》，硕士学位论文，贵州大学，2015。

② 郝鑫：《关于高校毕业生教育工作的几点思考》，载《辽宁行政学院学报》，2010(01)。

般来说，高校贫困生可分为特困生、一般贫困生和突发意外贫困生。2007年，国务院颁布《关于建立健全普通本科高校、高等职业学校和中等职业学校家庭经济困难学生资助政策体系的意见》，明确要求："各学校要把资助家庭经济困难学生作为工作重点，实现校长负责制，设立专门的助学管理机构，具体负责此项工作。"困难学生作为特殊学生群体，有着更敏感的内心、更艰难的经历，辅导员作为学生的知心人、引路人，必须密切关注、真心关怀家庭贫困学生，指导学生办理助学贷款，帮助学生顺利完成学业。

第二节　学生日常事务管理的具体内容及方法

学生日常事务管理是一项非常复杂、琐碎而又十分重要的工作。工作所包含的内容繁多，所覆盖的对象广泛，所涉及的方法多样，稍有不慎就会直接影响高校育人工作的效果。明确学生日常事务管理方向，具化管理内容，根据具体情况，灵活运用各种方法，处理学生日常问题，以此提高学生日常事务管理水平是新时代辅导员肩负的责任。

一、学生日常事务管理工作内容

(一)新生入学教育

为帮助大学生尽快融入大学的新环境，对学校、专业产生归属感，并适应大学自我激发、自我教育、自我管理的模式，辅导员应着重开展理想信念教育、爱校荣校教育、适应性教育、专业思想教育、法规法纪教育五方面的入学教育。

1. 以激发大学生成长内在动力为目标的理想信念教育

理想信念是青年学子奋进的基石，是努力成才、报效祖国的真正动力和源泉。开展入学教育时，应当通过理想信念教育，帮助学生提高理论素养、思想道德素质，不断增强时代感和责任感，使学生意识到作为祖国未来事业发展的建设者和接班人的主体使命，意识到自身建功立业的发展需求。帮助学生建立全面学习、主动学习和创造性学习的意识和思维模式；拥有全面的知识、素质和能力；激发学生为实现理想而努力奋斗的成才内在动力。

2. 以增强大学生归属感和荣誉感为目标的爱校荣校教育

爱校荣校教育主要是通过组织学生聆听关于学校办学目标与特色的专题报告会、参与知名导师和校友见面交流会以及参观校史馆、校园校舍等，使学生感悟学校的历史传统、文化内涵与大学精神，感知学校的办学理念、办学目标、办学特色以及发展前景，从而在内心产生对学校的认同感和归属感，强化作为本校学生的自豪感和荣誉感。

3. 以引导大学生适应大学生活目标的适应性教育

适应性教育主要是指针对大学新生开展的一系列经验性引导。例如，生活适应指导教会大学生在大学新的背景和环境下建立相应的生活坐标，学会丰富自己的生活内容，并做好时间管理、财务管理等，逐步从“单纯依赖”向“独立成熟”转变；人际适应指导教会学生抱着谦逊、宽容的态度处理在寝室、班级及其他学生组织内的人际关系，以及与老师之间的师生关系；学习适应指导教会学生掌握学校所提供的教育资源，善于制订学习计划，积极适应从“要我学”到“我要学”、从“学会”到“会学”的转变。

4. 以稳定大学生学习思想为目标的专业思想教育

在日常思想政治教育中，经常会面临学生对专业不感兴趣、要求转专业甚至想退学复读的情况，虽然这些情况是个别的、偶然的，但是充分说明了专业思想不稳固对学习所产生的消极影响。为此，辅导员要通过向学生介绍本专业的人才培养目标、专业课程设置、师资队伍情况以及职业发展前景，使学生比较全面地、理性地、深入地了解专业的独特性和价值所在，从内心产生对专业的兴趣和信心，进而稳固对专业的钻研思想。

5. 以加强大学生自我规范为目标的法规校纪教育

法规校纪教育是将规章制度内化为一种自我规范、自我约束的过程，是外化形成行为规范的保障。法规校纪教育主要包括了法规类和校纪类两大层次。在法规层面，重点组织学生学习了解国家出台的政策、法规、意见、条例和文件等，如《中华人民共和国学位条例》《普通高等学校学生管理规定》《高等学校学生行为准则》。在校纪层面，重点加强学生对学校出台的学籍管理、成绩评定、奖惩制度、违纪处理等与学生切身利益密切相关的纪律规范的学习了解，使他们在进入大学之初就形成相应的规则意识。

（二）国防教育

国防教育主要强调理论和技能两个方面的提升。军训的理论教学采用上课的方式，技能方面则采用一起集训或者分开训练两种方法。一般高校的理论教学大体分为36课时，技能方面的教学则安排两到三周的时间。学校中学生的军事训练主要是依据新修改《一般高校学生军训大致规划》去进行的。相关活动则由高校相关教师队伍，如班主任、辅导员、校党委学生工作部门的教师为学生们不定期组织开展。

1. 集中训练

大学生军训是高校国防教育的重头戏，不管是到部队或到基地驻训，还是在校内组织训练，参训大学生的衣食住行应同军人一样，体现出军营生活、军事化管理的氛围。集中训练期间，应建立相应的军训师旅团营连机构，依据我国的解放军相关军事项规定，明确高校学生军训的具体要求，对参加军训的学生进行军事化训练，让其在军训的过程中对军事的理论性和技能性知识都能够很好地掌握，获得优秀的人格魅力和军人素质。

2. 分散军事理论课教学

军事理论课教学是全面提高参训大学生军政素质的一个必不可少的教育过程。军事理论课教学要坚持分散安排、深广适宜的原则，紧密结合学校专业课特点，有计划地举办有关军事训练的讲座，让学生们可以了解到更多的军事知识，提升自己的知识层面。分散军事理论课教学内容应包括：国防史、当下国防、世界军事形势、军事思想、现代武器、现代军事科技、现代战争等。军事理论性知识的传授有助于帮助学生了解军事的基本知识，加强其国防意识使学生更加热爱我国的国防事业。

(三)社会实践教育

大学生社会实践的主要内容有思想政治理论教育、形势政策教育、爱国主义教育、传统美德教育、人格品行教育、职业道德教育。①

马克思主义实践论观点认为社会实践对品德的养成起着最终决定作用。社会实践一方面有利于大学生了解社会、认识社会，加深对社会的感情，增强大学生的实际动手能力和为人民服务的意识，提高大学生的综合素质。另一方面有利于大学生从理论和实践结合上验证辩证唯物主义和历史唯物主义的科学性，从内心深处真正地接受马克思主义理论和思想政治教育，牢固树立对党的信任、敬爱之情和共产主义信仰，把认识转化为自身的价值理念和精神追求。大学生思想政治教育的重要任务之一就是培养学生正确的三观。通过社会实践，大学生可以接触到更多的人和事，促使他们给自己正确地定位，正确认识人与人、人与社会、人与自然的关系，达到自

---

① 王颖：《社会实践教育的育人功能与有效形式探讨——以艺术类院校为例》，载《吉林化工学院学报》，2014(12)。

我身心的和谐。①②

1. 形势政策教育

大学生作为国家未来的希望，需要其对国情、民情发展状况有较为明确、科学的判断。特别是通过具体的社会实践活动，使大学生们更直观地感触到，改革开放以来社会主义现代化建设取得了历史性的伟大成就，人民生活总体上达到小康水平，深刻认识到改革开放政策的正确性和必然性。③

2. 爱国主义教育

爱国主义是千百年来形成、巩固和发展起来的，对自己祖国的一种深厚情感，是一面富有感召力的旗帜，是维护祖国统一和民族团结的纽带，是中华民族继往开来的精神支柱，是推动社会主义前进的巨大力量，是实现中华民族伟大复兴的动力。通过这方面的社会实践活动，能够激发大学生的爱国热情，塑造大学生为祖国、为人民勇于献身的奉献精神。

3. 传统美德教育

勤劳、勇敢、善良、朴实是中华民族的传统美德。中华民族传统美德是中华民族经过数千年发展、沉积下来的宝贵的文化遗产，凝聚着中华民族的“神”与“魂”，是每个炎黄子孙宝贵的精神财富。为学生开展关于传统美德的社会实践教育，就是让大学生在当前形势下，把优秀文化和传统美德继承下来并使之丰富、发展。以社会实践教育为载体，不断培养和强化大学生的传统美德教育，提高大学生综合素质，努力造就、培养社会主义新型大学生。④

---

① 池卫东，张红霞：《高职思想政治理论课社会实践内容探究》，载《教育与职业》，2007(02)。

② 曹银忠，吴满意：《改革开放以来大学生社会实践活动的回顾与启示》，载《思想政治工作研究》，2009(03)。

③ 桂捷：《大学生思想政治教育活动载体研究》，载《鄂州大学学报》，2011(06)。

④ 牛磊：《浅析大学生社会实践在高校人才培养中的地位和作用》，载《中国电力教育》，2008(19)。

4. 人格品行教育

国与国竞争的核心是人才。大学生要成为人才不仅要具有聪明的才智，还要拥有健康善良的心灵世界既健全的人格。要具有自立自强、吃苦耐劳、勇于承担责任的优良品质；具有乐于与人分享、团队合作、宽容与包容、勇于奉献的胸襟；善于关心和尊重他人、诚实、守信的品格；良好健康的心理素质，这些就是当今社会人才必须具备的完善、优秀品德。①

5. 职业道德教育

职业道德是指“从事一定职业的人在职业生活中应当遵循的具有职业特征的道德要求和行为准则”。大学生不可避免地要直面就业问题。能否胜任工作岗位的要求，既要看其专业知识与技能的掌握程度，更要看其对待工作的态度和责任心，这就与一个人所受的职业理想、职业态度、职业责任、职业纪律、职业作风等关于职业道德教育方面密切相关。因此，必须强化大学生的创业意识和职业道德教育。在社会实践教育中大学生要找准自己的职业定位，养成良好的职业习惯，形成科学合理的职业生涯规划。

(四)毕业生教育

高校毕业生教育工作的重点应该在于以人为本，助人成才，因此，需要对毕业生进行感恩心理、就业目标、工作心态、生活方式以及人际关系等方面的培养与教育。

1. 感恩心理——乐观精神的教育

一个人要有感恩的心，因为自己的成长得到了各方面的支持与鼓励，得到了别人的爱，而本人也应将爱进行回报。一个处处或时时能感受到世界充满爱的人，必将是一个乐观、开朗、向上的人。

---

① 《胡锦涛在全国加强和改进大学生思想政治教育工作会议上的讲话》，载《人民日报》，2005-01-19。

对毕业生进行感恩心理的教育，也就是对学生进行乐观精神的教育。感恩心理是人生灵魂美丽的基础，乐观精神是人生向上的动力。当代大学生教育最缺的就是人格与精神的教育，当代大学生最需要的也是这种感恩、乐观、开朗、宽容、豁达的人生态度。

2. 就业目标——创业精神的教育

不少大学毕业生进入社会工作后发现工作难度大，在没有创业心理的准备下，毕业生容易在困难面前妥协。创新精神教育旨在帮助毕业生形成正确的认识，帮助毕业生抛弃眼高手低、好高骛远的不实心态，破除不切实际的“理想主义”，着眼现实，积极应聘，尽早实现就业的教育。如果具有创业的目标与工作状态，在工作中也就会以勤勉、努力、谦虚的精神状态来投入，而创业精神是创业者最宝贵的精神财富。

3. 工作心态——职业精神的教育

现在的大学毕业生由于多方面的原因，特别是大学职业精神教育的缺失，造成职业精神的缺位。表现在三个方面：一是缺乏吃苦耐劳的精神。二是怕能力得不到展现。一些重点高校、学历高、专业应用性强的毕业生畅言的“非大型国企不去、非发达地区不留”的“良好愿望”是不少毕业生对第一份工作的心理预期。三是大学毕业生普遍缺乏团队精神、创新精神，影响了就业与工作。

4. 生活方式——人文精神的教育

人应占有自己的本质，卡西尔强调：“人的本质不依赖于外部的环境，而只依赖于人给予他自身的价值。”[①]而现代大学教育最主要的特征是科学教育为主，人文教育不足或缺失，导致大学毕业生出现“有学历不等于有文化，有知识不等于有品位，能做事不等于能做人，学习成功不等于生活成功”的情况。因此，大学对大学生进行相关的生活教育与人文教育不仅必要，而且必需。对大学生进行生活

---

① [德]恩斯特·卡西尔：《人论》，10页，上海，上海译文出版社，1985。

方式的教育、对生活理解的教育，也就是要教学生学会生活，培养学生乐观向上的生活态度，树立积极向上的人生信念，勇敢地面对并战胜人生的困难和挫折。

5. 人际交往——和谐精神的教育

大学毕业生走向社会，最主要的是要独立地与社会上各种各样的人打交道，只有了解了人际交往的基本要求，学会坚持与他人交往的基本原则，才能做到和而不同、和谐共处，保证工作与生活良好环境的形成。但现在大学生在人际交往中常表现出不适、自闭、逃避、自恋、自负，以及难以调和与他人关系的不良心理状态和行为。学校可以通过专题讲座、学生讨论、专门课程、心理教育等途径，对毕业生进行必要的人际交往的教育与训练，以培养其必备的和谐精神。

(五)困难学生帮扶工作

根据中华人民共和国教育部2017年发布的《2017年学生资助新闻发布会发言稿》可知，各高校必须继续秉持“不让一个学生因家庭经济困难而失学”的目标不变，继续保持抓铁有痕、踏石留印的工作劲头不变，紧紧围绕以下三个方面的重点狠抓落实资助育人工作。

一是大力推进精准资助。首先，对象要精准，要建立家庭经济困难学生认定机制和认定办法。其次，资助力度要精准，根据学生困难程度分档资助，不搞一刀切。辅导员要把工作做到实处，在充分地了解了所有学生情况后，做出决定，在公平公正公开的原则下保证困难学生得到资助。最后，发放时间要精准，在学生最需要的时候，把资助资金发放到他们手中。

二是大力推进资助育人，高举“立德树人”大旗，建立起“扶困助学—立德树人—唱响中国梦”这样一条特色通道，促进学生全面发展，把学生资助做得更有深度，更加大气。

三是大力推进依法资助，充分保障学生权益，确保资助工作依法依规实施，把学生资助做得更有透明度，更加公平有序。

二、学生日常事务管理工作方法

(一)新生入学教育

1. 理论教育法

主要指通过课堂教学、报告会、专题讲座、系列辅导等方法开展教育。例如，辅导员可以通过事先的调研，汇集学生面临的困惑和急需获得的指导，然后针对这些问题开设“大学新生入学时应辅导”系列讲座，从理念层面树立大学生对于学习、人际、生活等各方面的正确认知，建立起对大学全面适应的方向感和路径感。

2. 实践教育法

主要指通过组织大学生积极参加校园文化活动和社会实践活动，使学生在实践中自我感悟自我成长。例如，组织学生参加学校迎新文艺晚会、以“我的大学”为主题的团日活动、社团活动等，推动学生加快完成从高中时期较单一的生活模式向大学时期丰富多彩的生活模式转变。

3. 环境熏陶法

主要是指通过塑造宿舍、班级和校园文化氛围等，让学生对新的环境产生归属感。例如，通过校园网、校广播台、校宣传栏校报等宣传阵地进行学校文化的宣传，加强学生的爱校意识教育；通过营造积极向上的教室文化、寝室文化和班级文化，加强学生对新环境的适应性教育。

4. 榜样示范法

运用榜样的模范行为和成长经历对大学生形成启发和影响。例如，邀请学生骨干、优秀校友以及社会成功人士等，为大学新生现身说法，分享如何转换角色、适应大学生活，如何从依赖家长、依赖老师过渡到独立、自主地开展探索式学习和社会实践锻炼。此外，还可以主动“走近一步”，以过来人的身份，帮助指导学生分析和解决面临的具体困难和问题，以心理共情的方法开启学生的心扉，进而正面引导学生的思想和行为。

5. 警示教育法

以违反校规校纪受到惩处的相关事件为案例，让学生深刻认识到不遵守规则必将付出代价，对学生的思想产生震慑，打消学生潜存的侥幸心理，特别是对于那些我行我素、处于群体边缘、自我约束力弱的学生，应加强警示力度。

（二）国防教育

2000年之前，国防教育中的大学生军训按经费来源可分为国家补贴拨款和自筹经费训练；按时间安排分为集中训练和分散教学两个阶段；按训练环境可分为校外驻训和校内组训两种形式。国家补贴拨款军训，大都是从1985年开始逐年列为国家军训试点的高等学校。自筹经费搞训练的学校，一般都只安排短期集中训练。此后，教育部等相关部门发布了《关于在普通高等学校和高级中学开展学生军事训练工作意见的通知》，此文件要求：“全国学生军训工作应有计划、分步骤地开展。从2001年起，各地要将未开展学生军训工作的普通高等学校和高级中学列入学生军训规划，统筹安排，逐步开展学生军训工作。”

1. 校外驻训

校外驻训是根据国家教委和解放军原总参谋部的统一部署，把参训学生拉到学生军事训练基地或部队驻地进行军事训练。这种军训形式的优越性是明显的，正规的军营生活，增加了参训学生学军的真实感，有利于培养学生的军人意识；优越的军营训练条件，有利于发挥部队教官的积极作用和保证学生的军事训练效果。但是，实际生活中，到校外驻训实施起来困难较多。首先是对部队冲击大，大批学生到军营，给部队训练、后勤及管理带来许多困难；其次是给国家交通增加了压力，同时增大了军训费用开支。另外，学生到部队训练，从科目安排到行政管理、考核评估等，一切都以部队为主，这样做不利于学校把军训作为必修课，像其他专业课一样纳入学校教学计划。同时因部队任务特殊，机动性大，往往使预先安排好的学生军训计划很难落实。近几年来，一些省、市地区相继建立起学生军事训练基地，它继承了部队驻训的优势，从保证学生训练角度看，实现集中军训基地化。

2. 校内组训

它是在院校直接领导下，训练、教学及日常管理都以校方为主，集中训练和分散军事理论教学都在校园内进行的一种学生军训形式。自 1985 年学生军训试点以来，采取校内组训的高校逐年增加，到 1995 年，全国军训院校大都采取校内组训。可见，坚持校内组训是符合国情、校情实际的，它体现了学校系统教育的完整性，具有较多的优越性：(1)学生在校内训练、学习，不进营区，大大减轻了承训部队的负担，有利于学生军训由试点向普及发展；(2)便于结合学校实际，合理制订学校学生军事训练的具体计划，合理规划学生军训的具体时间，有助于学校顺利开展军训活动，以及把军训当作学生在校学习的必修课，纳入教学计划，长期坚持下去；(3)便于学校教务部门掌握军事教学进程和对军事教学质量的检查评估，加强军事教师队伍建设，不断改进教学方法，逐步提高军事课教学质量；(4)便于学校学生工作部门掌握学生思想动态，对学生进行政治思想教育和行政管理；(5)有利于巩固军训成果，开展“军事日”“军事周”活动和对师生员工进行国防教育；(6)便于调动学校各部门的积极性，培养协作精神，不断摸索总结综合管理经验，不断提高行政管理水平，促进学校的校风学风建设。

(三)社会实践教育

大学生社会实践的形式多种多样、内容丰富多彩，主要有社会调研、专业实习、军事训练、公益活动、科技创新、勤工助学等，根据活动是否在校园内开展这一标准，将大学生社会实践活动分为校外社会实践和校内社会实践两类。①

1. 校外社会实践

社会实践是大学生比较熟悉、参与度较为广泛的一种活动类型。它是按照高校的人才培养目标，按照一定的计划引导学生们从学校走进社会，融入社会，认识国情，使大学生综合素质得到提高的活动总称。这种类型的实践活动包括社会调研、校外志愿者活动、假期社会实践、校外勤工助学、专业实习等等。具体可以从以下三方面把握其含义：其一，这种类型的实践活动都受到了国家、高校、社会各方面的重视。它使大学生可以将在学校所学习到的知识应用到实际生活中，它还可以使大学生真正走进人民群众，了解群众所需、社会发展所需，树立大学生社会责任意识，因此这种活动有显著的社会意义。其二，它是大学生走出大学校园、走进社会的活动。它以最直接有效的方式，把真实社会生活展现在大学生面前，促使大学生通过参与活动，获得思想的提高、能力的发展。它是大学生逐步适应社会的重要途径。其三，它以复杂的社会大环境为基础。与校内实践活动相比，校外活动具有开放性和一定的风险性。

2. 校内社会实践

大学校园内开展的活动形式多样、内容丰富，充满着大学生的青春气息，是大学生展现自我、互相学习和交流的重要舞台。大学

---

① 施莉琴，《思想政治教育视域下大学生社会实践研究》，硕士学位论文，贵州大学，2015。

生校内社会实践是在高校的指导建议下，由大学生自发策划和开展的，主要以校园为活动基地，以大学生的兴趣为纽带而开展的一系列活动。这一类的实践活动主要有校内学生社团活动、校内志愿者活动、校内勤工助学、党团系列活动等。具体而言，包括如下含义：第一，从活动主体来看，大学生是校内实践活动的主体，因此这类活动必须在学校的规范下，要充分体现大学生的主观能动性，应该由大学生自己策划、组织，以达到自我教育、自我成长的目的；第二，这类活动以校园为活动基地，以大学生的课余时间为活动时间，相比校外实践活动，这类活动容易开展，社会复杂性和风险性较低；第三，从这类活动的发展目标来看，它在不断创新大学生实践活动的方式，从而为大学生提供更多宝贵的实践机会，使更多的大学生得到锻炼。

(四)毕业生教育

高校毕业生教育管理应该主题鲜明、目标明确、思路清晰，有学者探索和构建了毕业生教育管理工作的新模式：坚持一个中心，抓好两大阵地，依靠三级组织，建好四支队伍，开展五项教育。①

1. 坚持一个中心

高校毕业生的教育管理，是高校工作的有机组成部分，必须紧紧围绕学校的中心工作，服务学校大局。而学校的中心工作就是努力培养社会主义合格建设者和可靠接班人。要服务学校的中心工作，就必须坚持以育人为中心。

2. 抓好两大阵地

严格寝室管理，创建寝室文化：第一，完善管理制度。①值日制度。要求各寝室张贴值日安排表，明确值日生的职责。②内务奖

---

① 覃吉春，戴志：《高校毕业生教育管理工作模式探讨》，载《重庆科技学院学报（社会科学版）》，2009(02)。

罚制度。以后勤服务总公司学生公寓管理中心评分、学院随机检查为依据，每月底进行通报，并评选出“红旗寝室”“黑旗寝室”。③作息制度。原则上不允许上课期间滞留寝室，提倡在教学楼、自习室学习，要求熄灯前归寝。④安全制度。按照学校学生公寓管理规定，制订《学生公寓安全承诺书》，并与每个寝室签订安全承诺。第二，创建寝室文化。①基础文明养成，包括卫生习惯、学习习惯、基本礼貌。②寝室内务。③文化设计，每学期开展特色寝室设计大赛、寝室生活摄影展等。第三，培养寝室精神。以寝室为单位开展各种文体活动，如拔河比赛、足球比赛、篮球比赛等。通过开展这些活动，实现同学之间团结互助，形成良好的寝室风气。

倡导网络文明，发挥育人功能：网络文明是以网络本身为物质条件，以校园网为基本空间，以大学生在电子范围内表现出的网上优良精神风貌、价值观念、道德行为、人际关系和文化氛围等为基本内容的一种新型文明。

3. 依靠三级组织

发挥党支部的堡垒作用：在毕业生党员中启动“党员就是一面旗帜”的党员旗帜工程活动，强化毕业生党员争做先锋、肩负使命、勇担责任、争当表率的党员意识，发挥毕业生党员思想教育的引导作用、努力学习的带头作用、日常行为的示范作用、社会工作的骨干作用、团结同学的凝聚作用。

发挥团总支的动力作用：在毕业生教育管理中，二级院（系）团总支必须紧紧围绕学校党委的中心工作，发挥应有的作用，强化其动力机制。一是发挥组织优势，通过强有力的思想政治工作和丰富多彩的活动，教育毕业生正确理解和把握就业政策，引导毕业生树立正确的就业观。二是与校外各级、各类团组织，特别是企业团组织建立联系，向用人单位推荐毕业生，在毕业生与用人单位之间建立沟通对接的渠道。三是利用团学刊物、网站等，开辟大学生就业专栏，搭建毕业生教育管理信息平台。四是做好对毕业生就业后工作情况的跟踪调查和用人单位对毕业生评价的信息反馈，加强学校团组织与用人单位的联系，建立长效机制。

发挥班级的主体作用：在毕业生教育管理中，班级必须按照学校、学院党、团组织的工作部署，充分发挥主体作用，具体落实相关工作要求。一是摸清毕业生基本情况，建立以“姓名、性别、年龄、身高、体重、性格、特长、爱好、成绩、社会工作、就业意向”等字段为主要内容的毕业生基本信息库。二是提炼班级文化，通过行之有效的班级活动增强毕业生的就业能力，丰富同学课余文化生活。三是强化班级日常管理，培养毕业生遵纪守法意识。四是展示班级风采，总结、归纳班级集体、成员在大学期间取得的成绩，通过橱窗、展板、班级主页等方式展示出来，既展示了自我风采，也为低年级班级和同学起到了典型示范作用。

4. 建好四支队伍

发挥辅导员的指导作用：辅导员与学生联系最多，相处时间最长，接触机会最频繁，在开展毕业生教育管理工作方面有着得天独厚的优势。一是广泛、反复地对学生进行政策宣传和教育，让学生“吃透”就业政策，避免择业时出现随意性和盲目性，防止学生走进误区。二是配合学校就业主管部门，为毕业生就业提供必要的帮助。三是积极参与到就业信息的搜集工作中去，将各用人单位的需求信息集中归类，向学生及时传递。四是对学生的求职材料进行严格把关，并有针对性地填写推荐意见。五是通过组织开展模拟招聘会活动，为学生顺利通过面试创造条件。五是起好沟通学校、家长、学生三者的作用，整合各种资源，促进毕业生教育管理。

发挥教辅人员的服务作用：教辅人员是指从事教学管理服务的工作人员，如学工部、招就处、教务处、后勤服务总公司等单位的工作人员、院（系）教学干事等。在毕业生教育管理中，需要相关部门及老师积极参与，做好后勤服务、成绩档案、就业信息、招聘会组织等一系列工作，充分发挥其服务作用。

发挥学生干部的模范作用：一般而言，学生干部思想进步，学习刻苦，成绩优良，遵守纪律，处处严格要求自己，注意团结同学，热心为同学服务，在同学中享有一定的威信。他们自身所具有的素质和品德，自然而然地起着一种模范表率作用。临近毕业时，学生干部亦不能放松对自己的要求，应一如既往地用干部身份来约束自己，在毕业班的学习、生活中以自己的模范行动影响广大同学。

发挥学生个人的主体作用：在学生的教育管理中，教育者和受教育者主体性的发挥是通过双向沟通交流实现的。因此，毕业生教育管理的实效之本就是在要求教育者积极发挥自身主体性的同时，要尊重和肯定毕业生的主体性，增强他们自身在各项教育管理过程中的参与性，随时注意双向的沟通交流，从而为教育管理过程注入更多的活力。

5. 开展五项教育

日常教育：首先是调查研究毕业生的基本情况，如就业状况、学习成绩、思想状况等，并以此为依据，有针对性地制定相关工作方案。其次是加强毕业生日常行为规范的管理，严格各项管理制度，如请销假制度、查寝制度等。此外，辅导员可以通过个别谈话、深入学生寝室、联系学生家长、联系任课教师（毕业设计指导教师）等途径了解毕业生的动态，从而加强与毕业生的沟通交流。

法制教育：可以通过邀请专家、学者解读国家法律法规、组织毕业生重温校纪校规等途径，进一步宣传高等教育相关法律法规、学生行为准则和学校各项规章制度，以此增强毕业生的法律意识和纪律观念，做到在校能严格遵守校规校纪，文明安全离校，为低年级学生起到表率、模范作用；毕业后能遵纪守法，做有益于社会的合格公民。

诚信教育：要教育毕业生诚信求职，材料真实，一旦与用人单位签订就业协议书，就一定要信守协议。结合少数毕业生国家助学贷款未按时还贷的现象，要广泛深入地开展以“诚信社会，诚信人生”为主题的教育活动。对已申请国家助学贷款，但因家庭贫困需延期还款的毕业生进行离校前的诚信教育，要求贷款毕业生做到“诚信还贷、回馈母校”，按时还贷承诺，使他们遵守协议，诚实守信，按期还款，用诚信叩开社会的大门。

成才教育：第一是成才观教育，引导毕业生成为德才兼备、品学兼优、全面发展、善于学习的人才。第二是创业教育，结合毕业设计，开展科技创新、创业计划设计大赛等活动。第三，开展就业形势教育，引导毕业生形成切合实际的就业期望值，增强毕业生顺利就业的信心；发挥往届成功校友的典型教育作用以及教师的教导作用，用毕业生身边生动的实例告诉他们正视现实。第四，组织毕业生编写“毕业生计划书”，指导他们初步规划毕业后的工作目标和发展方向。第五，开展角色转换教育，培养学生职业素质，引导毕业生从合格大学生向合格员工转变。

感恩教育：首先是营造氛围，在校园四处悬挂勉励毕业生早日成才、报效祖国的宣传横幅，并宣传优秀毕业生的先进事迹，对规范毕业生离校行为进行积极的引导。其次是精心组织毕业欢送会，发出文明离校的倡议。在毕业生中开展“我为母校留下什么？我为老师留下什么？我为低年级同学留下什么？”的“三留”教育活动，引导毕业生通过一些有意义的活动给自己留下美好的记忆，给同学留下集体的温暖，给母校留下美好的印象，给低年级同学树立良好的榜样。

第三节　学生日常事务管理的若干重点问题

学生日常事务管理工作作为高校辅导员的重要职责，其管理成效直接体现着辅导员的业务能力和综合素质水平。随着高校教育改革的持续深入，高校辅导员能力素质的全面提升，高校学生事务管理取得了一定的成就，呈现出规范化、常态化的发展趋势，但现存一些问题仍不容忽视，明确学生日常事务管理工作的重难点问题，深入思考，有效解决，是提升高校管理水平的重要途径。

一、入学教育效果的提升

新生入学教育工作应重视大学与中学教育之间缺乏有效衔接的问题。大多数高校的入学教育时间都安排在新生报到后的一周或一个月，其中部分教育活动与军训交叉进行。这种较为集中的方式，确有一定作用。但是在一个陌生的环境，新生对新的环境还没有来得及感受，对新问题、新困难还未来得及面对，对新的学习和生活历程还未来得及体验，在如此短时间内接受这么多的内容，对于刚刚接触到大学生活的学生，教育效果是可想而知的。

在高校，入学教育工作主要由学生辅导员负责实施。这支队伍中的大多数人是刚刚毕业的研究生或本科生，他们在入学教育方面的素质和能力是有局限性的，但大多数高校并没有对这支队伍进行入学教育方面的系统培训，因此教育效果难以保证。入学教育在大学教育中的重要性日益凸显，我们有必要借鉴高等教育发达国家的经验，形成一支比较稳定、专业的人才队伍，来研究、组织和实施新生入学教育。

二、国防教育作用的明确

随着改革开放的不断深入，我国高等教育面临着如何培养适应现代化发展所需要的高层次人才的重大难题。不断加强大学生的素质教育，是解决这一问题的有效措施，而素质教育是一项艰巨复杂的工程，在高校开展以学生军训、军事理论课教学和多种军事体育活动相结合的国防教育，是提升学生全面素质的重要一环。

在国防教育实施、发展与影响评估的过程中，出现一部分国防教育课程被边缘化、课程教育投入缺乏等现象：学校各部门间承载学院专业性差、课程针对性较小，学院间合作较少，教学资源被浪费、闲置的情况时有发生；地方高校与军队院校间课程教育、理论研究项目少，尚未形成完善体系。

三、社会实践教育的观念转变

尽管我国高校在日常运行的过程中加强了对于社会实践教学活动的开展，但是由于现实环境的限制，高校大学生社会实践教育仍存在诸多难点。我国教育单位虽加强了教学改革工作，但是我国的大学生在实际的校园生活中还是会受到“中庸之道”等传统思想以及应试教育的影响，故而导致其存在墨守成规、从众心理强的特点，缺乏必要的冒险以及开拓精神。

在这样的状况下，学生往往注重对于文化课的学习以及各级证书的考取，忽视了学校安排的社会实践活动，并在实际的社会实践活动中缺乏自主性以及积极性，不注重在社会实践的过程中提高自身的实践能力以及综合素质，实践教育的主体意识较为薄弱。

四、毕业生教育的合理安排

为了让学生有更多的时间找工作、实习、考研(专科学生准备专接本考试)以及写毕业论文(毕业设计)，大部分高校在最后一个学期都不为毕业学生安排课程或者只有一两门课程，造成部分毕业生无所事事，易滋生事端。另外，此时学校对毕业生的管理也相对松散，进一步造成毕业生的一些失范行为，这为毕业生教育造成了一定的困扰。

同时，很多高校的毕业答辩与毕业典礼举办、毕业证发放时间间隔很久，这就造成学生在此期间时间充裕，有大把时间聚会玩乐，恣意宣泄情绪，不再严格遵守学校规章制度的现象。烦琐而不成体系的离校手续、部分学校管理人员服务意识不强，又会引发学生对学校的不满情绪。因此，毕业生教育就会显得尤为重要，如何帮助毕业学生平衡好毕业时期各项工作是学生工作者工作的重中之重。

五、资助育人目标的明确

很多高校的资助体系多是注重解决学生的经济问题，大量的工作集中于困难学生贫困资料的收集、根据名额评选贫困生、贫困生信息的录入等，在整个过程中缺少了对贫困生的育人工作；评定工作结束之后，也只是关注学生的基本学业，对学生综合素质的提高不够重视。

发挥资助育人功能的前提则是确定所育的对象，即确定真正的贫困生。若工作对象不能保证，则所有资助工作都是徒劳，所以贫困生的认定非常重要。但是在实际工作中经常出现“伪贫困生”，一些同学利用违规渠道开到贫困证明，还有一些真正贫困的学生认为申请资助是件丢脸的事情而不去争取等。

目前，我国高校资助体系已经很成熟了，贫困生的经济困难已经得到了很好的解决，使贫困生得到了公平的教育机会，但是贫困生精神困难日益凸显，亟待解决。

第四节　学生日常事务管理工作案例

一、南开大学扎实开展新生入学教育[①]

南开大学积极搭建育人平台，凝聚育人合力，把握关键节点，持续发力，扎实开展新生入学教育，着力培养"公能"兼备的时代新人。

(一)上好开学第一课，提升学生思想修养

依托新生服务网、南开慕校等平台，以名师微课直播形式，组织新生在入学前开展文化素养、科学精神、学校历史、时代发展等专题学习。依托学校新闻网及官方微信平台，开展"良师益友"获奖导师事迹系列宣传，展示教师立德为首、教书育人的优秀风采，激发新生学习科研的动力和热情。由校长为新生上入学第一课，解读"大学之义""治学之义""人生之义"。开展研究生学术诚信和学术规范专题教育，引领新生走上正确科研之路。组织新生参观周恩来邓颖超纪念馆，开展周恩来精神宣讲会，引导新生学习周恩来精神，

① 《南开大学扎实开展新生入学教育》：http://www.moe.gov.cn/jyb_xwfb/s6192/s133/s156/201811/t20181105_353629.html。

不忘初心，坚定信仰。

(二)注重文化育人，引导学生爱国爱校

在新生教育中弘扬中华优秀传统文化和革命文化、社会主义先进文化，开展新生经典书籍品读、读书分享会、诗词大赛、参观南开英烈展等活动，帮助新生树立文化自信。开展入学鸣校钟、校史微课直播、全体新生共上校史课、新生校史宣讲等，让新生感受南开力量，传承南开精神。

(三)推进实践育人，引导学生励志明德

坚持13年倡导和推动新生在入学报到前走上社会，开展义工服务、社会实践、岗位实习等，入学后开展义工实践分享会，深化“知中国，服务中国”的传统，树立“爱中华，复兴中华”的价值追求。开展“我要上典礼”开学典礼新生发言代表选拔活动，激励学生展示自我、锻炼自我。设置学生党员迎新服务岗，组建新生迎新服务队，让实践成为新生励志明德的重要途径。

(四)强化专业教育，助力学生求真力行

校院联动，强化新生专业教育，帮助新生深化专业认知、掌握专业学习方法、规划专业学习目标。组织新生参观生命意义展室，感受医学职业的高尚操守；参观模拟法庭，感受法律的神圣庄严；开展“十九大生态文明建设思想理论成果展”，深化生态文明教育，让新生明确其在新时代健康中国、法治中国、美丽中国建设中的责任与担当。

二、江南大学深入推进大学生国防教育①

(一)强化组织支撑力

成立国防教育工作领导小组，设立国防教育办公室、征兵工作办公室、军事训练科、军事理论教研室，定期召开国防教育工作会议。加强师资队伍建设，与无锡军分区共建国防文化研究所，加强军地科研合作，加强对军事教师队伍培训，每月组织集体备课会，提升教学水平。将国防教育经费单独列入预算，配备军事课专用教室，购置军事书籍、影像资料等，为国防教育提供有力支撑。

(二)深化教育影响力

将军事理论课纳入教学环节，开设《孙子兵法》《热点问题透视》等选修课，深入研究军事课教学的规律与特点，打造军事课程品牌。注重军事实践，严格技能训练，完善思想工作、日常管理、技能考核、安全保卫等制度，在严格把好内容关的同时，强调训练效果，突出国防育人效应。拓展教育外延，强化征兵宣传，把征兵工作作为开展国防教育的有力抓手，广泛动员、精心组织，形成上下结合、环环相扣的征兵工作体系，推动大学生携笔从戎、奉献国防事业。

(三)增强教育保障力

整合军地资源，开展军地共建，组织“军营国防教育日”“我与将军面对面”专题报告会，举办“崇尚英雄，爱我国防”演讲比赛、“爱我中华，扬我军威”文艺晚会等特色活动。在建军节、国防教育日等

---

① 《江南大学深入推进大学生国防教育》：http://www.moe.gov.cn/jyb_xwfb/s6192/s133/s185/201803/t20180305_328768.html。

重要节日举行升旗仪式，举办红色主题音乐会、师生代表座谈会等主题活动，组织师生参观烈士陵园、革命历史博物馆。在学生军训期间，组织军训歌咏比赛、国防知识竞赛，加强国防仪式教育，拓展国防教育育人场域。

(四)提升育人感召力

将国防教育与基层民兵建设相结合，成立大学生民兵连。在民兵连内成立党支部，制订大学生民兵连工作管理规章制度，严格人员选退机制和日常事务管理。聘请职能部门管理干部担任民兵连导师，常态化开展国旗班升旗仪式、护校拉练、“我是一个兵”分享交流会等活动，发挥“民兵连效应”。

三、西安交通大学“四个加强”开展大学生暑期社会实践①

2018 年暑期，西安交通大学深入贯彻习近平总书记 5 月 2 日在北京大学师生座谈会上的重要讲话精神，开展内容丰富、形式多样的大学生社会实践活动，努力提高实践育人工作的针对性和实效性，引导青年学子牢记总书记“爱国、励志、求真、力行”四点嘱托，深入基层一线了解国情、社情、民情、教情，做到知行合一、以知促行、以行求知。

(一)加强组织领导，突出实践育人规划持续性

建立学校党委统筹部署、多部门联合推动的学生社会实践工作体系。采取学校专项经费、校内相关单位协助经费、校外企业赞助

---

① 《西安交通大学“四个加强”开展大学生暑期社会实践》：http://www.moe.gov.cn/jyb_xwfb/s6192/s133/s215/201808/t20180823_345883.html。

经费相结合的方式，为学生社会实践提供持续保障。制订《课外8学分实施办法》《研究生社会实践管理办法》《12市、区见习实践纳入人文社科经管类本科生及研究生培养方案的实施意见》，从制度层面优化实践指导。规范过程管理，进一步完善课程培训、实践、分享交流等环节参与模式，明确社会实践32学时教学要求。通过宣传动员、立项申请、课程培训、组织建设、总结答辩和成果转化6个步骤推动项目进展，着力提升实践活动成果。

（二）加强政治引领，突出实践育人主题鲜明性

以“爱国奋斗　青春力行”为主题，引导青年学子将所学知识与国家命运、世界发展相结合，深入基层开展理论普及宣讲、国情社情观察、改革开放调研等社会实践活动。组建20支团队深入农村乡镇、城市社区、厂矿企业、部队军营、政府机关等基层一线，宣讲习近平新时代中国特色社会主义思想以及党的十九大精神。组建十余支团队分赴全国各地，探寻在各个领域砥砺前行的交大人身影，展现改革开放40年伟大事业中的交大力量和交大观点，指导学生全面了解改革开放历程，深刻理解中国发展道路。开展“追寻西迁足迹　传承科学家精神”主题实践，通过访谈西迁老教授、追寻教授故地、回忆西迁往事、感悟时代变迁、传承西迁精神，砥砺与祖国同呼吸、共命运的精神品格。

（三）加强平台建设，突出实践育人质量专业性

与陕西省12市（区）签署共建社会实践基地合作协议，实现大学生社会实践校地深度合作，形成“定方向、定岗位、定任务、定要求、定导师”的“五定”见习实践育人模式。依托覆盖全省的见习优势平台，围绕脱贫人口可持续生计、精准扶贫实施效果、人才政策评估、基层公务员激励机制等热点问题展开省域调研，深入基层、了

解国情、观察社情。积极打造国际实践项目，十余支学生团队赴世界各地开展实践活动，专项策划“丝路聚交”项目，通过实地考察“一带一路”沿线国家经济社会发展、探访中国企业海外发展历程、沟通丝绸之路大学联盟高校等，拓展学生国际视野，服务“一带一路”倡议。

(四)加强宣传引导，突出实践育人影响广泛性

把宣传工作纳入团队项目考核体系，鼓励团队以视频、新闻、网络照片册等多种形式进行宣传。引导学生以实际行动助力精准扶贫，赴中西部欠发达地区深入开展推普脱贫攻坚活动，提高贫困落后地区青少年儿童普通话水平；赴偏远地区开展形式多样禁毒防艾宣传，提高群众对毒品、艾滋病危害的认识水平和自我防范能力；赴结对帮扶县区开展政策宣讲服务、教育支持服务、文艺巡演服务、健康保障服务、敬老助残服务等，以扶志、扶智、扶技全方位助力脱贫攻坚。

四、北京师范大学深入开展毕业生教育活动①

北京师范大学以“薪火相传京师情，同心共筑中国梦”为主题，广泛开展毕业生教育活动，培育和践行社会主义核心价值观，确保毕业生安全、文明离校。

(一)坚持思想引航

组织开展毕业生党员“两学一做”学习教育，教育引导广大毕业生党员做合格党员，发挥核心骨干作用，积极投身建设中国特色社

---

① 《北京师范大学深入开展毕业生教育活动》：http://www.moe.gov.cn/jyb_xwfb/s6192/s133/s139/201608/t20160802_273668.html，2020-03-03。

会主义事业的伟大实践。通过线上线下多种渠道及时关注毕业生思想动态，认真细致做好毕业生思想工作，充分体现人文关怀。召开毕业生党员干部座谈会、毕业生班长和党员代表座谈会、优秀毕业生大会，交流思想观点，畅谈毕业感受。

（二）强化爱校荣校

创新毕业活动形式，举办“我要上典礼”2016届本科生毕业典礼发言代表选拔活动和“我的大学”毕业生文艺晚会。统一制作毕业纪念光盘，组织开展“怀想木铎·向青春致敬”本科生毕业文化衫创意设计，以及“我的木铎年华”研究生主题征文比赛等活动。通过多重举措增强毕业生爱校荣校的荣誉感和使命感，营造温暖和谐的毕业氛围。

（三）引导感恩师友

举办“人走天涯，心系师大”毕业生班级联络员聘任仪式，密切毕业生与母校之间的联系。开展“纸笺送寄托——致新舍友的一封信”“泛舟书海·情驻师大——毕业季图书募集和漂流”“老师，我想对您说——毕业感言征集”“青春不散场——毕业生创意毕业照展示”等特色活动，以及“致谢怀师恩——本科生毕业论文最具特色致谢页”评选活动，激发学生对学校、师长的感恩情怀。

（四）倡导文明离校

通过召开毕业生主题班会、发放《文明离校倡议书》等方式，教育广大毕业生严格遵守校规校纪，争做文明离校的模范。依托院系生活指导室，开展“旧书旧物回收漂流活动”，回收毕业生物品供其他在校研究生选择利用，倡导环保生活。各院系围绕清洁宿舍的主题广泛开展活动，数学科学学院开展“温暖送行·感恩回馈”宿舍互助搬迁及“爱心传承·情留师大”旧物捐赠活动，马克思主义学院开展“带走记忆留下爱”文明离校主题活动，水科学研究院发起签署“文明离校承诺书”及毕业生宿舍物品捐赠活动，政府管理学院组织开展“勿忘初心·光彩如新”毕业生宿舍风采展示活动等。

(五)强调诚信廉洁

加强诚信教育，强调在毕业论文撰写和毕业设计中的学术诚信，端正优良学风，树立学习榜样。以“诚信”为主题，开展学费催缴、贷款还款等。开展党风廉政建设宣传教育月活动，深化毕业生敬廉崇洁意识。纪检监察办公室负责人为毕业生做报告，号召学生在走上工作岗位后自觉遵守政治纪律、组织纪律、群众纪律、工作纪律、廉洁纪律和生活纪律，勉励学生在“信”“责”“正”三个字上下功夫，坚定信仰，服务人民。

五、北京外国语大学打造“歆助计划”四航工程[①]

北京外国语大学立足学生需求，积极探索创新资助育人模式，打造“歆助计划”四航工程，帮助学生缓解经济困难，让学生全身心投入学习生活。

(一)精准资助，助困启航

完善绿色通道，设立困难、特困、极困等三种类型资助包，资助金额最高10000元。以歆梦基金为保障，设立重病资助金和临时困难补助金，提供大病补助，确保不让学生因临时特殊困难而辍学。

---

① 《北京外国语大学打造“歆助计划”四航工程》：http://www.moe.gov.cn/jyb_xwfb/s6192/s133/s141/201810/t20181024_352565.html，2021-03-03。

(二)学业辅导，助学领航

聘请优秀青年教师和高年级研究生，建立各语种一对一辅导机制，帮助学生克服专业学习困难。通过歆课堂等平台，提供信息检索、计算机使用、摄影摄像、图像处理等通用技能培训，丰富学生知识结构。

(三)精神关怀，筑梦引航

重点加强思想引领，学校学院联动、线上线下互动，开展内容丰富、形式多样的励志教育、诚信教育和感恩教育活动，陆续举办“正能量@BFSU”“我的成长故事”“诚以立身　信以致远”“助学　筑梦　铸人”等各类主题教育活动，传递矢志奋斗、感恩奉献的青春正能量。聘请生涯导师从学习、生活等方面给予咨询和辅导，从心理和精神层面关心学生。

(四)实践铸人，扬帆远航

开展“爱心包裹”“送爱下乡”等公益项目，持续开展社会公益服务，使学生成为有责任的行动者和公益文化的倡导者，用自己的行动感恩回馈社会。通过学生服务中心、自强社等勤工助学平台和社团，提升家庭经济困难学生综合能力和社会竞争力。设立“歆铸远航计划”海外交流实训项目，选拔成绩优秀、综合素质高的家庭经济困难本科生赴国外高校进行为期两周的学习实训，加深学生对海外文化的了解和认识。

学习资料

[1]张凤坡：《国防教育有热度，国民更有安全感》，http://news.gmw.cn/2018-09/17/content_31210318.htm，2021-03-16。

[2]孙竞，熊旭：《人民日报评论员：努力建设中国特色世界一流

大学》，http://edu.people.com.cn/n1/2018/0504/c1053-29965495.html，2021-03-16。

[3]陈宝生：《人民日报：优先发展教育事业》，http://opinion.people.com.cn/n1/2018/0108/c1003-29750040.html ，2021-03-16。

[4]曹继军：《东华大学打造“硬核”开学第一课》，http://difang.gmw.cn/sh/2019-09/08/content_33144293.htm，2021-03-16。

[5]刘勇：《传承红色基因　秉持初心使命》，http://difang.gmw.cn/ln/2019-09/19/content_33170436.htm，2021-03-16。

[6]张凤坡：《让国防教育更有感染力》，http://theory.gmw.cn/2018-09/16/content_31198043.htm，2021-03-16。

[7]李语：《让国防教育越来越“接地气”》，http://theory.gmw.cn/2019-07/28/content_33033656.htm，2021-03-16。

[8]哲金浦：《让国防教育融入百姓生活》，http://military.people.com.cn/n1/2019/0320/c1011-30985427.html，2021-03-16。

[9]杜生一：《社会实践是立德树人的重要环节》，http://edu.people.com.cn/n/2015/0211/c1053-26549021.html，2021-03-16。

[10]王晓燕：《加快补齐社会实践教育的短板》，http://edu.gmw.cn/2018-10/10/content_31622803.htm，2021-03-16。

[11]杨毓康：《社会实践：从学校走向社会的过渡》，http://epaper.gmw.cn/gmrb/html/2017-07/08/nw.D110000gmrb_20170708_4-07.htm，2021-03-16。

[12]章益国：《出发，来一场收获满满的社会实践》，http://news.gmw.cn/2017-07/08/content_25013687.htm，2021-03-16。

[13]林圣哲：《莫让社会实践沦为暑期旅行》，http://opinion.people.com.cn/n1/2017/0721/c1003-29419305.html，2021-03-16。

[14]杨雪梅：《使毕业生下得去留得住用得上》，http://epaper.gmw.cn/gmrb/html/2013-05/29/nw.D110000gmrb_20130529_7-

15. htm? div=-1，2021-03-16。

[15]秦佳陆，熊旭：武汉大学校长窦贤康寄语毕业生：《理想与担当》，http://edu. people. com. cn/n1/2018/0622/c1053-30077421. html，2021-03-16。

[16]李依环，熊旭：浙江大学校长吴朝晖寄语毕业生：《知行合一成就新时代的奋进之路》，http://edu. people. com. cn/n1/2018/0702/c420251-30102119. html，2021-03-16。

[17]李依环，吴亚雄：中国人民大学校长刘伟寄语毕业生：《学好、守拙、别怕》，http://edu. people. com. cn/n1/2018/0702/c1053-30105513. html，2021-03-16。

[18]唐琪：《精准细致做好困难师生帮扶工作》，http://edu. people. com. cn/n1/2015/1231/c1053-27998986. html，2021-03-16。

[19]中国教育报：《结对帮扶贫困生重济困更重育人》，http://edu. people. com. cn/n/2015/0105/c1053-26325084. html，2021-03-16。

[20]陈城：《让贫困学生有尊严地受助》，http://epaper. gmw. cn/gmrb/html/2017-01/25/nw. D110000gmrb_20170125_2-02. htm，2021-03-16。

[21]白宇，文松辉：人民日报微议录：《关怀贫困学生，如何更有温度》，http://opinion. people. com. cn/n1/2016/1117/c1003-28873934. html，2021-03-16。

[22]李思成：《"一对一"精准帮扶贫困学生》，http://www. xinhuanet. com/politics/2016-04/12/c_128886224. htm，2021-03-16。

[23]李澈：《真情实意做好困难师生帮扶救助工作》，http://www. xinhuanet. com//politics/2016-12/30/c _ 129426417. htm，2021-03-16。

第五章　心理健康教育与咨询工作

在2016年全国高校思想政治工作会上，习近平总书记指出，培育理性和谐的健康心态是高校育人的重要方面，要加强人文关怀和心理疏导，不断提升心理健康素质。党的十九大报告明确提出要“加强社会心理服务体系建设，培育自尊自信、理性平和、积极向上的社会心态”。2016年12月，原国家卫生计生委、教育部等22部门联合印发《关于加强心理健康服务的指导意见》，对高校学生心理健康教育提出任务要求。2017年12月，中共教育部党组发布《高校思想政治工作质量提升工程实施纲要》，将“心理育人”纳入高校十大育人体系。近年来，高校心理健康教育工作取得了积极进展，呈现出良好的发展态势。但同时，高校学生心理健康教育还存在一些短板和薄弱环节，也面临发展不平衡不充分的问题。

心理健康教育与咨询是高校思想政治工作的重要组成部分，也是辅导员基本工作职责之一。大学生是国家未来的栋梁，其心理健康素质直接影响到我国的社会发展和综合国力。当前，“90后”“00后”大学生是大学校园主力，面临着复杂的社会环境。他们衣食无忧、思想活跃、思维敏捷、观念新颖、兴趣广泛，探索未知劲头足，接受新生事物快，主体意识、参与意识强，喜欢尽可能地发挥自主性、独立性和创造性。与此同时，大学生也刚好处于三观逐步建立、动态调整的阶段，阅历不深，容易以自我为中心，从理想的角度来认识和理解世界，继而产生局限性和挫败感。综上所述，新时期高校辅导员在开展大学生心理健康教育与咨询工作时，要结合大学生的身心特点和时代特征，科学、全面、高效地推进工作。

第一节　大学生心理健康教育概述

自恢复高考以来，我国高等教育发展迅速，成绩显著。近年来随着高校的不断扩招，大学生人数猛增。1994 年《中共中央关于进一步加强和改进学校德育工作的若干意见》中提出“通过多种方式对不同年龄层次的学生进行心理健康教育和指导”，这是国家政策中第一次提出“心理健康教育”的概念。其后有大量涉及大、中、小学生心理健康教育的文件出台，大学生的心理健康问题日益受到国家和高校的重视，各高校都在不断加强大学生的心理健康教育工作。

一、大学生心理健康的概念

心理健康是一种持续满意的心理状态，是指人的基本心理活动协调一致，即认知、情感、意志、行为、人格等的协调，能适应社会，并与社会同步发展。按照世界卫生组织(WHO)的界定：心理健康不仅指没有心理疾病或变态，个体社会适应良好，还指人格的完善和心理潜能的充分发挥，即在一定的客观条件下将个人心境发挥成最佳状态。心理健康是一种状态，更是一个过程。心理健康并不是一种静态的平衡，也并不是永无压力、冲突和痛苦，而是要在平衡—失衡的交错中进行有效的自我调节，与现实环境保持动态和谐，进而追求成长与发展。

二、大学生心理健康的标准

心理健康的标准是一种理想尺度。它不仅提供了测量指标，更为心理健康教育指明了努力的方向。大学生的年龄一般在18～28岁，从心理学的观点来看，正处于青年中期。大学生的心理具有青年中期的许多特点，但作为一个特殊群体，大学生又不能完全等同于社会上的青年。其心理是否健康一般采用量表测量，其标准应随着时代变迁、文化背景的变化而变化。结合学者王登峰、张伯源的看法，我们认为当下大学生心理健康的标准可参考如下。

(一)了解自我，悦纳自我

心理健康的大学生能体验到自己的存在价值，既能积极探索自己、了解自己，又能接受自己。能对自己的能力、性格和优缺点做出恰当的、客观的评价，不苛责、不过分期待，对自己总体上是满意的；能努力发展自身的潜能，即使面对自己无法补救的缺陷，也能心态平和，泰然处之。

(二)接受他人，善与人处

心理健康的大学生秉持“我好，你也好”的人生态度，认同“我不完美，你也不完美，但这没关系，我们可以一起营造美满的关系”。因此，他们能与他人沟通和交往，认可别人存在的意义和作用，同时也能为他人和集体所理解、接受，人际关系和谐。他们既能与人共享欢愉，也能安然独处；在与人相处时，积极的态度(同情、友善、信任、尊敬等)总是多于消极的态度(猜疑、嫉妒、畏惧、敌视等)；在社会生活中有较强的适应能力和较充足的安全感。

(三)接受现实，适应环境

无论升学成绩是否符合预期理想，无论自己能否进入心仪的院校、专业，心理健康的大学生总能正视现实、接受结果，并能很快适应大学的新环境，妥善处理生活和学习中的困难，积极地发展自己；总能对周围的事物和环境做出客观的评价，并与现实环境保持良好的关系；既有高于现实的理想，又不会沉湎于不切实际的幻想。

(四)热爱生活，好学力行

心理健康的大学生能珍惜和热爱生活，积极投身于生活，并从中尽情享受人生的乐趣；能保持良好的学习兴趣，学习目标明确，能够为自己的发展做准备；能尽力发展潜能，使自己的学习和生活更有成效。

(五)心境良好，善于调节情绪

在心理健康的大学生身上，愉快、乐观、开朗、满意等积极情绪总占优势，当然他们也会有悲、忧、愁、怒等消极情绪体验，但一般不会长久。他们能适度地表达和控制自己的情绪，喜不狂、忧不伤、胜不骄、败不馁。对于无法得到的东西，他们不过分追求，争取在社会允许的范围内满足自己的各种需要；对于自己能得到的一切，他们都感到满意，能够在大学这片广阔天地中愉快地学习和生活。

(六)人格完整、和谐

心理健康的人的气质、能力、性格和理想、信念、动机、兴趣、人生观等各方面平衡发展，人格作为人的整体精神面貌，能够完整、协调、和谐地表现出来。他们思考问题的方式是合理的，待人接物的态度是恰当、灵活的，对外界刺激不会有偏颇的情绪和极端的行为。他们能够与社会的发展步调保持一致，也能和集体融为一体。

(七)心理行为符合年龄特征

人生命发展的每个年龄阶段都有相对应的心理行为表现，从而形成不同年龄阶段独有的心理行为模式。心理健康的大学生具有与多数同龄人相一致的心理行为特征，如开始独立、处理无助感、摆脱依赖心理。

三、大学生心理问题的程度划分

一般来说，人的心理健康程度是一个渐变的过程，从健康状态到心理疾病状态可分四个等级，分别是：健康状态、不良状态、心理障碍、心理疾病。以下简述后三种状态。

(一)不良状态

不良状态，又称“第三状态”，是介于健康状态与疾病状态之间的状态，是正常人群组中常见的一种亚健康状态。它是由个人心理素质(如过于好胜、孤僻、敏感等)，生活事件(如工作压力大、晋升失败、被上司批评、婚恋挫折等)，身体不良状况(如长时间加班劳累、身体疾病)等因素引起的。其特点是：(1)时间短暂，一般在一周以内能得到缓解。(2)损害轻微，处于此类状态的人一般都能进行日常工作、学习和生活，只是愉快感小于痛苦感，“很累”“没劲”“不高兴”“应付”是他们常说的词汇。(3)能自己调整。大部分人可以通过聊天、运动、钓鱼、旅游等放松方式使自己的心理状态得到改善。

小部分人若长时间得不到缓解，可能形成一种相对固定的不良状态。

(二)心理障碍

心理障碍是由个人及外界因素造成的心理状态的某一方面(或几方面)发展超前、停滞、延迟、退缩或偏离。其特点是：(1)不协调性。心理活动的外在表现与其生理年龄不相称或反应方式与常人不同。例如，成人表现出幼稚状态(停滞、延迟、退缩)，对外界刺激的反应方式异常(偏离)，等等。(2)针对性。处于此种状态的人往往对障碍对象(如敏感的事、物及环境等)有强烈的心理反应(包括思维、情感及动作行为)，而对非障碍对象可能表现很正常。(3)损害较大。它可能使当事人不能按正常人的标准发挥某一项(或某几项)社会功能。例如，社交焦虑症(又名“社交恐惧症”)不能完成社交活动等。(4)需求助于专业的心理咨询师。该状态下的大部分人不能通过自我调整和非专业人员的帮助而解决根本问题。

(三)心理疾病

心理疾病是由于个人及外界因素引起的个体强烈的心理反应(思维、情感、动作行为、意志)并伴有明显的躯体不适感，是大脑功能失调的外在表现。其特点是：(1)强烈的心理反应。比如记忆力下降，头脑黏滞感、空白感，强烈自卑感及痛苦感，缺乏精力，情绪低落，紧张焦虑，行为失常，意志减退等；(2)明显的躯体不适感，中枢控制系统功能失调可引起所控制的人体各个系统功能失调。(3)损害大，此状态下的人不能或勉强完成其社会功能，缺乏轻松、愉快的体验，痛苦感极为强烈。(4)需精神科医生的专业治疗，必须到专业的精神科医院进行诊断和治疗。比如，在治疗早期通过情绪调节药物快速调整情绪，中后期结合心理治疗解除心理障碍，并通过心理训练达到社会功能的恢复，提高心理健康水平。

四、大学生现存心理问题的表现及解决

(一)自我意识问题

自我意识是人对于自身及自身与周遭环境关系的一种认识，是人认识对待自己的统一观念。自我意识是随着人生每一阶段的成长而逐步发展的，是决定大学生生活态度和行为的一个重要因素。加强对大学生自我意识的调节控制，有助于大学生树立正确的世界观、人生观、价值观，对促进大学生心理健康发展，促进大学生德、智、体、美、劳全面发展有着重要意义。

大学生的自我意识有如下几方面的表现。在生理自我方面，较为关注自己的身体健康状况以及自己的外貌。在社会自我方面，人际关系普遍良好，但也存在一定的行为困扰；总体上人生目的明确，主流是健康的，但也存在一定的迷惘。在心理自我方面，首先，具有强烈的自我表现意识，但缺乏自我控制力；其次，自尊心过强，容易产生不良心理，如“唯我独尊”；再次，既要求个性独立，但又摆脱不了依赖感；最后，“涉世未深”，不能准确地对自我进行评价。

为解决大学生自我意识问题，首先，辅导员要引导大学生树立正确的价值观；其次，不断深入进行素质教育，促进大学生个性的发展与完善；再次，创设促进大学生个性健康发展的良好环境，引导大学生在社会实践中提高综合素质；最后，要引导大学生加强自我教育，提高个人修养。自我意识的发展是一个漫长的过程，大学阶段是自我意识发展的重要阶段，辅导员要正确认识自我意识发展的特点，引导大学生全面认识、积极悦纳、努力完善自我。

(二)人际交往问题

人际交往是指人与人通过一定方式进行接触，从而在心理和行

为上发生相互影响的过程。大学生通过人际交往，交流情感，寻求理解，建立友谊，切磋学问，探讨人生。人际交往既是大学生心理健康的组成部分，也对其他方面产生着重要影响。

大学生在人际交往中有如下常见的心理问题。第一，自我中心。表现在只从自己的经验角度去认识人和事，而不能意识到别人对同一事物的看法和观点，对人和事的看法带有强烈的主观性。第二，自卑心理。有自卑心理的大学生大多较为敏感，缺乏自信，他们处事过分谨慎，为减少挫折，尽力避开人群。第三，恐惧心理。有些大学生与人交往时，会不由自主地感到紧张、害怕，以至于手足无措，语无伦次，严重者甚至害怕见人，导致社交恐惧症。第四，孤僻心理。一些大学生在学习生活中缺乏交往的愿望和兴趣，自我封闭。长此以往，他们就会有寡言少语、感情冷淡、不善交际等表现。第五，嫉妒心理。表现为对才能、成就、地位以及条件和机遇等方面比自己好的人，产生的一种怨恨和愤怒相交织的复合情绪。第六，猜疑心理。此类大学生对别人总是持不信任的态度，不肯讲真话，戴着“假面具”与人交往。

为解决大学生在人际交往中的问题，首先，辅导员要引导大学生充分认识人际交往的重要性，自觉地将“学会交往”确定为人生发展的重要主题。其次，辅导员要引导大学生正确地认识自己、他人及自己与他人的关系。同时，要使学生认识到人的个性是千差万别的，学会尊重他人的生活习惯和性格特点。最后，辅导员要向大学生系统传授人际交往的理论知识和技能方法，让大学生明确影响人际交往的各种因素，帮助大学生消除非理性的交往观念，树立正确的人际交往观，并不断增强人际交往的能力。

(三)情绪管理问题

大学阶段是大学生的一个转折时期，是生理、心理及思想等各方面趋向成熟的时期，是大学生关注自我、注重个性表达、情绪体验丰富、情绪波动起伏的阶段。着眼于大学阶段的这些特点，辅导员可以利用情绪的积极功能，帮助大学生解决学习生活和工作中的困扰。

情绪具有以下几种功能。一是适应功能。情绪是个体适应环境、求得生存的工具。大学生刚踏入大学校园时就需要他们去适应一种新的学习方式、授课体制、生活习惯、周围环境等，这是进入大学阶段的第一挑战。二是信号功能。在人际交往中，人们除借助言语进行交流之外，还通过情绪的流露来传递自己的思想和意图。三是动机功能。情绪是个体联系外部刺激与反应的纽带，是动机系统的有机组成部分，它能激励人的行动，提高人的活动效率。四是健康功能。大量的科学研究证实，不良情绪会危害人的身心健康。

情绪管理能力可以通过多种途径培养，如课程教学、专题讲座、心理辅导、心理素质训练等。辅导员可以采取以下三种做法。首先，开设情绪管理选修课以及专题讲座，广泛传播健康情绪。其次，采取多元体情绪干预方式。学校可以组建以班主任、辅导员和专业心理咨询老师等多元体参与的团体，对大学生的情绪困扰进行疏导，对大学生的情绪进行干预。辅导员应加强和大学生的联系，从日常学习和生活中了解大学生的性格、兴趣爱好、家庭条件、人际关系以及平时的处事风格，以此建立大学生的基本情况档案表。最后，提倡多样式辅导相结合。团体辅导与单独辅导相结合的多样式心理辅导更深入，有助于大学生不良情绪的缓解和释放。

(四)挫折应对问题

心理学认为，挫折就是一个人在达到某种目标或满足某种需要的活动过程中，由于受到妨碍或干扰，致使目标不能实现或需要无法得到满足时所产生的情绪体验。当代大学生挫折是一个特指的概念，它是指在大学期间，学生由于在学习、生活和人际等方面的活动中受到了阻碍，进而不能顺利实现自己的目标或满足自身需要时产生的情绪体验。大学生在日常的学习和生活中，难免会遇到各式各样的挫折。关于大学生挫折的类型和所引起的原因大致有以下几方面。

第一，学习挫折。学生进入大学后，中学时期的学习优势不再明显，当理想与现实形成反差时，学习上的挫折感在所难免。中学时期学习方式简单，创造性发散思维基本没有发挥，大学学习专业性强，学习任务繁重，当大学生在学习和个人能力方面渐渐暴露出不足时，挫败感随之而生，久而久之，必然会严重影响学习成绩，使他们产生学习上的挫折感。

第二，生活挫折。大学生产生生活挫折的主要原因有：其一，大学新生对大学生活缺乏适应性，缺乏生活自理能力，表现出对独立生活的无所适从，这种不适应使他们产生紧张、忧虑等挫折心理；其二，大学生来自五湖四海，有着不同的家庭环境和生活观念，同学之间观念冲突很难避免，特别是家庭经济条件悬殊的学生之间的生活观念差别大，校园消费中存在的攀比现象使部分贫困学生产生严重的挫折感。

第三，人际交往挫折。大学生人际交往挫折主要包括一般的人际交往挫折和恋爱方面的交往挫折，主要原因为：其一，交往需要与人际交往障碍相矛盾而导致的挫折心理；其二，渴望恋爱与不能正确处理异性关系相矛盾而产生的挫折心理。

第四，就业挫折。很多大学生不能客观正确地认识自己的综合素质及所学的专业，有的高估了自己的能力和所学专业的竞争力，不能确立合理的工作期望值，对工作的要求、标准很高；有的大学生过于悲观，对自己的综合能力不自信，而错过很多就业机会；有的毕业生择业眼光短浅，过分注重工资高低，片面追求工资高、升迁快的热门职业，而不顾现实，排斥基层普通岗位，当就业理想无法实现时便产生强烈的就业挫折感。

辅导员一方面要加强大学生心理健康教育并提供心理咨询，通过心理教育培养大学生良好的心理素质，使他们形成良好的心理品质。对于大学生深感焦虑且不知所措的心理问题，应该耐心帮助，有针对性地进行心理咨询，帮助学生分析受挫的主客观原因，帮助他们形成正确的挫折认知，减少挫折所引起的消极反应，使其找到摆脱挫折困境的正确方法、途径。另一方面，要加强挫折耐受力养成教育，培养大学生的自信与乐观，培养受挫后的恢复能力，使他们在任何挫折面前都能泰然处之、乐观面对。

(五)亲密关系问题

一般来说，亲密关系是指那些重要的、相互依存和持久的关系，如恋人间的浪漫关系，与挚友、同学的关系等。建立亲密关系的强烈欲望普遍地扎根于我们每个人心中。亲密关系可以满足人们基本的归属需要，只有与他人建立和维持亲密关系，与那些了解和关心自己的人交流和互动，人的心理才会得到满足。

大学生正处于人生成长的“生殖期”，具备爱和生产的能力，他们从生理上和心理上渴望建立亲密关系，但不知道如何与异性相处。当下大学生在恋爱中存在各种各样的问题，闹矛盾、单恋、多角恋、同居等现象也逐年增多，因恋爱导致的大学生心理痛苦，甚至精神失常和恶性事件在大学校园里偶有发生。

辅导员在处理学生亲密关系问题时，要注意以下几个方面。第一，要运用心理学及现代信息手段做好学生心理健康辅导工作。甄别出在亲密关系方面需要重点辅导的学生，做好心理测评、咨询、辅导和干预等工作。第二，建立心理干预和辅导的社会网络体系，发挥朋辈心理辅导和干预的作用。将朋辈心理辅导方法运用到亲密关系干预网络当中，朋辈共同帮助大学生顺利渡过心理难关，提升他们的情绪自查能力、自我调适能力、不良情绪控制能力。第三，借助新媒体平台，提高心理辅导的科技水平。辅导员应充分利用微信、互联网络、公众号等新媒体平台，开展形式多样的心理辅导。通过"一对一面谈"、QQ交流、邮件咨询、微信交流和团体心理辅导等方式，为学生提供在线心理测试和咨询。第四，强化大学生亲密关系安全意识。随着时代的发展，一些大学生在亲密关系上受到一些错误观点的引导，处理失当，造成了许多亲密关系安全风险。2011年到2015年，我国15～24岁学生艾滋病病毒感染净年均增长率达35%，其中65%的感染发生在大学期间。① 因此，加强大学生亲密关系的安全教育，引导他们树立正确的两性观是当务之急。第五，采取差异化的辅导方法，增强被辅导学生的心理安全感。高校在进行亲密关系辅导时，要注重性别、年级差异，制定系统的、有针对性的辅导策略，采取差异化的辅导策略，注意保护学生的隐私，增强被辅导学生的心理安全感。

第二节　大学生心理健康教育现状

《高等学校学生心理健康教育指导纲要》指出，普通高等学校大学生心理健康教育工作的主要任务包括：推进知识教育、开展宣传活动、强化咨询服务、加强预防干预。通过坚持育心与育德相统一，加强人文关怀和心理疏导，规范发展心理健康教育与咨询服务，更好地适应和满足大学生心理健康教育服务需求，引导大学生正确认识义和利、群和己、成和败、得和失，培育大学生自尊自信、理性平和、积极向上的健康心态，促进大学生心理健康素质与思想道德

① 中国疾病预防控制中心，性病艾滋病预防控制中心，性病控制中心：《2015年10月全国艾滋病性病疫情及主要防治工作进展》，载《中国艾滋病性病》，2015(12)。

素质、科学文化素质协调发展。

一、大学生心理健康教育的内容和形式

（一）知识教育

高校应为新生开设心理健康教育公共必修课，大力倡导教师面向全体学生开设心理健康教育选修和辅修课程，努力实现大学生心理健康教育全覆盖。辅导员应潜心钻研心理健康教育的课程体系和授课技巧，创新心理健康教育教学手段，通过线下线上、案例教学、体验活动、行为训练、心理情景剧等多种形式，激发大学生的学习兴趣，提高课堂教学效果，不断提升教学质量。

（二）宣传活动

在学校和学院的部署下，辅导员可以通过举办“心理健康教育月”“‘5·25’大学生心理健康节”等形式多样的主题教育活动，组织开展各种有益于大学生身心健康的文体娱乐活动和心理素质拓展活动，不断增强心理健康教育的吸引力和感染力。特别注重创新宣传方式，主动占领网络心理健康教育新阵地，广泛运用门户网站、微信、微博、手机客户端等媒介，宣传心理健康知识，倡导健康生活方式，提高心理保健能力。支持、指导学生成立心理健康教育社团，组织开展心理健康教育活动，发挥朋辈互助的积极作用。

（三）咨询服务

辅导员需要通过参加专业培训，螺旋上升式地学习心理咨询知识和技能。实施分类引导，针对不同学段、不同专业的学生，精准施策，因材施教，把解决思想问题、心理问题与解决实际问题结合

起来，在关心呵护和暖心帮扶中开展教育引导。遵循保密原则，建立心理健康数据安全保护机制，保护学生隐私，杜绝信息泄露。

(四)预防干预

辅导员在心理危机学生的教育引导过程中要注意量力而为，通过严格遵守完善的转介程序来尽可能保障学生的身心安全。要科学分析社会发展、家庭环境、个人成长经历等因素对学生心理健康的深刻影响，准确把握学生心理健康状况及变化规律，不断提高心理健康素质测评覆盖面和科学性。做好对心理危机学生的跟踪服务，注重做好特殊时期、不同季节的心理危机预防与干预工作。建立心理危机转介诊疗机制，畅通从学校心理健康教育与咨询机构到校医院、精神卫生专业机构的心理危机转介绿色通道，及时转介疑似患有严重心理或精神疾病的学生到专业机构接受诊断和治疗。

二、大学生心理健康教育的网络体系

大学生心理健康教育工作是一项系统工程。要以课堂教学、课外教育指导为主要渠道和基本环节，形成课内与课外、教育与指导、咨询与自助紧密结合的心理健康教育网络和体系。目前，高校普遍应用的是心理健康教育四级网络体系，该体系是指在学校大学生心理健康教育工作领导小组的领导下，建立的以校级大学生心理健康教育指导中心为主导，以院系心理辅导员为骨干，以班级心理委员为基础，以宿舍心理信息员为主体，对大学生开展心理健康知识普及、心理咨询和辅导、心理危机预警的心理健康教育工作机制。其实质是学校心理健康教育职能部门、专业机构和相关教师、学生之间按照职责分工，共同开展心理健康教育、心理辅导、心理危机应对的工作机制。

一级网络，即校级大学生心理健康教育指导中心，主要由心理健康教育专家和专业兼职教师组成，负责指导全校心理健康教育工作，是高校心理健康教育的行政主管机构，是高校心理健康教育的组织者和实施者。主要职责包括：普及心理健康知识，进行专业的心理咨询和心理辅导，定期组织开展心理辅导员、班级心理委员、宿舍心理信息员等心理健康教育工作者培训，开展新生心理普查，建立新生心理档案，筛查出重点对象，进行追踪辅导。

二级网络，即院系心理辅导员，主要负责院系心理健康教育工作，是心理健康教育的具体组织和实施者。主要职责包括：挑选和培养班级心理委员、宿舍心理信息员；指导各班级开展心理健康教育活动；及时汇总本院系心理异常学生信息，实施初步心理干预，视情况上报校级心理健康教育指导中心；协助辅导员、班主任做好突发心理危机事件的处理等工作。

三级网络，即班级心理委员，负责本班心理健康教育工作。主要职责包括：组织开展班内心理健康教育活动，宣传和普及心理健康知识；组织宿舍心理信息员收集心理异常学生信息，予以积极关注，开展适当的朋辈心理辅导；将收集到的心理异常学生信息，向辅导员、班主任或心理辅导员报告；定期汇总本班学生心理情况，形成心理月报。

四级网络，即宿舍心理信息员，主要职责是：认真学习心理健康知识，掌握基本的异常心理鉴别技能，自觉营造良好的宿舍人际关系；发现心理异常学生后，要积极关注和干预，开展适当的朋辈心理辅导，并及时向班级心理委员报告；对于心理问题特别严重的学生，可直接联系校级大学生心理健康教育指导中心进行干预，并向辅导员、班主任报告。

三、辅导员的心理健康教育和咨询工作

按照《高等学校辅导员职业能力标准(暂行)》和《普通高等学校辅导员队伍建设规定》的文件规定，辅导员的工作职责之一是心理健康教育和咨询，具体内容包括：协助学校心理健康教育机构开展心理健康教育，对学生心理问题进行初步排查和疏导，组织开展心理健康知识普及宣传活动，培育学生理性平和、乐观向上的健康心态。

(一)全体学生的日常心理健康教育

第一，在学校学生心理咨询与服务中心的组织下，发布学生心理普查、抽查、访谈等工作的通知，督促班级“雪绒花”使者做好通知到个人等工作。

第二，通过深入宿舍、个体谈心、参加班集体活动、侧面了解等形式与学生相处，倾听学生心声，观察学生心理特点，理解并尊重学生个性，与学生建立积极有效的师生关系。在此过程中，识别学生心理危机并进行疏导，严重个案进行转介，并协助专家开展后续危机干预工作。

第三，重点指导、策划“‘5·25’大学生心理健康节”的相关活动，加强对心理健康教育的关注和宣传。

(二)心理危机学生的教育咨询

第一，关注存在心理危机的大学新生。通过谈心、谈话等形式了解学生的寒暑假生活、新学期适应情况和困难等，帮助学生尽快调适，并做好后续持续关注，同时进行心理档案记录，及时上报学院、学校。

第二，关注心理危机学生的发展情况。了解其在寒暑假和其他

各类假期的学习或出行安排，叮嘱安全。通过直接沟通、室友了解、“雪绒花”使者汇报等方式，掌握学生思想动态和心理行为表现。

第三，关注因心理问题休学且即将复学的学生状况。按照学校、学院的相关要求和程序，督促、指导学生做好各项准备工作。

第四，关注面临重大考试、论文等学业压力的学生情况。重点关注在读研究生学术科研压力、师生关系、婚恋情感等问题。

第三节　大学生心理健康教育的困难与挑战

一、大学生心理健康教育面临的困难

(一)大学生心理状况出现新变化

近年来，高校学生主体已经是“90后”“00后”。在急剧变革的社会中成长起来的新一代大学生在心理状况上也有一些新变化，在思想意识、行为模式等方面都呈现出新特点。教育对象的新特点要求教育内容做出相应的调整更新。

(二)新媒体的发展带来新挑战

随着信息科学技术的迅猛发展，各种新媒体广泛应用，悄然影响大学生的心理成长环境。新媒体的应用，使大学生接收的信息更加广泛，大学生的思维广度、深度获得发展，知识面进一步拓宽。新媒体背景下大学生心理健康教育面临两大挑战。第一，新媒体对大学生的心理和行为产生深刻影响。鱼龙混杂的信息让人难辨真假，造成认知混乱，大学生网络成瘾也已经成为一大社会问题。第二，

新媒体对传统教育方式产生很大冲击。新媒体的传播方式逐渐改变着大学生接收信息的方式，在人人都是自媒体创作者以及信息零散化的环境下，传统教育方式集中性、系统化和面对面的优势遭到消解。高校如何在心理健康教育中进一步抢占新媒体渠道，这对教学实践提出了很高的要求。

(三)心理健康教育定位功能不明确

高校越来越重视在思想政治教育过程中借助心理教育力量，这是可喜的现象。但相对于过去忽视心理健康教育的情况，实践中开始出现另一个值得警惕的现象，那就是夸大心理健康教育的功能。在实践中既要充分认识心理健康教育的重要作用，又要防止孤立地、片面地夸大心理健康教育的作用，确保心理健康教育工作沿着正确方向发展。

二、大学生心理危机预防及干预

(一)大学生心理危机的特点

正常人一般处于心身平衡状态，其思维、意志、情感体验与生理参数指标等都处于某种程度的和谐状态。但在应激事件发生时，个体原有平衡状态受到影响，出现思维不清、意志失控、情感紊乱等状况，这时个体就处于危机状态。大学生心理危机具有危机状态的一般性特点，如突发性、无助性、危险性等。此外，大学生心理危机还表现出其特殊性。第一，易发性。大学生心理发展正处于由不成熟向成熟发展的过渡阶段，积极与消极心理并存，加上大学生情绪不稳定，内心压力强度太大或持续过久，任何一个问题得不到及时化解，都可能引发心理危机，导致严重的后果。第二，交互性。

大学生心理危机往往是多种因素共同作用的结果，如学业、情感、人际、职业生涯等交织在一起。当遇到特定的生活事件时，这些交互因素就会引发个体心理危机。第三，潜在性。心理危机常常并非以直接爆发的方式出现，而是潜藏于个体内心，当易感的个体遭遇特定应激事件时，就会引发心理危机。

（二）大学生心理危机的产生原因

随着社会的发展，大学生面临的社会、家庭和学校环境日益复杂，学习、就业、经济等方面的压力日益增长。具体来说，大学生心理危机的产生原因包括外在因素和内在因素两大方面。

外在因素：首先是社会环境因素。我国正处在经济飞速发展时期，社会文化环境丰富多样。处于青年中晚期的大学生，其价值取向具有明显的矛盾性，在面对多种价值并存甚至多种价值对立的外部环境时，容易产生内心冲突。其次是教育环境因素。在高考升学率的压力下，部分学校和家长在教育学生的过程中，往往过度重视智力教育，而忽视了学生健全人格的培养。在教养方式上，部分家长没有科学教育观念，采用专制或溺爱的教养方式，使子女形成敏感多疑、抑郁、偏执等不健康的个性品质，为日后心理危机的产生埋下了伏笔。最后，心理危机的外部诱因主要是大学生在学习、人际交往、情感等方面经历的各种事件。

内在因素：面对或经历同样的心理危机源，不同个体的心理承受能力及应对方式有着很大的差异，这说明客观环境只是心理危机发生的诱因，而最终是否引发心理危机，关键在于个体的内在因素。第一是认知的片面性。大学生虽已掌握了一定的辩证思维方式，但形式逻辑思维仍占优势地位。且大学生正处于自我意识发展的新阶段，表现为从眼光朝外，着重认识外部世界到转向内部认识自己，使得他们对他人的评价过分敏感，有时会因一次很小的失误导致持续的自我封闭。第二是人格有某些缺陷。人格特征在个体选择危机应对方式上有较大影响，而危机处理方式的不同将在很大程度上影响危机的演变和结果。第三是情绪的不稳定性。大学生的情绪往往处于不稳定状态，具有冲动性、突发性、两极性等特征，也容易产生某些严重的负性情绪，导致消极的意念和行为。

(三)大学生心理危机的干预体系

高校可以形成普及教育、立体预防、分层干预三位一体工作格局，为心理危机的预防和干预提供有力保障。

首先，普及教育，让心理素养基础强起来。通过心理素质教育，助力学生全面发展。学校可以开设以必修为基础、以选修为主体的课程群，建设“新生适应”和“人际关系”等主题的必修课模块。建立朋辈成长团体，促进学生自助互助，提升心理素质。鼓励心理学专业相关的研究生发挥专业优势，开展积极心理取向的团体活动。学校利用学生心理咨询与服务中心主页和微信、微博平台，及时推送心理健康知识与活动资讯，丰富网络心理咨询的方式，制作多种形式的心理健康宣传品，传播心理正能量。

其次，立体预防，让心理安全防线紧起来。四级防护体系，密织安全网络。建构由学生骨干(包括宿舍长、“雪绒花”使者)、院系生活指导室、学生心理咨询与服务中心和学校层面的四级危机防护体系。每年对学生骨干、院系生活指导室教师及宿舍管理人员等进行心理危机预防、识别与干预技术的培训。新生测查访谈，做好摸底工作。每年对全体新生实施心理健康评估，约访具有潜在心理问题的学生；对有发展性问题的学生提供成长性建议；对需与院系进一步沟通的学生提供辅导建议；对具有潜在心理危机的学生及时转入咨询干预。每轮测评结束后，及时向院系反馈信息，提供建议。院系中心联动，及时沟通信息。启动院系与中心的联动机制，实现高效预警。

最后，分层干预，让心理危机风险降下来。院系生活指导，从细微处化解问题。由经培训的专职心理辅导员管理，院系班主任、辅导员定期开展面对面的深度辅导，及时转介存在严重心理问题的学生，避免危机出现。个体团体咨询，提升心理复原能力。学生心理咨询与服务中心通过提供个体咨询和团体咨询，开放热线和网络咨询服务，为“遇到困惑的学生提供帮助”。医校多方合作，确保校园安全稳定，对危机学生进行评估和转介，提高医校互动效率。

第四节　大学生心理健康教育与咨询案例

案例 1：[个体咨询案例]

下文通过对一例一般心理问题的咨询分析，阐述了辅导员如何对有需求的学生进行心理咨询的全过程。来访者是一位大三的女生，因为男朋友在恋情中出现“出轨”行为而感到痛苦。辅导员采用来访者中心技术和认知情绪疗法，帮助学生抒发真实情绪，改善个体行为，并学会如何更好地应对恋爱过程中的挫折。

一、基本情况介绍

小君，女，21 岁。2014 年 4 月来咨询时，是本科三年级学生。小君上大学后，结识了外院男生小田。经过三个月的交往，两人在大一下学期正式确定了恋爱关系。但在大三寒假期间，小君隐约察觉小田对自己的态度有些敷衍冷淡。快开学的一天，小君发现小田在跟同专业的女生小欢谈“网上恋爱”。小君感觉自己受到了欺骗和背叛，心里非常痛苦。回到学校之后，小君立即约了小田，小田承认出轨，同时请求小君的原谅，保证不会再犯了。小君陷入了矛盾之中，所以她一边假意原谅小田，一边也与其他男生建立起暧昧关系。

小君在实施自己的"报复"行为时感到非常痛快，但是行为过后，她又陷入恋情挫折的痛苦、对自己行为的羞耻和被人发现的担忧之中。如此反复一个月之后，她觉得这种状态已经影响到了日常的学习和生活，她不敢跟其他任何人说出自己正在经历的事情和感受。因此，小君主动找到了我，希望我能给她一些建议和帮助。

二、问题分析

小君所处的境况为在恋爱过程受挫，导致认知、情绪、行为三方面出现了不同程度的偏差和损伤。

认知层面：首先是对恋情和男朋友的失望和怀疑。其次，小君对于自己所处的境况有着"灾难化"的评价，因为男朋友的"出轨"而担心别人看不起自己、担心自己的形象变差，因此缺乏支持性的外部资源。最后，小君对于事情未来的发展非常迷茫，她不知道该怎么办，也缺少勇于面对和思考的决心。

情绪层面：小君的情绪明显受到了个人认知的影响，当她想到男朋友"出轨"、自己跟其他男生"暧昧"，会感觉到明显的痛苦、委屈、羞耻和担忧。但是当她沉浸在"报复"的过程中时，又感觉到开心、兴奋和痛快。为了摆脱负面情绪，她会越来越渴望"报复"的快感，但是这种所谓的"快感"其实是一种"负强化"，可能会越来越促进"报复"行为的出现，同时也增强"报复"之后的负面情绪。

行为层面：根据小君的描述，她晚上会反复回忆自己的经历导致很难入睡，已经初步呈现出思维强迫的症状。从她惩罚男友与他人建立暧昧关系，可以看出她的行为已经偏离了自己原本的行为准则和方式，并且给自己造成了痛苦、羞耻和担忧。

认知—情绪—行为的三方面联系，各自都存在不同程度的偏差，共同构成了小君心理问题的核心要素。就目前来看，必须从某一个要素切入，使小君做出一定的改变，打破认知—情绪—行为的怪圈，然后再使其发挥内在能动性，回归正常的心理状态，通过自我肯定和鼓励，从这段经历中恢复甚至获得更好的个人成长。

三、心理行为问题的处理策略与过程

第一次辅导：了解情况与关系建立

第一次交谈过程中，我一直在听小君的描述，为了不当面做记录，我一面认真聆听，一面在头脑中想象画面，以图像记忆法来进行快速的细节记忆。等小君离开后，我赶紧记录下来，然后才有精力思考小君在事件中的情况。第一次的交谈接近尾声时，我并没有捋出明确的头绪，但是小君在这个过程中有点如释重负的感觉，因为终于有一个人可以完全地听她讲述这个过程了。我如实地告诉她，我需要一点时间思考，也希望她可以按照让自己更舒服一点的方式生活，至少要保证每日三餐。我们约在第二天下午继续交谈。

第二次辅导：情绪疏导——来访者中心技术

在第二次咨询的时候，我决定采用来访者中心技术，主要基于以下三点原因：第一，小君有着较为强烈的自信心，她的自我概念相对其他同学来说其实是比较完整而优秀的，只是在从未遇到过的恋爱挫折中有一些迷失，但是内心的自我认同始终存在；第二，小君具备较高的自我控制能力，具有“充分发挥机能”的潜力，如果采用“讲大道理”的方式很难真正地影响她，因此她需要依靠自己的能力去实现突破；第三，根据我的评估，小君目前的行为虽然有一定的偏差，但是还没有达到伤害他人和自己的程度，目前最困扰她的就是她内心复杂的情绪。以情绪为突破口，可以更加清晰地辨明背后的不合理信念，从而根本性地改善其行为。

第三次辅导：心理帮助——认知情绪疗法

通过前两次的沟通，我认为当前小君对于自己的情绪状况已经比较清楚了，表达了强烈的改变愿望，只是她不知道从何改起。经过她的自述和我们共同的修订，确定了咨询的目标是“降低这件事情

对自己生活和心理的负面影响，逐步减少因此感到痛苦的时间和强度，恢复到自然舒适的生活状态”。为了实现这一目标，我觉得有必要从认知的角度，让小君重新认识这些已经发生的事情，并且协助她探索自身和周围的正向资源，达到她为自己设定的目标。

四、结果与思考

经过三次咨询，小君平稳地度过了分手期。她的妈妈跟我通了一次电话，表示感谢。小君自述，她小范围地向好朋友们讲述了这件事，大家也支持她的选择，并且给予了很好的陪伴，使小君不至于在刚刚分手的阶段感到孤立无援。就情绪来说，小君有时还是会体验到一些失落和遗憾，但更多的是自信和轻松。

这次咨询经历让我对于大学生的恋爱关系有了更多的认识和理解。第一，大学生的恋爱观还未成熟，无论谈恋爱的次数和时长有多少，他们还是可能会遇到该阶段普遍存在的问题。第二，有些挫折应对方式，或者说应激反应，看起来是非常不合理的，但是这样的行为背后隐藏着个体的积极努力。第三，大学生的恋爱问题，跟其人际交往能力、自我调节能力、家庭成长环境等有着密切的联系。在帮助大学生解决恋爱问题的同时，也要注重为其营造良好的人际支持，帮助其获得内心真正的成长，如果还可以取得跟原生家庭的联系，得到父母的协助，那么效果可能会更好。

案例 2：[团体辅导案例]

下文通过对一个出现人际关系问题的大一学生宿舍进行咨询分析，阐述了辅导员如何对有需求的宿舍开展团体辅导的全过程。该宿舍在制度层面、心理层面、文化层面都存在一定程度的缺失和不足，基于此，辅导员采用了包括查阅档案、个体咨询、集体约谈、角色扮演、箱庭沙盘互动、建立公共契约等方式方法，最终帮助该宿舍实现了人际关系的良性互动。最后，为了巩固效果、强化辅导实效、扩大教育范围，辅导员还以班主任的身份组织了一次“宿舍关系”主题班会，实现了咨询实效和预防教育的双重效果。

一、基本情况介绍

A所在的宿舍跟绝大多数的本科生宿舍一样，7个人一间的规模，都是同一学院同一班级的同学，但是来自不同的地方。A表示自己从来没有住过校，从开学至今一直努力想适应集体生活却屡屡受挫，为此感到非常苦恼。A的室友们存在作息时间不一致、兴趣爱好不同、课余时间各自活动等现象，总体来说，宿舍同学之间关系比较淡漠，缺乏集体活动和有效沟通。促使她此次主动来找辅导员帮助的关键事件是，几个室友产生口头矛盾，A去劝说却反遭“嘲讽”，A觉得自己一片好心却换来这样的嘲讽，非常委屈。她想不通为什么宿舍关系会陷入这样的地步。

二、问题分析

该宿舍的情况并非极个别，其成因也是多方面的。从宏观上来讲，这批学生大多出生于1994—1996年，他们成长中的社会环境较为平稳，信息发达，同时也存在多种不良风气诱导；他们成长中的家庭环境有些比较复杂；他们成长中的教育环境相比之下也很复杂，无论是“素质教育”还是“减负减压”，最终要面对的依然是竞争残酷的高考。

从该宿舍的情况出发，具体来讲，主要有三方面的原因：第一，制度层面，生活作息严重不一致，但是没有寝室长或者志愿者站出来肩负责任，带领室友们统一协商，制订出宿舍制度，用以保障基本的生活节奏。第二，经验层面，经查阅档案发现，该宿舍内的同学全都没有集体生活经验，加之尚处于新生状态，没有很好地适应环境，这些构成了其宿舍人际关系冷淡的原因之一。第三，心理层面，当前该宿舍成员大多以享乐、休闲、外部依恋(跟原生家庭或者外校男友)为主要取向，缺少对大学生活的共同热情，以及对其他正能量事物的关注和分享，因此没有形成较为稳定的、积极的宿舍文化。

三、心理行为问题处理策略与过程

第一阶段：摸底准备。

目标：了解该宿舍内每一名成员的成长过程和社会性发展特点，尤其是人际关系交往风格；收集、积累有针对性的处理方案和咨询技术。

过程：首先，我详细查阅了7名同学的新生档案，并找到9月入学时让全班集体做的《大学生人际交往风格问卷》，基本掌握了这7名同学的特点。然后，我分别跟每位同学聊天，记录下她们对宿舍集体生活的感受和看法。从每个人为当前宿舍人际关系打分的情况来看，当前该宿舍的人际关系问题不仅仅是淡漠，而且已经露出了矛盾的萌芽。我用三天的时间制定了一套简易的团体辅导方案，计划在12月期末考试周来临之前，解决该宿舍当前面临的困境，并且对大一班级各个宿舍之间共性的问题做一些防患教育引导工作。

第二阶段：关系建立。

目标：营造宿舍之间安全、信任的人际氛围；搭建一个可以真诚沟通的平台，让每个人意识到自己在宿舍中的重要性和缺失的遗憾。

过程：本阶段一共进行了两次集体约谈，间隔时间为三天。在第一次集体约谈中，我首先向7名同学了解了本学期的学习、生活、娱乐、交友等情况，等每个人都开口发言之后，我即时评估，认为已经达到了适合的状态，便布置了一个任务，请每个人在其余的6个人中挑选两个，谈谈她身上的优点、她对宿舍的贡献，以及她还有哪些地方可以做得更好。在该任务的执行过程中，室友之间的评价、赞美、期待都很真实，人与人之间的亲疏情况也一目了然。在第二次集体约谈中，我请每个人用5个词凝练自己三个月的大学生活，并且对这5个词逐一进行解释，然后听取室友们的反馈和回应。

这次约谈帮助大家聚焦了在大学生活中普遍缺失的那一块——宿舍人际关系。

第三阶段：心理帮助。

目标：帮助该宿舍健全基本生活制度，营造良好的互动模式，初步形成积极向上的宿舍文化。

过程如下。

①角色扮演：我选取了宿舍集体生活中常见的三个冲突情景(如天冷了，有的同学要求关窗保暖，有的同学却要求开窗透气)作为任务，请宿舍的同学现场角色扮演。每一个情景都要被表演两次。第一次的剧本由我给出，在这个剧本中，每个人都以自我为中心，忽视别人的感受，斤斤计较甚至恶语相向；第二次的剧本则由室友们集体构思创作，在经历了第一个剧本之后，她们要尽可能地避开那些沟通的误区和错误做法，在尽可能真诚表达个人诉求的基础上，寻求协商后的统一方案。两次角色扮演的差异体验，让室友们真切地体会到宿舍人际关系对于自己和他人的巨大影响力，同时也更加认同沟通时的心态和方式的重要性。

②沙盘互动：大家围绕“打造一个最适合集体居住的生活圈子”这一目标，展开了丰富的联想和想象。每个人依次添置自己心仪的摆件，最后还可以挪动或者剔除某一个摆件。经过这次沙盘体验，大家对于一个宜居宿舍的理解更加一致，很多默契由此诞生。

③建立契约：这一环节由宿舍推选出来的宿舍长主持，大家以之前的记录和积累为主要依据，提出了很有针对性的可操作的宿舍制度。经民主表决开始试运行，制度对于作息时间做了一定的限制，并推动了宿舍聚餐等集体活动。配套的卫生值日制度、学业督导制度、矛盾仲裁制度等一应俱全。

第四阶段：总结巩固

目标：创造条件，强化该宿舍的良性人际互动；带动全班对于宿舍关系的关注和积极投入。

过程：11月底，我作为班主任，带领班委会成员策划、召开了“我爱我家——营造和谐的宿舍氛围与文化”主题班会。提前请每个宿舍准备了10分钟的现场展示并在班会上逐一登台亮相。经我辅导过的宿舍表现亮眼，她们的集体演讲以及最后共唱的《明天会更好》都深深吸引了班里的同学。班会过程中还有一个环节，是请同一宿舍的人一起画一幅心目中理想的宿舍蓝图，作画时第一个人先独自画5分钟，然后传给下一个人，请下一个人在自己的画作上继续作画1分钟，以此类推，直到画作传回到自己的手中。

四、结果与思考

班会结束后一周，我分别单独约谈了A同学、宿舍长和班级心理委员。

A同学：老师，谢谢你！最初来找你的时候，我其实是很担心的，怕自己跟别人不一样，或者被别人知道我来“告状”，会更加被孤立。但是这些担心都没有发生，我觉得宿舍里发生了很大的变化，我说话不再是被冷冰冰地忽视，一定会有人回应，大家可以聊得起来，我的存在感也变得很强。室友们遵守了我们一起制定的宿舍制度，不仅不会看电影到很晚，有时还会发起个话题组织大家卧谈。

宿舍长：刚开学被推选成宿舍长之后，一直觉得有些压力，想做一些凝聚大家的事情，但是没得到什么响应，自己也挺受挫的。想着可能大学都是这样吧，大家不像中学似的那么合拍。经过这个月，我们宿舍发生了很大的变化，好像一下子大家就变得成熟了，相互尊重、相互礼让，越来越有家的感觉。

班级心理委员：根据我的观察，班里大部分宿舍关系是很好的，尤其是男生宿舍。女生宿舍基本都是上课坐在一起，吃饭也会结伴。经过上周的班会，大家相互交流宿舍内部活动，有的宿舍会结伴出游，写宿舍公共日记，我深受启发。班主任很重视宿舍关系，大家也就不知不觉地用心起来。

班主任个人反思：处理本案例的过程中，我有意识地思考如何更好地防范此类事件的发生。首先，要以预防教育为主，当前因为宿舍人际冲突所引发的校园恶性事件偶有发生，作为大学生辅导员和心理健康教育工作者，我们一定要有“防患于未然”的意识，要经常深入学生、及时发现问题。在开展预防教育的过程中，系统传授人际交往知识和技巧，内化社会人际互动的原则和理论，开展丰富的宿舍人际交往团队训练。其次，要提前建立起“个体—宿舍—班级—学院—学校”五级心理健康问题解决机制，以解决相关人际关系问题。鼓励学生勇于正视问题，寻求专业的帮助；宿舍，尤其是宿舍长发挥好观察、调停、反映问题的作用；班级主要依靠班主任、学生心理委员，制定预防教育计划和实施应对处理方案；学院和学校通过新生入学教育、心理问题筛查、提供专业辅导与支持、做好全面配套工作等方法，为大学生人际关系问题，尤其是宿舍人际关系问题的处理和预防打下坚实的基础。

参考文献

[1]俞国良. 大学生心理健康[M]. 北京：北京师范大学出版社，2018.

[2]蔺桂瑞. 大学生心理素质教育研究[M]. 北京：北京交通大学出版社，2016.

学习资料

[1]郝孟佳，袁勃：《大学生心理健康教育喜忧参半》，http://edu. people. com. cn/n1/2018/1215/c1053-30468632. html，2021-03-16。

[2]宗河：《建立健全中国特色大学生心理健康教育工作体系》，http://edu. people. com. cn/n/2015/0423/c1053-26891784. html，

2021-03-16。

[3]李伟达：《教育部：高校学生心理健康教育存在短板和薄弱环节》，http://m. people. cn/n4/2018/0724/c203-11340715. html，2021-03-16。

[4]邱烨：《给心灵一片阳光——探析江西省高校心理健康教育》，http://jx. people. com. cn/n2/2019/0510/c190181-32923522. html，2021-03-16。

[5]孙多伟：《高校开设心理健康教育课 促进学生自我心理健康调适》，http://education. news. cn/2017-10-11/c_129718631. htm，2021-03-16。

[6]季明，吴振东：《我国将创新高校网络思想政治教育》，http://politics. people. com. cn/n/2014/1122/c70731-26074723. html，2021-03-16。

[7]赵晶，谢磊：《学者探讨网络思想政治教育新路径新方法》，http://theory. people. com. cn/n1/2017/1117/c40534-29653308. html，2021-03-16。

[8]陈宁：《做好高校思想政治教育工作的三重维度》，http://epaper. gmw. cn/gmrb/html/2019-01/08/nw. D110000gmrb_20190108_2-06. htm，2021-03-16。

[9]杨维东：《加强高校网络思想政治教育》，http://epaper. gmw. cn/gmrb/html/2013-04/16/nw. D110000gmrb_20130416_4-07. htm，2021-03-16。

[10]沈在蓉：《探索构建网络思想政治教育模式》，http://theory. gmw. cn/2017-02/20/content_23766580. htm，2021-03-16。

[11]李幼平：《创新发展高校思政工作的方法论》，http://news. gmw. cn/2018-12/19/content_32194640. htm，2021-03-16。

第六章　网络思想政治教育

根据中国互联网络信息中心对外发布的第40次《中国互联网发展状况统计报告》，截至2017年6月，中国网民规模达7.51亿，其中手机网民规模达7.24亿，手机上网使用率为96.3%。我国网民以10～39岁群体为主，占整体的72.1%，同时我国网民中学生群体占比最高，为24.8%。由此可见青年群体(含高校大学生群体)在网民中所占比重较高，他们更倾向于使用新媒体。

高校大学生群体思维敏捷，热衷于新鲜事物，拥有互联网知识技能和便捷的上网条件。他们经常使用新兴网络媒介接收各种信息和知识，同时表达自己对某一现象或问题的意见与态度。新媒体的信息传播方式对于高校大学生思想政治教育工作既是阵地又是平台，既是环境又是载体，既是工具又是一种新的生存方式。

党的十九大报告指出要优先发展教育事业，办好网络教育。网络思想政治教育是网络教育的重要一环。人们习惯地把互联网条件下开展的思想政治教育实践称作“网络思想政治教育”。具体来说，网络思想政治教育就是思想政治教育工作者以通信网络为前提，按照思想政治教育目标，通过网络信息传播载体对受众进行有意识、有计划、有组织的道德观念、思想意识和政治观点的传递，完成思想政治教育的目标。高校思想政治教育工作者要积极利用新媒体技术，坚守网络阵地，开发新媒体平台，开展网络思想政治教育。

第一节　网络思想政治教育概述

一、网络思想政治教育的发展历程

从1994年起网络思想政治教育逐渐兴起并迅速发展，网络思想政治教育方法不断推陈出新。20多年来，伴随着网络技术的发展、网络形式的演变、教育重点的调整，网络思想政治教育方法大致经历了教育灌输、沟通引导和熏陶体验三个发展阶段。

(一)基于万维网技术的教育灌输阶段

这一时期网络思想政治教育依托万维网技术(WWW)、文件传输技术(FTP)等技术形式，主要是建立在“服务器—客户端”模式之上的正面信息发布和宣传教育，大多处于被动应付和不断适应的状态。即以万维网技术为主要依托，以网站为主要阵地，以内容建设为重点，以“红色网站”建设为标志。更多地以内容取胜，表现出明显的灌输式特征，主要致力于思想政治教育“进网络”和协同解决网下思想政治教育问题，总体处于思想政治教育进网络的起步和摸索阶段，显得比较单一和乏力。

(二)基于网络论坛的沟通引导阶段

这一时期，中国的网络走向了多元化广泛应用和快速发展阶段，尤其是许多高校网络论坛发展十分迅速，参与面越来越广，影响力越来越大。在主动占领网络思想政治教育新阵地的过程中，教育工作者需要及时深入网络论坛和网络社区，通过有效互动来进行平等对话和深入交流，把握网络舆论的主导权，增强网络舆论的引导力。这一时期主要是致力于“用网络”来发展思想政治教育，所采取的教育方法主要是基于网络社区平台的信息交互、思想沟通和资源共享，更多的是以互动制胜，表现出明显的互动式特征。

(三)基于博客、网摘等技术的熏陶体验阶段

这一时期，从依托的网络技术来看，以 Web 2.0 和 Web 3.0 系统的积极应用为基础，以博客(Blog)、播客(Podcasting)、网摘(Rss)、微信(Wechat)等新技术为代表。网络的社交化趋势十分明显，它不再只是连接信息与人之间的一种工具和通道，而变成了一种以用户和用户群为核心的网络世界，或者说网络社会。网络不再只是人们的信息获取交流平台，更成为一个人际交往合作的重要平台。思想政治教育方法主要致力于网上网下相结合，以融合制胜，表现出明显的渗透式特征。

二、网络思想政治教育的价值

(一)拓展了大学生思想政治教育的新阵地

传统意义上的思想政治教育工作往往局限于学校范围，开展方式较为单一。随着传播技术的革新，高校思想政治教育工作者逐步

将工作拓展到网络这一平台，占领网络思想政治教育新阵地，工作领域从线下转移到线上，双线并行开展思想政治教育工作。网络思想政治教育新阵地建设，重点是要守好课堂和日常思想政治教育活动两大阵地。第一，守好课堂阵地要以网络筑牢传统课堂，拓展新型课堂，并把握好传统和新型课堂二者之间的张力，如开发“慕课”和“微课”等网络课程。第二，守好日常思想政治教育活动阵地，就要认识到“日常生活是思想政治教育的居所，思想政治教育以日常生活为始源”。要认识到网络在日常思想政治教育中的时代优势和价值，促使思想理论在其生活化和对象化的过程中不断内化和深化，如利用互联网、微博、微信等新媒介，将具有娱乐性和价值性的信息与显性、隐性思想政治教育相结合。

（二）开辟了大学生思想政治教育的新方法

一般的思想政治教育是以教师为主体的教育活动，目的在于使受教育者自觉获取教育信息，形成一定的信息判断、处理、加工能力和稳定的思想政治观点结构。它依靠教育者对思想政治教育目标的深刻理解，借助语言或其他方式采取适时适度的灌输、交流，将相关的知识、技能以及思想观念传递给受教育者，具有系统性、封闭性、同一性等特点。不同于传统思想政治教育方法，大学生网络思想政治教育方法是教育主体利用网络认识和影响大学生思想和行为过程中采用的方式、手段、工具、程序等的总和，是教育主体实现大学生网络思想政治教育目标的中介要素。可见，网络思想政治教育是搭建新平台，运用新技术和新载体，运用新工作方法进行的思想政治教育。

（三）引领了大学生思想政治教育的舆论新导向

由于思想政治教育工作长期以来出现的理论与实际脱节的现象，

人们积累了大量的疑点、热点、难点问题。在这样的情况下，空洞的说教渐渐不为人们所接受，带有真实性的事实教育成为最有力的教育。网络传播的信息和纷繁复杂、生动有趣、自发原创的内容辅之以丰富绚烂的视听冲击，吸引了大学生群体的目光和注意。大学生在网民中占比较大，作为网络受众的重要组成力量，大学生的价值判断与价值选择往往会受网络舆论导向的影响。利用网络舆论导向引领大学生群体的价值判断与价值选择，是开展思想政治教育工作的有效行为手段和方式，所以说网络思想政治教育引领了大学生思想政治教育的新方向。

三、网络思想政治教育的特点

(一)网络新媒体的传播特点

1. 虚拟性

网络创造了一个虚拟社会，使网络活动的主体角色虚拟化。网络上的活动，不但超越了时空的限制，而且使主体超越了自身许多方面的局限，如主体的年龄、容貌、身材、职业、职务、性别等，道德素质成为主体在网络上的活动面貌的决定性因素。

2. 海量性

网络信息传播的突出特点就是信息的海量性。无穷的网络信息累积造成了思想政治教育工作者极大的压力，使其面对搜寻的信息对象望洋兴叹。他们面临的真正困难是分清信息的真伪、是非和实际的来源情况。

3. 交互性

网络为信息主体提供了参与的平等性，主体发布信息的交互性得到了充分保证。信息发布的主体可以发表言论、观点，也能收到对方的回复。网络把交往对象从地理空间中超脱出来，宛如面对面，你来我往，交互反馈，极大地提高了信息交流的水平。

4. 机械性

网络信息没有创造性，更不具备辩证思维，它往往根据简单划一的标准进行排列，具有明显的机械性。网络上搜寻得来的信息，似乎无所不及，但也常常漏掉部分最珍贵的信息。世界上设备最齐全、最先进的图书馆，至今也不能把全部信息输入网络系统。单单靠网络，不可能做出权威的研究，这是网络信息的局限性。

5. 发散性

网络为信息传播创造了一个难以想象的便捷的传播渠道。这为信息的传播与管理带来了新的难题。借助于类似“博客”的平台，不论涉及的问题是否重大、是否真实，一旦发布在网络上，便立即传遍全国、全球，难以控制，往往令人措手不及。这种自由的发散性使人无法预料，不便检查，无法管理。

(二)网络思想政治教育的传播特点

网络新媒体是思想政治教育信息的新型传播渠道和载体。网络传播下的思想政治教育信息传递是基于网络虚拟空间而进行的信息传播，它遵从传统思想政治教育信息的传播规律并融合了网络信息传播的特点，形成了具有时代性、融合性的信息传播新形式。

1. 传播形式的多样性

首先，网络思想政治教育信息可以融合经济、政治、文化、艺术、法律等学科交叉共时传递，教育内容蕴含于其中得以传播。其次，网络思想政治教育以文字、音频、视频等为载体的网络文学、网络视频、网络游戏、网络教学以及“慕课”等方式进行信息的获取或交互，体现了信息传播方式的多样性。再次，网络思想政治教育信息传播时间包括课堂时间、课余时间，学习专用时间或生活碎片时间等。最后，传播空间也多种多样，包括学校、家庭、公共场所等。因此，思想政治教育信息网络传播在内容、方式以及发生时间与空间等传播形式上具有多样性。

2. 传播发生的超时空性

网络传播下思想政治教育信息传播的超时空性是指网络受众在网络的特殊运行环境下接受思想政治教育信息过程中对时间与空间限制的超越。思想政治教育信息网络传播的产生、发布、流通、接收以及反馈打破了传统思想政治教育信息现实传递对时间、空间、场域的要求，具有超时空性。网络受众可以根据自己的安排选择适合自己的时间进行学习，也可以通过检索引擎来寻找任意时间点发生的教育事件，比传统限时限地的信息传播更加灵活。学习空间场域的限制也被打破，实现了课堂与课下的跨越、校内与校外的跨越、现实生活与虚拟生活的跨越，与传统信息传播需要固定场域相比而言，更加随心便捷。

3. 传播模式的去主体性

网络信息传播模式的去主体性表现在传播过程中，主体的参与度与功能发挥层面的间接性与隐性特点。相较于传统思想政治教育面对面式的传播模式，网络思想政治教育传播具有去主体性。具体是指教育主体在网络传播过程中的主导地位、组织地位及主体地位的非显性转化。网络思想政治教育是间接发生的，教育信息总是通过一定的载体、以一定的形式展现于受众面前，是一种生活化、渗透化的信息传导。隐性教育信息蕴藏于文字、音频、视频等形式的文化载体中，具有去主体性。

4. 传播过程的开放性

基于开放式的网络社区平台，规模化的受众只要有网络硬件设备，具备一定的网络技能，均可进行网络思想政治教育。低门槛化的信息传播增大了网络受众的传播概率，即时性和互动性也为教育信息增添了开放度与透明度。网络传播方式突破了传统教育信息传播点对点、点对面的单层次、局部性的传播模式，而是多为点对点、点对面、面对面、面对点的交叉复合式进行传播，极大地提高了传播效率。因此，网络传播下的思想政治教育信息传播在网络空间中以及信息分享过程中，具有内容与时效的开放、信息透明度的开放、信息发展演变历程的开放、信息传播管理的开放等特点。

第二节　网络思想政治教育的途径与方法

一、网络思想政治教育的有效载体

（一）网站或网页

1. 思想政治教育网站

思想政治教育网站就是指思想政治教育者（网络管理者）为了达到思想政治教育的目的，利用现代电子科技技术建立的一种向人们提供包括图像、声音、动画和视频等思想政治教育信息，并与受教育者进行平等沟通交流的隐性的新的思想政治教育方式。它是思想政治教育网页的一个集合，而且是有计划、有组织、有系统的一个集合。例如，教育部开设的易班平台和中国大学生在线网站。

2. 校园网站

校园网站是高校开展思想宣传工作的重要阵地，能够利用校园官网及其他校园网站在学校的影响力开展思想政治教育工作。网络思想政治教育作为高校网络思想宣传工作的重要内容，应积极运用校园网站进行传播。

3. 互联网站

顺应大学生用网方式和习惯，熟悉大学生群体网络生活方式和交友方式，利用多种交互网站，以平等的视角和主动的心态，就共同话题与其交流沟通，产生共鸣，从而达到网络思想政治教育目的。

(二)网络课程

开办慕课、微课，利用网络资源，开设网络课程。将马克思主义理论课、思想品德课以及形势与政策课程搬上网络，利用网络渠道广播传播，提升传播效率和传播效果。开设网络课程是传统课堂和新型传播媒介相结合，线上线下双向开展，是网络思想政治教育的创新之笔。

(三)校园论坛

思想政治教育工作者一定要重视校园论坛的重要作用，积极利用这一新型载体为思想政治工作服务。要定时“潜水”进入论坛中，了解学生的思想动向，适时地参与讨论，做到及时引导学生的言论和思想。勇于纠错，敢于担当，使大学生能够在纷繁复杂的网络信息海洋中明辨是非，正确选择自己的立场。

(四)博客、微博

博客、微博传播广泛、易操作、亲和力强，容易吸引学生的兴趣。教育主体想走进大学生的精神世界就要同大学生处于同一交流平台。博客、微博能以文字、图片、声音甚至影像等多媒体形式展示出来，形象而生动，具有很强的趣味性。其内容的针对性强，相对于论坛主题繁多杂乱、缺乏深度、不够系统，导向作用不明显而言，微博内容的针对性更强。

(五)即时通信工具

从短信、飞信发展到QQ、微信等其他通信应用，即时通信工具不断革新，在大学生群体利用率也不断递增。近几年，微信作为新的沟通工具，被广泛应用，尤其在大学生群体中，基本做到全覆盖。他们几乎每天都会用到QQ、微信等，这些媒介都是网络思想政治教育重要的工作平台。利用即时通信工具实行交流和引导为大学生提供更多的交流和倾诉的空间，有利于拉近教育主体与教育客体的心灵距离，可以第一时间掌握学生的信息，能够有针对性地解决问题。

(六)App

App(应用程序)作为新兴网络媒介已经全方位地嵌入大学生的日常学习生活中，带来了思想观念和生存方式的深刻变革。当今大学生就是“App一代”，App成为大学生思想政治教育的新载体。同时，App又富有极强的交互性和融媒性，与大数据紧密联系，具有传统思想政治教育载体所不可比拟的优越性。这势必要求思想政治教育工作者重视对App载体的开发与建设。

二、网络思想政治教育的保障

(一)党中央对高校网络思想政治教育工作的重视

党中央对高校网络思想政治教育工作高度重视，在《中共中央国务院关于进一步加强和改进新形势下高校宣传思想工作的意见》专门强调要创新网络思想政治教育，开展高校校园网络文化建设专项试点工作，大力推进校报校刊数字化建设，着力培育一批导向正确、影响力广的网络名师，立足校园网站建设开办一批贴近师生学习生活的网络名站名栏，建设一支由学生和青年教师骨干组成的网络宣传员队伍，打造示范性思想理论教育资源网站、学生主题教育网站和网络互动社区，推进辅导员博客、思想政治理论课教师博客、校务微博、校园微信公众号等网络新媒体建设。另外，《中共中央国务院关于加强和改进新形势下高校思想政治工作的意见》文件中强调要加强对校园各类思想文化阵地的规范管理，加强校园网络安全管理，营造风清气正的网络环境。

(二)教育部对高校开展网络育人的支持

2017年年底教育部党组印发《实施纲要》，其中强调要充分发挥网络育人的功能，要求高校构建网络育人质量提升体系，这对高校开展网络思想政治教育提供了必要的支持与保障。《高校思想政治工作质量提升工程实施纲要》强调要大力推进网络教育，加强校园网络文化建设与管理，拓展网络平台，丰富网络内容，建强网络队伍，净化网络空间，优化成果评价，推动思想政治工作传统优势同信息技术高度融合，引导师生强化网络意识，树立网络思维，提升网络文明素养，创作网络文化产品，传播主旋律，弘扬正能量，守护好网络精神家园。

(三)高校要建设一支政治强、业务精、作风硬的辅导员网络工作队伍

辅导员是开展网络思想政治教育的重要力量，《普通高校学校辅导员队伍建设规定》(以下简称《规定》)于2017年10月1日正式实施，《规定》对高校辅导员的具体工作职责做了明确要求，其中要求辅导员应具备网络思想政治教育的工作能力。具体内容如下：运用新媒体新技术，推动思想政治工作传统优势与信息技术高度融合。

构建网络思想政治教育重要阵地，积极传播先进文化。加强学生网络素养教育，积极培养校园好网民，引导学生创作网络文化作品，弘扬主旋律，传播正能量。创新工作路径，加强与学生的网上互动交流，运用网络新媒体对学生党员发展和教育管理服务工作，指导学生党支部和班团组织建设。

第三节　网络思想政治教育的挑战

互联网时代是信息爆炸的时代，网络上充斥着各式各样的信息。在网络社会，大学生完全暴露在外界的聚光灯下，被各种意识形态所觊觎，各种社会思潮利用网络媒体灌输到大学生群体中。十九大报告指出要“加强互联网内容建设，建立网络综合治理体系，营造清朗的网络空间”。同样，在《中共中央国务院关于加强和改进新形势下高校思想政治工作的意见》文件中强调要加强对校园各类思想文化阵地的规范管理，加强校园网络安全管理，营造风清气正的网络环境。这种形势下，网络思想政治教育面临了巨大的压力与挑战。

一、大学生处理信息的能力给大学生网络思想政治教育工作带来挑战

网络技术的发展使网络信息数量呈现出几何式爆炸增长的特点，网络信息的质量表现出良莠不齐和甄选困难的状况，因此对大学生处理信息的效率提出了更高的要求。但是，大学生群体由于涉世未深，不具备处理繁杂信息的理性思维和判断能力，容易受到不良信息的蛊惑和诱导。这就要求网络思想政治教育工作者一方面需在网络信息内容上进行把控和监督，另一方面还应授之以渔，提升大学生的甄别能力。

二、复杂且良莠不齐的网络信息给大学生网络思想政治教育工作带来难题

网络文化内容复杂，囊括范围广，信息良莠不齐。而大学生思想政治教育是马克思主义意识形态教育，积极探索网络文化对马克思主义意识形态的影响，是维护马克思主义意识形态主导性的必然要求，也是大学生网络思想政治教育需要研究的重要课题。

三、网络的工具性给大学生网络思想政治教育工作提出新要求

一方面，网络是一种便于沟通传播的新技术，习惯传统教育方式的思想政治教育工作者，就要加强学习，尽快掌握。另一方面，网络的工具性与理想信念价值观相背离。网络本是方便联系的工具，却异化为束缚大众的商业性和娱乐性枷锁，导致网络上出现了以地域歧视、两性关系、明星八卦等为话题，以制造矛盾、扩大冲突、回避真相等为手段，从而吸引人们消费的现象。在这种现象的影响下，一些网络受众对国家政策、时事政治漠不关心，消解崇高、诋毁英雄的现象不断出现，影响理想信念价值的实现。

第四节　网络思想政治教育案例

一、北京师范大学马克思主义学院思修课微信公众平台

“木铎思享”是北京师范大学马克思主义学院依托北京高校思政

课张润枝名师工作室，从2015年年初开始运行的“思想道德修养与法律基础课”(以下简称“基础课”)微信公众平台，以即时的师生互动和丰富的教学形式实现思政课教学的网络延展，增强教学的亲和力和针对性，收获了很好的教学效果。

(一)工作思路

“木铎思享”以教学辅助型平台为基本定位，紧密结合课堂教学内容，借助平台推动课上课下相互配合，丰富课程形式，吸引学生主动参与，提升学生的课程获得感。

平台以互联网为介，以手机微信为媒，建设过程中时刻把握三个原则：一是突出师生互动。平台致力于构建“线上—线下”的师生互动新模式，以学生随堂提问、教师课下回答和平台推送为主要版块，配合开展师生午餐会、师生在线实时聊天等，实现教师和学生的充分交流和深度对话。二是强调话语转变。针对“95后”大学生的话语特点，平台开设“嗖说——思修说”，组织学生在教师指导下深入研究教材，在此基础上对教材和教学内容进行图文改编，用学生的话语，传递思政课的价值导向。三是紧密结合课堂。紧密结合教学内容，始终针对学生的思想困惑进行栏目设计和内容推送，与课堂教学共同构成完整、立体的教学体系。

(二)栏目设计

一是“微课堂·走在线上的亲密接触”。“微课堂”主要分为两个部分，一是师生互动的提问与回答。学生在听课的过程中随时可以通过微信平台对本节课的内容进行提问，由老师及时解答，并将回答发布在微课堂版块。自开通以来，参与提问的学生超过2000人，提出的总问题数超过5000个，推送“微课堂”40余期，点击量上万次。二是微笔记和微感悟。学生在课下可以将自己的课堂笔记和感悟发送到微信平台，平台从中择优进行推送，促进学生之间的学习交流。发送感悟的学生人数近2000人，推送“微感悟”40余期，点击量数千次。

二是“午餐会and O2O·网里网外的深情守护”。为进一步加深师生沟通，及时解答学生问题和困惑，我们设计了午餐会和O2O沟通模式。其一，每2—3周举办一次午餐会，请任课教师就自己的讲授专题，对学生疑问进行深度解答，并有目的地组织部分研究性学习小组，指导学生查找资料，深入思考。例如，党的十九大召开后，我们组织了“青年与爱国”专题午餐会，邀请教师和学生围绕青年人在中国特色社会主义新时代的使命担当展开深入讨论。其二，开展以微信社群功能为依托的师生线上即时互动，这种互动模式解决了午餐会的人数限制、场地环境等问题，符合学生在新媒体技术下的交流习惯，增加了师生互动的趣味性。

三是“嗖说·图文并茂的课程教材”。“嗖说”意为“思修说”，是由“张润枝名师工作室”“琪人琪语”网络思政工作室、北京师范大学“明德滋兰”思想引领工作室联合制作，用学生喜欢的图文方式对“基础”课教材进行解读。近期，平台带领学生自主创作了“数说十九大”系列图文作品，包括《大数据带你了解中国共产党历次全国代表大会》《数说中国共产党十九次全国代表大会开幕式》《数说改革开放以来历次党代会报告的变化》等，运用学生所喜闻乐见的图文形式将十九大精神学习生动化、具体化。

四是“微比赛·玩转课堂”。为创新课堂形式、激发学生兴趣、积极探索教改新方向，平台先后举办了“思享杯”课程大赛、演说大赛，学生就理想信念、人生价值、社会道德、爱国主义、法治思维等主题进行深入思考，并通过多种艺术形式加以呈现，充分表现出对基础课教学内容的深入理解。参与比赛的学生近2000人。

五是“活动月·深受期待的秘密约会”。平台围绕课程的相关主题开展主题活动月，如“我和我追逐的梦”“了不起的中国”“‘我爱我’心理健康月”“时光的故事”等，组织学生参与随手拍、读经典、师生面对面、微课程制作，充分调动学生参与的积极性，深化教学内容。启动了“共绘十九大”的活动，引导学生深入学习十九大精神，并将自己的体会与思考用手写手绘、图文并茂的方式表达出来，得到学生的积极响应。

（三）社会与学生对微信平台的评价反响

“木铎思享”获教育部网站专版介绍，拔得头筹，成为国内思修课微信平台的优秀代表；教育部以及《光明日报》等相关报道多次提及“木铎思享”。

自运行以来，学生们经常在推送下面热烈讨论，给予好评，如有学生评价：“丝丝入扣，句句入心，不经意间，一堂思政课上完了。怎一个好字了得。”“棒棒哒!”不知从什么时候开始，学生越来越离不开这“接地气”的思政课微信平台。从无到有，从旧到新，改版之后的“木铎思享”一直致力于打造师生互动的新平台创新思修课教学的新模式做不一样的“微”平台。①

二、大数据研究的校园官方简历系统

电子科技大学基于大数据研究的校园官方简历系统案例也被收于 2015 年教育部思想政治工作司主编的《高校培育和践行社会主义核心价值观创新案例》一书中。针对高校悄然刮起功利主义拜金主义、诚信缺失等不正之风的现象，该校大数据研究所开发出校园官

---

① 中华人民共和国教育部：《“木铎思京”微信平台　延展思政课教学》，http://www.moe.gov.cn/jyb_xwfb/xw_zt/moe_357/jyzt_2018n/2018_zt01/zt1801_gxjy/201801/t20180124_325452.html，2018-01-24。

方简历系统，从制度上将青年学生纳入社会诚信体系，培养诚信意识，从而带动整个社会信用的提升和诚信氛围的营造。具体而言，其做法主要可以分为三个部分。

一是搭建平台，铸就诚信之基。从 2014 年 5 月开始，大数据研究所工作人员展开深入调研开发出评测系统，将青年学生在校园里生活、学习、社会实践等方方面面信息记录在册。该系统中既有自动记录的数据，也有人工认证的数据，由此形成了庞大的“数据网”。经过对比分析，这些数据不仅可以完整呈现青年学生的成长轨迹，也成为“电子诚信记录单”，能够反映青年学生的可信赖程度。

二是整合平台，开启诚信之门。该系统整合了全校所有职能部门共计 85 项学生数据，接近 1 亿条记录，汇聚形成了一个信息交叉、互相印证的信息网络。具体而言，整合数据资源具有三大优势：首先，系统可以结合青年学生第一课堂的课程成绩数据和第二课堂的社会实践、社团活动的经历数据，预测考试成绩奖助学金情况、就业倾向等，促进德智体美的全面发展。其次，系统结合青年学生的课程选择、图书借阅和消费数据，挖掘个体的生活规律性，及时预警其学业困难，适时提供介入帮助，缓解心理压力。最后，系统结合线下的校园行为数据和线上网络访问数据，全方位地了解青年学生的线上和线下的思想动态，判断其言行是否一致，及时纠正“两面人”的情况。

三是利用平台，引领诚信之路。伴随诚信档案的建立和诚信度的定量化描述，该系统将根据青年学生的应聘需求和诚信程度，出具官方简历，以便为其提供有效的就业指引。由于该简历经官方认证，故可信度和有效度较高，将为毕业生提供巨大的竞争优势，也会促使青年学生树立诚信目标，效仿诚信榜样，形成校园诚信氛围的良性循环。

参考文献

[1]王仁宏，曹昆．着力推动思政课改革创新——论学习贯彻习近平总书记在学校思政课教师座谈会上重要讲话[EB/OL]．(2019-03-21)[2021-03-16]．http://opinion.people.com.cn/n1/2019/0321/c1003-30986673.html。

[2]刘洋．改革创新思政课为新时代铸魂[EB/OL]．(2019-08-21)[2021-03-16]．http://paper.jyb.cn/zgjyb/html/2019-08/21/content_523242.htm? div=-1。

[3]大力推进教育体制改革创新——论学习贯彻习近平总书记全国教育大会重要讲话[EB/OL]．(2018-09-16)[2021-03-16]．http://opinion.people.com.cn/n1/2018/0916/c1003-30296251.html，2018-09-16。

[4]韩强．“微”时代下的网络思政[EB/OL]．(2017-11-02)[2021-03-15]．http://theory.gmw.cn/2017-11/02/content_26679051.htm。

学习资料

[1]赵晶，谢磊：《学者探讨网络思想政治教育新路径新方法》，http://theory.people.com.cn/n1/2017/1117/c40534-29653308.html，2021-03-16。

[2]安佳宝，张宇：《新时代网络思想政治教育的载体创新——图解“十九大报告”走红的启示》，http://www.cssn.cn/mkszy/sxzzjy/201807/t20180709_4498779.shtml，2021-03-16。

[3]张亚丹：《加强网络思想政治教育的四个着力点》，https://www.cqrb.cn/content/2019-07/09/content_200179.htm，2021-03-16。

[4]郭鲁江：《网络文化与青年思想政治教育》，http://dangjian.people.com.cn/n1/2017/0821/c117092-29483343.html，

2021-03-16。

[5]张志芳：《加强高校思想政治教育和网络思想引领》，http://tt.cssn.cn/zk/zk_zz/201909/t20190902_4966244.shtml，2021-03-16。

[6]孔凡军，邓永华：《推进网络思想政治教育，得有这4种思维方式》，http://www.81.cn/jwzl/2017-02/24/content_7500884.htm，2021-03-16。

[7]刘润：《“微时代”高校网络思想政治教育体系构建策略研究》，http://www.jyb.cn/zggdjy/bqgz/201708/t20170831_707985.html，2021-03-16。

[8]忠建丰：《湖南大学构建网络思想政治教育新模式》，http://www.moe.gov.cn/jyb_xwfb/s6192/s133/s204/201705/t20170515_304606.html，2021-03-16。

[9]刘枫：《网络思想政治教育需要法治支撑》，http://www.rmlt.com.cn/2017/0911/494984.shtml，2021-03-16。

[10] 沈在蓉：《探索构建网络思想政治教育模式》，http://theory.gmw.cn/2017-02/20/content_23766580.htm，2021-03-16。

[11]卢岚：《网络思想政治教育：从概念建构到关联性议题审视》，http://www.qstheory.cn/llqikan/2018-11/22/c_1123750598.htm，2021-03-16。

[12]张琪：《成为网络时代“走心的思想政治教育工作者”》，http://edu.people.com.cn/n1/2017/0224/c1053-29106504.html，2021-03-16。

[13]共产党员网：《对网络思想政治教育的思考》，http://tougao.12371.cn/gaojian.php?tid=658267，2021-03-16。

[14]中华人民共和国教育部：《教育部关于加强高等学校思想政治教育进网络工作的若干意见》，http://old.moe.gov.cn/

publicfiles/business/htmlfiles/moe/s6636/201207/139888. html, 2021-03-16。

[15]张瑜：《论互联网的二重性与思想政治教育创新发展》, http://ex. cssn. cn/sxzzjypd/sxzzjypd _ ffl/201906/t20190628 _ 4926216. shtml，2021-03-16。

[16]忠建丰：《中国政法大学创新网络思想政治教育》，http://www. moe. gov. cn/jyb_xwfb/s6192/s133/s149/201612/t20161214_291929. html，2021-03-16。

[17]忠建丰：《武汉理工大学聚焦"四度"建强"易班" 推动网络思想政治教育守正创新》，http://www. moe. gov. cn/jyb_xwfb/s6192/s133/s200/201903/t20190326_375298. html，2021-03-16。

[18]刘潇翰：《华中师范大学积极构建网络思政教育新格局》, http://www. moe. gov. cn/jyb _ xwfb/s6192/s133/s201/201707/t20170706_308760. html，2021-03-16。

[19]李悦：《高校网络思政教育体系构建探析》，http://www. jyb. cn/zcg/xwy/wzxw/201703/t20170316 _ 504647. html，2021-03-16。

[20] 韩强：《"微"时代下的网络思政》，http://www. qstheory. cn/science/2017-11/02/c_1121894010. htm，2021-03-16。

第七章　安全教育与危机事件应对

第一节　安全教育与危机事件应对概述

一、安全教育的意义与内容

(一)安全教育的必要性

近年来，党和国家的高度重视大学生的安全与合法权益，大学生安全教育与管理工作已纳入社会主义法治轨道。《高等教育法》《高等学校学生行为准则(试行)》《高等学校校园秩序管理若干规定》《普通高等学校学生安全教育及管理暂行规定》《高等学校内部保卫工作规定(试行)》等法律法规中既明确了学校在大学生安全教育与管理中的行为规范，也规定了大学生在安全教育中应该享受的权利和必须履行的义务，体现了党和政府对大学生安全的高度重视。维护大学生的安全和合法权益，对大学生进行安全教育和管理，已被确定为高校各级领导的法定义务，这无疑大大推动了高校各级组织特别是保卫部门对大学生的安全教育和管理工作。各高校已按照国家的要求，逐步建立健全了大学生安全教育和管理体系。

1. 党中央高度重视安全问题

党的十九大报告中55次提到“安全”一词，在回顾“过去五年的工作和历史性变革”时强调，“我们的工作还存在许多不足，也面临不少困难和挑战。主要是：意识形态领域斗争依然复杂，国家安全面临新情况”。我国社会主要矛盾中提道：“中国特色社会主义进入新时代，我国社会主要矛盾已经转化为人民日益增长的美好生活需要和不平衡不充分的发展之间的矛盾。人民美好生活需要日益广泛，不仅对物质文化生活提出了更高要求，而且在民主、法治、公平、正义、安全、环境等方面的要求日益增长。”“新时代中国特色社会主义思想的精神实质和丰富内涵”中强调：“坚持总体国家安全观。统筹发展和安全，增强忧患意识，做到居安思危，是我们党治国理政的一个重大原则。必须坚持国家利益至上，以人民安全为宗旨，以政治安全为根本，统筹外部安全和内部安全、国土安全和国民安全、传统安全和非传统安全、自身安全和共同安全，完善国家安全制度体系，加强国家安全能力建设，坚决维护国家主权、安全、发展利益。”

2. 社会治理不断强调安全问题

“提高保障和改善民生水平，加强和创新社会治理”中也在不同章节中多次讲到“安全”。例如，“完善公共服务体系，保障群众基本生活，不断满足人民日益增长的美好生活需要，不断促进社会公平正义，形成有效的社会治理、良好的社会秩序，使人民获得感、幸福感、安全感更加充实、更有保障、更可持续。”“打造共建共治共享的社会治理格局。树立安全发展理念，弘扬生命至上、安全第一的思想，健全公共安全体系，完善安全生产责任制，坚决遏制重特大安全事故，提升防灾减灾救灾能力。”“有效维护国家安全。国家安全是安邦定国的重要基石，维护国家安全是全国各族人民根本利益所在。要完善国家安全战略和国家安全政策，坚决维护国家政治安全，统筹推进各项安全工作。健全国家安全体系，加强国家安全法治保障，提高防范和抵御安全风险能力。严密防范和坚决打击各种渗透颠覆破坏活动、暴力恐怖活动、民族分裂活动、宗教极端活动。加强国家安全教育，增强全党全国人民国家安全意识，推动全社会形成维护国家安全的强大合力。”

3. 高校工作需要改进安全问题

《关于加强和改进新形势下高校思想政治工作的意见》(以下简称《意见》)指出：“要培育和践行社会主义核心价值观，把社会主义核心价值观体现到教书育人全过程，引导师生树立正确的世界观、人生观、价值观，加强国家意识、法治意识、社会责任意识教育，加强民族团结进步教育、国家安全教育、科学精神教育，以诚信建设为重点，加强社会公德、职业道德、家庭美德、个人品德教育，提升师生道德素养。”《意见》还指出“要加强对校园各类思想文化阵地的规范管理，加强校园网络安全管理，营造风清气正的网络环境”。

4. 辅导员队伍需要掌握危机事件应对能力

《普通高等学校辅导员队伍建设规定》中讲道：校园危机事件应对。组织开展基本安全教育。参与学校、院(系)危机时间工作预案制定和执行。对校园危机事件进行初步处理，稳定局面控制事态发展，及时掌握危机事件信息并按程序上报。参与危机事件后期应对及总结研究分析。

(二)安全教育的内容

安全是个体生存与发展的基础，是评价社会环境的重要指标。按照心理学家马斯洛的需求层次理论，人类在满足维持自身生存的基本要求后，即体现出对安全的需求。整个有机体是一个追求安全的机制，人的感受器官、效应器官、智能和其他能量是寻求安全的工具，甚至可以把科学和人生观都看成是满足安全需要的一部分。一旦安全需求得不到满足，个体将陷入危险之中。个体将感到自己受到身边事物的威胁，觉得这世界是不公平的或是认为一切事物都是危险的，从此变得紧张、彷徨不安。

大学是为社会培养人才的摇篮。大学时代，是学生走向社会、独立成人的过渡阶段。在大学时代，许多学生脱离家庭的保护和父母的关照，开始融入一个新的环境，并通过增强必要的意识与提高必需的能力试图适应未来更广阔的社会环境。因此，一方面，学生在面对新的环境时会遇到各类危险，需要有针对性的引导与教育来不断增强其对危险的规避及处置的意识与能力；另一方面，在步入社会、独立承担责任之前，学生也有必要系统地接受安全教育，重塑个体安全意识与能力体系。

大学生安全教育的涉及面广泛，应与高校的一切教育活动相联系，既针对大学生学习和生活的环境，又指向大学生自身的安全意识和理解；既涉及大学安全保卫工作的职能事项，又牵扯与大学生安全相关的方方面面。

大学生安全教育的内容应该涉及以下类别与内容。

第一类是意识形态领域的知识。例如，政治安全和文化安全方面的知识，包括大学生的理想信念价值观教育、反邪教教育和国家安全教育等，目的在于防止大学生被错误、歪曲和偏颇的意识形态和价值观念影响，无法建立科学、健康、文明的思想观念，甚至犯政治错误，走上危害国家安全的邪路。

第二类是人身财产安全知识。例如，饮食、卫生、运动等方面的知识，以及对盗窃、诈骗、抢劫、传销等危害学生财产安全的违法犯罪行为的防范。其主要目的在于规避大学中常见的各类安全威胁，保障学生能够健康顺利地学习和生活。

第三类是重要专项环境安全知识。其中主要涵盖交通和消防这两类在高校校园中影响重大、内容丰富、管理严密、体系鲜明的安全工作。这两项工作从宣传、标识、预防、报警、救护、实操等方面来说，都包含学生应该知晓却又相对缺乏的安全知识。无论站在学生还是学校的角度，开展这两项安全教育都非常必要。

第四类是大学生的心理安全知识。从心态问题到感情障碍，从常见心理症候到自杀危机，大学生的心理健康已经成为影响大学生安全的重要主观因素。大学生处于独立前的关键阶段，急切需要知识和指导，来帮助他们正确面对各类心理问题，增强调节自身心理与情绪的能力，树立健康的人生观，保持良好的学习生活心态，尊重并热爱生活，为自身的健康成长奠定基础。

第五类是发展性的安全知识。例如，公共安全知识、学习实践安全知识、信息网络安全知识等。这类安全知识不仅能让现阶段的大学生从中受益，更重要的是能为大学生适应未来社会多样性、急需谋求个人发展提供保障。

第六类是大学生安全责任知识。其中包括法律知识和避免犯罪的知识等。大学生不仅要从安全教育中了解如何确保自身各项安全，更要明确应当承担的与安全相关的责任。大学生安全责任教育的目的是了解自身作为校园活动主体所应担起的安全责任，激发法律规则意识，增强道德观念和安全自觉性，知法守法，用法律手段维护自身合法权益并避免走上违法犯罪的歧路。

另外，大学生安全教育的内容还包括大学生安全技能和实践。安全技能既包括如何避免因个人行为而造成安全事故，也包括如何应对各类安全威胁和事故。这些避险、自救、应变的技能仅仅通过知识的学习无法充分获取，还要通过实践和操作巩固提高。

二、危机事件的分类及预判

近年来，高校发生突发性危机事件屡见不鲜，高校突发性危机事件的发生会直接影响学校的正常秩序，进而影响到国家和社会的稳定，尤其会对在校学生的情绪、心理、思想产生不良影响。而校园突发事件的突发性与敏感性、扩散性与活跃性、危害性与破坏性，又往往使人们措手不及，出现了被动应付的局面，高校突发性危机事件不断向高校提出挑战。

(一)危机事件的概念

依据2007年通过的《中华人民共和国突发事件应对法》第三条规定，突发事件是指突然发生，造成或者可能造成严重社会危害，需要采取应急处置措施予以应对的自然灾害、事故灾难、公共卫生事件和社会安全事件。《国家突发公共事件总体应急预案》中也明确规定突发公共事件是指突然发生，造成或者可能造成重大人员伤亡、财产损失、生态环境破坏和严重社会危害，危害公共安全的紧急事件。2009年教育部又详细制定并发布了三类教育系统突发公共事件预案，分别是《教育系统公共卫生突发类事件应急预案》《教育系统自然灾害类突发公共事件应急预案》及《教育系统事故灾难类突发公共事件应急预案》，使高校突发事件应急管理工作有据可依。

由此可以得出，突发性危机事件是指：由于客观自然环境突然发生变化或人为主观因素的原因，在一定范围内而突然引发的不以事件周围人员的意志为转移的，可能严重威胁人的生命财产安全及社会秩序，并可能带来其他不良后果的事件。高校突发性危机事件是指：在高校校园内发生的或者与高校学生密切相关的，由自然的、人为的或社会政治原因引发的意外事故，直接或间接地危及师生的生命财产安全及社会秩序，对学校或社会产生负面影响的紧急事件。

(二)危机事件特点

1. 突发性与敏感性

高校危机事件的突发性是引起学校和社会广泛关注的最重要特点之一，由于不清楚突发性危机事件发生的具体时间、地点、原因、涉及范围、类型等因素，容易造成学校措手不及，不能及时应对而无法有效处理，极易发酵使其恶化，影响恶劣。高校学生的思维活跃，朝气蓬勃，对于发生在身边的任何事情都充满好奇心和求知欲，尤其是发生在自己学校的突发性危机事件，可能会刨根问底，甚至过分揣测与遐想。

2. 扩散性与活跃性

高校一直以来都是政府、社会、大众、媒体等广泛关注的对象，一旦发生突发性危机事件，其扩散之快、之广、之大都将对学校产生不利的影响。随着互联网的广泛普及，事件通过网络进行传播和扩散都是不可控制的，加之信息传播的误差和道听途说的现象，是突发性危机事件膨胀和恶化的高发地。活跃性主要体现在突发性危机事件针对的主体是高校大学生，他们处在世界观、人生观、价值观形成和定型的重要阶段，其思维活跃、精力充沛，容易冲动，缺乏理性分析，容易受到突发性的、爆炸性的、吸引眼球的新闻的煽动和蛊惑，在大学生群体中产生蝴蝶效应，爆发更为恶劣的危机事件。

3. 危害性与破坏性

高校发生突发性危机事件，都会不同程度地对社会、学校、组织产生影响，尤其是对个人造成危害，危害性可能是人身财产损失，也可能是严重的心理阴影、形象名誉损失等，从而影响学生的前途发展甚至恶化成更严重的后果。学校发生危机事件，不可避免地会成为大众媒体、社会、家长，甚至政府关注的对象，必然会影响学校正常的教学、科研、生活秩序，威胁学校和谐有序的状况和安全稳定的环境，还可能损害学校在公众心目中的形象和名誉，对于整个学校的长远规划和前途发展造成不良影响。

(三)危机事件分类

结合2006年教育部出台的《教育系统突发公共事件应急预案》，将高校突发性危机事件划分为五种类型：自然灾害类、公共卫生类、事故灾难类、学校社会安全类、国家教育考试类及网络与信息安全类。借鉴上述学者们的论述和研究，可将高校突发性危机事件的分类如下。

1. 治安类突发事件

包括：校园内发生的致师生员工遭受严重伤害、非正常死亡等可能会影响学校稳定的事件；针对水、电、气、暖、热、油、传媒、易燃、易爆、剧毒、放射、菌种等学校政治、经济、生活要害部位的恐怖袭击与破坏捣乱活动；抢劫、强奸、凶杀、投毒、爆炸、绑架、纵火和特大盗窃等严重危害人身、财产安全可能会影响学校稳定的重特大恶性刑事案件；群体性械斗或哄砸、哄抢等可能会影响学校稳定的案/事件；其他事先无法预见的可能会影响学校稳定的重特大案/事件。

2. 事故类突发事件

包括：学校楼堂馆舍等发生的火灾事故；校园重大交通安全事故；拥挤踩踏等重大安全事故；大型群体活动公共安全事故；其他事先无法预见的可能会影响学校稳定的重特大安全事故等。

3. 稳定类突发事件

包括：校园内涉及师生员工的各种非法集会、游行、示威、请愿以及集体罢餐、罢课、群访、聚众闹事等群体性事件；各种可能会影响学校稳定的非法传教活动、政治性活动和邪教活动；其他事先无法预见的可能影响学校稳定的重特大事件等。

4. 其他类突发事件

包括：在学校应急指挥中心统一指挥下，需要突发性危机事件应急处置领导小组配合工作的突发安全生产责任事故和其他突发公共安全事件。

第二节　安全教育与危机事件应对的方法与途径

一、安全教育的方法与途径

(一)突出“三化”提升安全宣传教育能力

一是教育专题化。内容包括安全理论知识讲座，也包括模拟现场操作、应急演练等实践环节，由有经验的辅导员、安全管理专职人员、公安干警主讲，切实增强学生的安全意识和法制观念，提高其应急自救能力。

二是教育常态化。学校针对常见、易发的安全问题，实施安全教育“三个一”工程，每月一条安全提示短信，每季度一封安全常识电子邮件，每年一次消防安全宣传竞赛。

三是宣传方式多样化。学校在安全宣传工作中，要充分利用校园网、手机短信平台、闭路电视、校内报刊、社区板报、宣传橱窗等媒体资源对全校师生员工进行广泛全面的宣传教育，最大限度地普及消防法律知识和安全常识，扩大师生员工的参与度和覆盖面。

（二）调动一切积极因素，形成育人合力

高校的安全教育工作，需要社会及学校各有关部门的积极配合和大力支持。高校的每一位教职员工都有责任和义务对大学生进行安全教育，都应在各自的岗位上教书育人、管理育人、服务育人。各职能部门要协同配合、有效开展安全教育，专兼职辅导员、班主任、学工部、宣传部、团委及行政管理、后勤服务等人员都应参与到安全教育工作中，全校形成齐抓共管的局面。同时，广大学生也应以积极认真的态度接受教育。只有这样，大学生安全教育才能收到预期的效果。

（三）将安全教育纳入正规的教学管理中

首先，应建立大学生安全教育领导机构，专门负责大学生的安全教育，配备专兼职教师组织进行授课等；其次是理顺安全教育运行机制，把大学生的安全教育纳入学校整个的教学计划之中，设立学生安全教育教研室，制定教学大纲和相应的考评标准，统一排课，统一检查评估，统一考试和成绩管理，使之系统化和规范化；再次是建立和完善保证大学生安全教育顺利运行的配套制度；最后是明确大学生安全教育的基本载体，主要是系统的课堂教育与各种讲座及安全教育活动相结合，从而使大学生安全教育全面得到落实。

（四）利用已有的教学体系，强化安全教育

加强大学生安全教育，要强化教育的阵地，更新教育的手段。一方面，要发挥思想政治教育阵地的作用，利用高校思想政治教育的工作体系和优势，根据实际情况和需要，因人因事因时地进行安全教育。另一方面要发挥课堂教学的优势，在有关课程和教学环节中由任课教师结合课程内容适时对学生进行安全教育和法制教育。

(五)抓好安全教育工作队伍的建设

高校保卫部门应转变工作方向，将大学生的安全教育工作视为学校安全保卫工作的重要内容，安排专门人员进行研究。为提升高校安全教育工作人员的素质，高校要有计划地引进专业人才充实到安全保卫部门；同时对现有保卫人员不断进行业务培训，提高专业保卫队伍的安全教育能力。

辅导员队伍在高校的安全教育工作中起着至关重要的作用，高校开展的各项安全教育活动，都需要辅导员去具体组织和落实。为此，高校每学年应举办辅导员学习班，先行对辅导员进行安全知识教育和安全管理技能培训，提高学生辅导员队伍的安全素质，为高校的安全教育工作打下良好的干部队伍基础。

(六)抓住重要时间节点，针对特殊人群进行专项安全教育

对有厌学、厌世、轻生等心理问题倾向的学生，进行深度辅导、帮助和教育，避免事故的发生。对经常违反校纪校规的学生，要进行重点督促，防止因严重违反校纪校规造成安全事故。

重点时期是指易发生安全事故的特殊时期，如入学和放假前后、毕业前夕等。高校应重点抓好以下几个时期的安全教育。一要加强新生入学时的安全教育。从新生入学起就抓好安全教育，让他们尽早熟悉校纪校规，及时适应环境，增长安全防范知识，避免各类安全事故发生。二要加强节假日期间安全教育。节假日期间学生思想容易放松，易发生财物被盗、火灾、食物中毒、溺水、车祸等事故。因而，在此期间要特别强调安全问题，防止各类事故发生。三要加强学生外出实习、社会实践和毕业生离校之前的安全常识教育和防诈骗教育。例如，保卫处利用新生军训契机开展校园防盗防骗、交通安全、消防安全知识讲座，进行消防疏散演练和灭火实操；针对留学生开展

包括交通、消防安全教育讲座在内的安全教育培训课；利用“11·9”“12·2”时间节点进行消防安全检查、演习和交通安全日宣传教育活动，悬挂横幅，发放宣传材料，有效提高大学生的安全意识。

(七)广泛开展安全咨询活动

除了存在共性的安全问题，大学生的个体安全问题是千差万别的。为了对症下药，使安全教育富有时代性、科学性、针对性，还应当建立大学生安全咨询机构，开展安全咨询服务活动。安全咨询的范围包括帮助大学生依法维护自身的正当权益，依靠有关组织解决大学生面临的现实安全问题，以及通过谈心开导帮助大学生克服各种原因产生的心理障碍等。

二、构建危机事件预警应对机制

(一)危机事件应对原则

1. 统一指挥，快速反应

学校成立突发性危机事件应急处置工作领导小组，全面负责学校应对突发性危机事件的应急处置工作，形成应急处置突发性危机事件的快速反应机制，一旦发生重大事件，确保发现、报告、指挥、处置等环节的紧密衔接，做到快速反应，处置果断，力争把问题妥善解决。

2. 分级负责，分类管理

突发性危机事件后，应遵循分级负责，分类管理的原则，学校各部门要在领导小组的统一领导下(需要学校应急指挥中心处置的突发安全稳定事件应在学校应急指挥中心统一领导下开展工作)，启动应急预案，并报告学校党委、安全机关、国家安全机关单位。

3. 预防为本，及时控制

立足于防范，抓早、抓小，认真做好因民事纠纷引发的治安案件的调解工作，强化信息的广泛收集和深层次研判，对有可能影响学校突发性危机的事件，争取早发现，早报告，早控制，早解决。要把突发性危机事件控制在基层，控制在较小范围内，避免造成校园秩序的失控和混乱。

4. 系统联动，群防群控

突发性危机事件发生后，学校相关领导和相关部门工作人员要立即深入第一线，掌握情况，控制局面，开展工作。形成各级各部门系统联动，群防群控的应急处置工作格局，力争尽早、尽快、有效处置突发性危机事件。

(二)危机事件应对机制和流程

高校突发性危机事件应急处置工作机制应包括：危机预防机制、应急处置机制、善后处理机制。

危机预防机制有危机意识培养教育、制定有针对性的应急预案、预案演练和事件培训、隐患排查化解、心理危机干预、网络舆情预警、安全稳定风险评估。应急处置机制具备规范化流程：首先，发现并报警，同时报学校保卫处；其次，学校按照突发性危机事件分类迅速启动应急预案，成立组织领导小组，决策指挥事件的应急处置；再次，安全保卫人员控制现场，有针对性地果断采取应对措施，进行应急处置，争取危机最小化；最后，在应急处置突发性危机事件时，畅通信息交流渠道，寻求外界支持和援助。善后处理机制包括：网络舆情监管和引导、心理干预和抚慰、总结防范和应对的经验、实施恢复重建计划。

危机预防机制有助于防范突发性危机事件，降低其发生的概率，减少其危害和破坏程度。应急处置机制有助于修订和完善危机预防机制，指导和帮助善后处理机制。善后处理机制是应急处置机制的有效补充，其中的“总结防范和应对的经验”可以对危机预防机制较好地进行修正和完善。

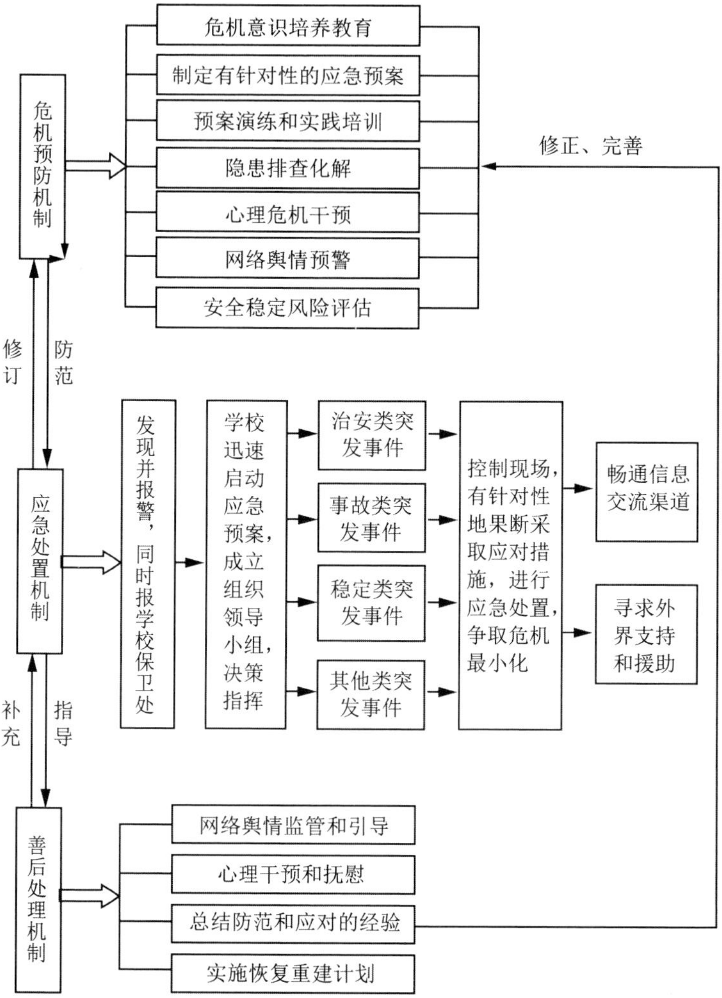

图 7-1　高校突发性危机事件应急处置流程

三、健全完善高校突发性危机事件应急处置体系，形成危机事件处理合力

坚持“抓早、抓小、抓苗头”的总体要求，防患于未然，不断提升应对突发事件的应急处置能力，提高应对突发事件和紧急救援的反应速度及协调水平，确保迅速有效地处理各类突发事件。

(一)建立预案，提升妥善处理群体性突发事件的能力

1. 完善领导预案

北京师范大学成立了突发公共事件应急指挥小组，全面负责突发公共事件的统一组织指挥。建立了校园管理长效机制，制定了《北京师范大学突发性危机事件应急预案》(以下简称《应急预案》)，统合了治安类、事故类、稳定类和其他类等各类突发事件的应急预案，成立各类突发事件的应急指挥部，落实领导责任，以便迅速有效地组织应对工作。

2. 建立分级响应机制

根据应急工作情况，《应急预案》将突发事件应急预案划分为Ⅰ级、Ⅱ级、Ⅲ级三级预案，Ⅰ级应急适用于重特大突发事件的应急，Ⅱ级应急适用于中等等级的突发事件的应急，Ⅲ级应急适用于一般的突发事件的应急。并要求学生工作干部24小时保障手机畅通，应急响应期间各单位24小时开通专线电话、自动传真，保证信息传递及时、准确。

3. 严究应急不力责任

《应急预案》明确规定，对突发事件隐瞒、缓报、谎报或者授意他人隐瞒、缓报、谎报的，依法给予主要负责人行政处分。对因应急处理不力，行动迟缓，玩忽职守，失职渎职，致使事故蔓延、扩

大的，要追究相关单位、人员的行政责任。造成严重后果的，要依法追究刑事责任。

（二）统一要求，严格落实带班值守和信息报送制度

学校高度重视敏感事件和敏感时间节点对校园稳定的影响，严格落实领导带班、24 小时值班和信息报送制度，各部门在党校办的统一协调下协同联动，健全应急队伍，准备好必要的应急物资和器材装备，及时掌握校园动态信息，及早预防群体性串联，确保将不安定因素化解在萌芽阶段。

（三）完善设备，提高学校应急处理工作效率

在校园内设置一键式智能报警平台，只需站立一按按钮，即可实现现场与保卫部门的交互直连。运用高科技完善全校智能报警系统，实现点对点多媒介的即时通报，从而第一时间直观掌握校内安全稳定状况，做出合理的应对决策。

第三节　安全教育与危机事件应对模式

一、完善机制，构建全员参与型网络舆情工作模式

学校的网络舆情监控、报告、处理等工作由学校办公室、宣传部、信息网络中心、人事处、学生处、研工部、校团委、保卫处等部门协助完成。学校办公室为网络舆情监控的领导部门，总负责舆情的处理协调事务。宣传部对网络舆情监控进行指导。学校各单位均有义务举报有害网络舆情信息。信息网络中心具体负责网络舆情

监控、报告事务。一旦发现问题或得到举报，要求按照网络舆情事件分级处置流程要求及时进行处理。人事处、学生处、研工部、校团委、信息网络中心、保卫处在发生重大舆情时要全力协助学校办公室查处相关校内、外人员。保卫处在发生重大舆情时，负责联系公安部门，全力查处相关违法人员，情节严重的要移交公安机关处理。学校要灵活应用、监控、引导与管理新媒体，积极建立校园内外舆情监控平台，并打造出一套由网管部门、保卫部门、宣传部门、学工部门以及广大师生员工全员参与的网络安全新格局，探索出一系列科学有效的校园网络安全管理新模式，全面营造文明健康、积极向上的网络育人环境。

(1)辅导员有义务举报有害网络舆情信息。辅导员要具备敏锐的网络舆情观察力和辨别力，在日常浏览网络时，识别负面报道和不良言论、热点和敏感话题，跟踪舆情信息并分析舆情信息的倾向性和发展趋势，根据舆情分析结果，及时向有关领导、部门通报信息，迅速准确地采取处置措施。

(2)辅导员要做好重点时期网络舆情工作(如重大会议、活动期间、重大事件发生期间)。重点时期辅导员要加倍关注网络信息，重点识别不良言论和敏感话题，充分发挥网络思想政治领域思想引导的重要作用，真正成为大学生的知心人、引路者。

(3)辅导员需协助学校做好网络舆情应急处置工作。发生网络舆情后，辅导员要按照学校的工作部署和要求，关注学生群体中重点人的思想动态，积极应用新媒体引导公众舆论，做好自己管辖学生群体的正确思想引领工作，避免出现负面报道与不良情绪蔓延，协助学校有效控制网络舆情，妥善处理好应急事件。

(4)做好舆情结束后事件的评估、分析、总结工作。舆情结束后，学工系统可以组织辅导员开展不同形式的座谈会、总结会等，分析舆情应急处置过程，总结工作经验，用于以后网络舆情的应对。

二、完善心理安全网络，促进平安校园建设

学校需要非常重视学生的心理健康教育和心理素质提升工作，不断创新学生工作管理体系，逐步确立“以学生发展为本”的心理素质教育理念，形成普及心理健康教育知识和理念、立体预防心理问题和危机发生、分层干预心理问题和心理危机的三大工作格局，为和谐稳定校园提供有力的保障。

(1)普及教育，全面提升学生心理素养。针对新生入学适应和宿舍关系等突出问题，做好形势与政策课的“新生适应”和“人际关系”两个模块课程教学。利用学生朋辈群体，发掘学生自助与互助的潜能，以院系生活指导室为平台，建设如“成长训练营”“雪绒花使者”等社团或团队，围绕人际沟通、团队合作、自我成长、亲密关系等主题开展积极心理取向的团体活动。广泛宣传心理咨询方式，方便学生第一时间求助。利用网络媒体平台，及时推送心理健康知识与活动资讯，传播心理正能量。

(2)积极预防，扎实构建心理安全防护网。充分发挥学生骨干(包括宿舍长、雪绒花使者)、院系生活指导室等危机防护体系作用，形成全覆盖、全方位、全员关注的心理预警体系，保证学生安全。借助新生的心理健康评估，积极约访具有潜在心理问题的学生；对存在一般心理问题的学生在访谈中提供成长性建议；对于个别需与院系进一步沟通的学生，提供辅导建议；对于评估具有潜在心理危机的学生紧追暗访，及时转入咨询干预和院系互动，有效降低心理危机的发生率。对于特殊群体，严格按照学校危机月报告制度，加强关注重点人群，尤其对情感受挫、家庭发生重大变故、抑郁症等学生，做到一事一报，急事立报，确保学生安全稳定。

(3)分层干预，高效保障学生身心安全。充分发挥雪绒花使者和

学生宿舍长工作职责，从小处微处入手帮助有心理需求的学生。利用生活指导室，定期开展面对面的深度辅导工作，从学习、生活、实践等细节入手了解和帮扶学生的困难和问题，对于需要进一步心理帮助的学生及时转介，借助院系领导和学校心理咨询服务中心力量有效帮助学生心理复原，甚至配合学校加强医校合作，避免问题恶化成为危机事件。如遇学生心理危机事件，第一时间按照学校应急方案，及时上报领导，多方协作共同参与，最大限度争取学生、家庭和学校的平安、和谐与稳定。

第四节　安全教育与危机事件应对案例

一、北京师范大学开展“国家安全教育宣传日”系列活动

(一)总体活动宣传

2019年4月15日是《国家安全法》实施后第四个全民国家安全教育宣传日。北京师范大学有关部门与北京市国家安全局联合开展了“国家安全教育宣传日”系列活动，通过多种形式的宣传教育活动，提升全校师生国家安全意识，营造良好的校园安全氛围。

学校在校园内人流密集场所设置横幅展板，发放宣传材料和纪念品，详细介绍“总体国家安全观”，普及其所涵盖的“五大要素”“五对关系”和“13种安全”。学生食堂滚动播放由国家安全部门提供的宣传动画、广告及微电影，生动地向学生讲解《国家安全法》和反间谍工作要点，大力宣传国家安全观。此外，安全微课平台上还开放了国家安全类课程，吸引了同学们自主学习相关课程并参加结课考试。

上述活动的开展，普及了国家安全知识，使国家安全意识更加深入师生心中。

(二)举办以“国家安全教育与人才培养”为主题的长城论坛

在4月15日当日，学校成立国家安全与发展战略研究院，并举办以“国家安全教育与人才培养”为主题的长城论坛，来自国家安全教育及相关研究领域的专家学者，以及北京师范大学师生代表百余人参加了会议。学校将整合优质教育资源，围绕国家安全与发展的重大实践需求、重要理论问题、重点突破领域，努力将研究院建设成为国家安全与发展战略领域极具影响的高端智库、高层次创新人才培养的重镇和大中小学国家安全教育师资培养的摇篮。

(三)举办“415全民国家安全教育日——腾讯安全课进校园”活动

4月8日，在教育部思想政治工作司指导下，由北京师范大学和腾讯公司联合主办的“415全民国家安全教育日——腾讯安全课进校园”活动在北国剧场举行。本科生工作处、保卫处负责人和来自各学部院系200余名师生代表参加了活动。

腾讯公司安全管理部李新以“从个人信息安全到国家安全”为题，为与会师生上了一堂生动的网络安全课。李新通过案例分析和课堂互动，介绍了个人信息泄露、电信诈骗等常见问题，深化大家对于个人信息安全和国家安全重要性的认识。腾讯公司安全管理部总监李海浩介绍了腾讯公司对于提高网络信息安全的重要举措，倡导大学生要保护个人信息，树立信息安全意识，努力成为国家安全的守护者。

北京师范大学历来高度重视学生安全教育与管理工作，以保障学生安全、维护学生利益为首要工作原则，坚持集体教育和自我教育相结合，通过开设大学生安全教育课程与讲座、举办大学生安全知识竞赛等活动、成立校园安全信息员队伍等举措，培养学生的安全意识和担当精神。学校也以本次活动为契机，继续丰富安全教育的内容和形式，将个人安全、校园安全和国家安全紧密结合，将国家安全教育纳入教育培养体系，帮助大学生不断提高信息素养，强化国家安全意识，凝聚并提升全校安全稳定共识。

二、北京师范大学化学学院成功举办“化学安全月”系列活动

为了深入贯彻落实“安全第一，预防为主”的方针，扎实开展好化学学院安全教育活动，化学学院以“关注安全，关爱生命”为主线，突出“安全伴我做实验”的主题，通过形式丰富、内容严谨的安全教育系列活动，提高化学学院全体学生对化学实验安全的重视。

(一)安全知识竞赛

为进一步在研究生中普及安全科研知识，加强安全科研教育，不断提高学生的安全意识和自我保护能力，实现“安全实验、和谐科研”的目标，学院举办了安全知识竞赛。通过初赛(全员参与)、复赛(挑选竞赛选手)、决赛(安全知识竞赛)，引起本院学生对安全问题的高度重视，激励广大学生认真学习安全实验知识，在竞赛中互相激励，共同进步，在学院内营造良好的学习氛围。

(二)安全知识“微”推送

为增强化学学院研究生的实验室安全意识，提升安全知识与技能，提高实验室安全管理水平，构建平安和谐的校园环境，学院利用充分发挥新媒体灵活有效、针对性强的优势，发表了《实验室安全宣传小知识》《使用有毒药品安全操作规程》《化学药品的使用安全》等

8期化学实验安全知识微信推送，将安全科研的知识与技巧巧妙编排，进行点对点推送，让学生利用碎片化时间掌握安全知识。

(三)安全手册作“教材”

《化学实验室安全手册》是化学实验教学中心针对化学学院的具体情况编写的，以介绍化学实验室常见安全知识为主要内容的手册。本活动以《化学实验室安全手册》为素材，并且号召进入实验室工作、实验和研究的人员务必遵守手册中学校及实验室各项规章制度和仪器设备的操作规程，丰富学生安全知识，使学生养成良好实验习惯，增强应急救援能力。同时制作安全知识海报和易拉宝，放置在化学楼醒目的位置，让学生牢固树立“时时讲安全，处处讲安全”的安全思想。

(四)系列安全知识讲座及灭火实操演练

为了帮助学生更好地掌握基本安全知识，特邀请在化学实验室安全方面的专家蒋福宾(教授级高级工程师)、李品廉(院办主任)、庞家玭(依拉勃中国华北区主管)为化学学院研究生进行两场专业培训，以系统深化化学学院研究生对安全实验的认识。另外，化学学院还结合实际情况，组织一次灭火实操培训，让同学们将理论应用于实践，确保关键时刻能够沉着冷静应对火灾，最大程度保证人身财产安全。

学习资料

[1]中华人民共和国教育部：《制订〈教育系统突发公共事件应急预案〉》，http://old.moe.gov.cn//publicfiles/business/htmlfiles/moe/moe_1422/201209/142438.html，2021-03-16。

[12]北京师范大学保卫处：学校开展“国家安全教育宣传日”系

列活动，http://bwc.bnu.edu.cn/gzdt/211586.html，2021-03-16。

[3]北京师范大学本科生工作处、保卫处：北师大举办全民国家安全教育日活动，https://www.bnu.edu.cn/zhxw/87241.htm，2021-03-16。

[4]北京师范大学化学学院：化学学院成功举办“化学安全月”系列活动，http://www.chem.bnu.edu.cn/xstd/159699.html，2021-03-16。

[5]刘博超：《多措保障校园安全为学校松绑》，http://news.gmw.cn/2017-05/05/content_24387684.htm，2021-03-16。

[6]吴春燕：《校园安全立法刻不容缓》，http://epaper.gmw.cn/gmrb/html/2013-11/08/nw.D110000gmrb_20131108_1-06.htm? div=-1，2021-03-16。

[7]贾敏杰：《安全教育进校园》，http://epaper.gmw.cn/gmrb/html/2018-10/14/nw.D110000gmrb_20181014_2-06.htm，2021-03-16。

[8]郭娇：《实验安全：高校不可懈怠的红线》，http://epaper.gmw.cn/gmrb/html/2019-02/19/nw.D110000gmrb_20190219_1-15.htm，2021-03-16。

[9]黄蓉生：《文化自信与高校意识形态安全》，http://epaper.gmw.cn/gmrb/html/2016-12/11/nw.D110000gmrb_20161211_1-06.htm，2021-03-16。

[10]向娴华：《文化自信是高校意识形态安全思想长城》，http://dangjian.gmw.cn/2019-06/20/content_32934084.htm，2021-03-16。

[11]徐皓：《首次开展一流网络安全学院示范高校评选》，http://news.gmw.cn/2017-09/10/content_26099984.htm，2021-03-16。

[12]罗理章，岳梅：《精准发力维护网络意识形态安全》，http://www.dyzx.sdnu.edu.cn/info/1014/4727.htm，2021-03-16。

[13]樊未晨：《教育部部长陈宝生：做好校园安全要狠抓考核问责整改》，http://legal.gmw.cn/2019-03/04/content_32598652.htm，2021-03-16。

[14]张雷生：《高校实验室安全重在预防》，http://edu.people.com.cn/n1/2019/0409/c1006-31020029.html，2021-03-16。

[15]杜晓：《高校安全教育需要更新升级》，http://m.people.cn/n4/2016/0906/c25-7526721.html，2021-03-16。

[16]黄蓉生：《文化自信与高校意识形态安全》，http://theory.people.com.cn/n1/2016/1211/c40531-28940196.html，2021-03-16。

[17]人民网：《抓紧抓牢抓实 新疆强化高校安全稳定工作》，http://xj.people.com.cn/n2/2016/0904/c188514-28945342.html，2021-03-16。

[18]于小珊：《用安全教育为学生保驾护航》，http://js.people.com.cn/GB/n2/2018/0111/c360298-31132938.html，2021-03-16。

[19]陈宝生：《把校园建成最阳光、最安全的地方》，http://edu.people.com.cn/n1/2018/0302/c1006-29842662.html，2021-03-16。

[20]李群：《坚守高校思想阵地 筑牢安全生产防线》，http://unn.people.com.cn/GB/n1/2016/1213/c14717-28945524.html，2021-03-16。

[21]杨三喜：《高校应绷紧信息安全这根弦》，http://edu.people.com.cn/n/2015/0522/c1053-27042692.html，2021-03-16。

第八章　职业生涯规划教育

第一节　职业生涯规划教育概述

职业生涯规划是指个人对其一生中与职业相关的认知、行动等一系列连续性过程的分析与管理。这一过程是在个人因素与社会因素交互作用下逐渐形成的，贯穿于整个人生发展期。

社会转型背景下，就业市场日新月异。这对大学生而言既是机遇，也是挑战。当代大学生能够通过多种途径迅速接触到各类新鲜事物，这为大学生职业选择多样化提供了可能。但与此同时，尚不具备系统判断与管理能力的大学生们或许会陷入茫然与焦虑的泥沼中。部分同学甚至会怀疑自己，为何面对多种多样的选择却无法规划好自己的人生。为此，各高校陆续开展职业生涯规划教育工作，引导大学生将自我认识、自我实现同职业发展有机结合。

一、职业生涯规划教育的理论发展

早在19世纪末，欧美国家就陆续完成了资产阶级革命。这一工业化进程催生了高度分化的社会结构，构建了庞大而细致的分工体系。与此同时，伴随着自由劳动力市场的形成，人们逐渐获得了自由选择职业的权力。各国建立的教育制度承担了社会筛选功能，在理想的状态下，使人们自然地流向不同职业岗位。然而，彼时经济危机与战争席卷欧美大陆，劳动力供需机制失调。于是，职业生涯规划问题成了学术界长期关注的话题之一。历经了百年发展，职业生涯规划大致可以分成三个相辅相成的理论体系：匹配理论、发展理论与社会学习理论。

(一)匹配理论

在匹配理论中，学者针对人与职业做出了不同概念界定，提出了不同的测量方式，探讨了人的特质、需求等心理结构与职业的类型、环境等社会结构之间的横向匹配。这种横向匹配大都呈现出静态特征，强调某一特定时间的人职匹配，在一定程度上忽视了人类生命历程的连续性与动态过程。这一理论体系包括帕森斯提出的特质因素理论、霍兰德的职业兴趣理论等。帕森斯指出，特质意指个体的态度、价值、能力等心理结构，而因素则指择业条件、个体知识与职业需要的契合度等。于是，人们在选择职业时应遵循以下三大原则：了解自我、了解职业、匹配自我与职业，即平衡特质与因素。霍兰德进一步提出了六类职业兴趣类型，分别是实际型、调研型、艺术型、社会型、企业型和常规型。

(二)发展理论

匹配理论至少存在两点预设：第一，人的心理结构是较为稳定的；第二，职业被视作较为固定的某项工作。然而，职业应被视为“一个人一生一系列连续的生活过程(careers)”①。在不同生命阶段中，人的自我认同与职业认同会伴随着心理结构的发展而不断变化。于是，学者们基于发展心理学提出了职业生涯发展理论，探讨不同生涯发展阶段的职业角色及其任务。该理论体系考察了人们动态的择业心理与行为，并将职业生涯规划纳入自我意识形成发展的生命历程中，延展了匹配理论的时空边界，主要包括舒伯的生涯彩虹图、施恩的职业锚理论等。在舒伯勾勒的彩虹图中，人的职业生涯发展大致包含成长(0～14 岁)、探索(15～24 岁)、建立(25～44 岁)、维持(45～64 岁)、退出(65 岁以后)五段历程。而在每个阶段中，人们实际上又经历了“成长—探索—建立—维持—退出”的循环过程。于是，彩虹图呈现出锯齿交错的形态。而施恩认为，人在不同生命阶段做出职业决策时会围绕一个核心价值展开，即职业锚。这亦是自我认识的形成与发展过程。他把职业锚分为了技术型、管理型、自主型、安全型、创业型与服务型六类，将匹配理论与发展理论紧密地结合起来。

(三)社会学习理论

伴随着知识经济时代的来临，信息数字化与全球化发展重构了原有的社会分工体系与职业结构，人们的生活方式与价值观念也发生了极大变化。随着职业结构更迭，职业间的边界也逐渐变得模糊，人们对多元文化的适应、学习能力日益成了劳动力市场筛选的重要指标。在此背景下，学者将环境因素纳入职业生涯规划研究中，社会学习理论体系应运而生。相较于前两者，社会学习理论体系认为职业决策并非人与职业间的封闭关系，而应是人、行为与环境的开

① 高红霞，陈敏云，皮凤英：《大学生职业生涯导论》，上海，复旦大学出版社，2015。

放系统。正是如此，它能够将前两者灵活地整合起来，具有强大的理论解释力与生命力。在班杜拉社会认知理论的基础上，该理论体系主要包括了克朗伯兹(Krumboltz)的社会学习理论、彼得森等人的认知信息加工理论(CIP)等。其中，克朗伯兹指出，个人因素与社会因素共同决定了人们的职业选择，具体包括遗传因素和特殊能力、环境因素和事件、学习经验、任务取向的技能四类相互作用的因素。而认知信息加工理论解释了人们在做出职业决策时运用信息的过程：包括自我认知与职业知识在内的认知结构，分析、整合、价值判断在内的信息加工，设计、调整、监控在内的执行加工。

二、职业生涯规划教育的主要内容

(一)大学生就业指导

1. 大学生就业政策的历史沿革

我国高校毕业生就业政策大致分为以下几个阶段：20 世纪 50 年代到 80 年代中后期处于指令性计划分配阶段，这一阶段，全国各高校统一招生、统一分配；20 世纪 80 年代中后期到 90 年代后期为过渡阶段。这一阶段，大学生就业派遣制度开始改革，学生上学自己缴纳部分学费，多数人实现自主择业；21 世纪以后，实行高校毕业生“市场导向、政府调控、学校推荐、学生与用人单位双向选择”的就业机制。逐年激增的毕业生人数使得自 2013 年便有史上最难就业季的称呼，而 2019 届全国普通高校毕业生就业创业工作会议报告显示，2019 届全国普通高校毕业生已突破 800 万大关，预计达到 834 万人。当前大学生就业形势复杂严峻，我们应当落实好就业优先战略，运用好积极的就业政策，助力毕业生实现更高质量的就业。

2. 毕业生的就业指导服务

招生、培养和就业是高校人才培养的三个重要环节，招生是基础，培养是关键，就业是保障，三者相互影响、相互制约。加大就业指导力度，完善就业指导服务，建立招生、培养、就业良性循环机制，可以有效提升毕业生综合竞争力。就业，事关广大学生及其家庭切身利益，《普通高等学校辅导员队伍建设规定》第五条第八款规定，辅导员要“为学生提供科学的就业指导以及相关服务，帮助学生树立正确的就业观念，引导学生到基层、到西部、到祖国最需要的地方建功立业”。因此，有效的就业指导不仅可以最大限度弱化人才培养“同质化”，还可以最大程度提升毕业生就业能力与社会需求的匹配度，帮助毕业生实现职业生涯良性发展。

(二)创新创业指导

1. 创新创业教育概述

创业的概念有广义和狭义之分。狭义的创业指创办新企业，英文是“start-up”一词；广义的创业指开创新事业，英文是“entrepreneurship”一词，此时创业更能体现人类的创新精神和创造能力。已有研究表明，创新创业教育能提升创业者的知识和能力，促进创业团队的长远健康发展。因此，创新创业教育对学生创业具有深远的意义和不可忽视的作用。①

创新创业教育既强调开发学生的创新精神和创造性思维，也注重提高学生的综合素质和实践能力。② 其终极目标在于使学生能够独立自主地发现并解决问题，指导学生能适应社会生存、自主择业、

---

① 胡桃，沈莉：《国外创新创业教育模式对我国高校的启示》，载《中国大学教学》，2013(02)。

② 李家华，卢旭东：《把创新创业教育融入高校人才培养体系》，载《中国高等教育》，2010(12)。

自谋职业。[1] 基于上述创新创业教育的实践性需求，辅导员开展创新创业教育不能只用理论教学法，还需组织各类创新创业教育实践，促使学生从被动接受知识转换为主动运用知识。

辅导员承担了对学生开展创新创业教育的职责，具体包括培养学生的创新思维、创业意识和创业能力。辅导员要将创新创业教育纳入日常工作，增强自身双创教育业务能力，运用多渠道、建立多维度构建创新创业教育理念，使其进课堂、进头脑。

2. 创新人才培养理念

辅导员要树立创新型人才的培养理念，为学生营造积极的创新创业氛围，指导学生完成创业实践。辅导员需要打破对于创业教育的刻板印象，贯彻“岗位创业新理念”，引导学生在工作中保持创业心态，鼓励学生在日常工作中创立人生事业。同时，辅导员还要注重将专业教育与创业教育相结合，指导学生在专业领域开展创业实践，充分利用当代大学生所学的专业知识，引导学生在创业过程中发挥专业能力。

(1)培养大学生创新创业意识。

教育部在《对十二届全国人大四次会议第 7724 号建议的答复》中针对“关于深化高校创新创业教育营造大学生创业环境的建议”指出，不断完善人才培养质量标准，把创新、创业和创优的精神内容作为人才培养的重要目标，培养新一代全面发展的开创型人才。当前，大学生的创新思维和创业能力不足是我国高校人才培养中最大的问题。[2] 这源于长期以来，我国的传统教育模式侧重理论知识，缺乏实践教育探索，学生习惯接受教师和书本传递的观点和结论。因此，

---

① 石国亮：《时代推展出来的大学生创新创业教育》，载《思想教育研究》，2010(10)。

② 黄兆信，王志强：《论高校创业教育与专业教育的融合》，载《教育研究》，2013(12)。

学生欠缺批判性意识和创新性思维，学生不敢提出问题也不敢挑战权威。

因此，辅导员在开展创新创业教育工作时，要引导大学生正确认识自己，让大学生树立新时代的创业理念和创新精神。第一，要强化大学生的主体意识，发挥主观能动性；第二，要树立大学生的竞争精神，培养核心竞争能力；第三，要培育大学生的团队合作意识，积极开展交流合作；第四，要培育大学生敢为人先的精神，鼓励大学生勇敢挑战，积极承担责任。

(2)提升大学生创新创业能力。

创新创业能力是大学生综合素养和创新精神的深度融合，具体包括问题解决能力、危机处理能力、团队领导力和组织协调能力等多个维度。培育大学生的创新创业能力与实践活动密不可分，辅导员在开展创新创业教育的过程中，可以组织开展社会实践活动来培养大学生的创新创业能力。具体来说，辅导员可以组织大学生开展可激发创新思维的讨论活动，建立大学生创业协会等学生团队，指导大学生参加创业大赛等实践活动。辅导员在开展创新创业教育时，既要充分发挥学生的主观能动性，又要辅以追踪与指导，帮助大学生提升创新能力。

(3)思想政治教育促进双创教育。

辅导员在开展创新创业教育时要充分结合思想政治教育的育人理念，注重培养大学生的人格品质、思想素质和道德素质。首先，要树立创新创业教育是“关乎国家、关乎社会、关乎个人”的思想观念，培养大学生的社会责任感，以此来激发大学生的创新创业热情。其次，要增强大学生的创新创业法制意识，使大学生在创业过程中，既遵纪守法又能利用法律手段来维护自身权益。最后，要培养大学生高尚的道德情操和品德修养，辅导员引导大学生开展利人利己的创业项目，促使大学生在创业实践中养成诚实守信、自强自律的好习惯。因此，辅导员要引导大学生将思想政治教育的基本道德规范内化为自我约束的要求，并且通过创新创业实践外化为实际行为。

第二节　职业生涯规划教育的基本方法

一、大学生就业准备教育

如今，全国应届毕业生人数逐年增长，大学生早已不再是求职大军中最具优势的群体。俗话说，“凡事预则立，不预则废”，若想拿到优质用人单位录用函，就需要在求职前做好充分的准备。

(一)合理定位，确定目标

求职目标是指引大学生择业的重要依据，也是职业生涯规划的重要组成部分。很多大学生认为自己接受了四年、七年甚至十年的高等教育，找到工作不是一件困难的事情，甚至觉得广撒网才能多捞鱼，因此而消耗了大量的时间和精力。举例而言，当前很多用人单位都要求求职者进行网申，而每家用人单位的网投系统不尽相同。申请者每次都要重新填报，更有甚者在网申成功后还需进行智力测试。假如一名毕业生一天有 8 小时坐在电脑前，他可能需要花费一半以上的时间进行网申。如果简历通过初筛，当面试季来临时，更是会分身乏术，奔波于求职之路。究其原因，非常重要的一点就在于他们没有客观、合理地对自己进行分析定位，不知道自己适合从事哪一类职业，不知道应聘的岗位需要什么样的能力，也不能理性判断自己处于求职金字塔中的哪个层级，以至于他们盲目地投简历、找工作。为此，辅导员要在毕业生在求职之前引导他们对自己进行全面的分析，明晰自身优势、兴趣、特点等，并合理设定求职目标，避免盲目从众。

（二）搜集信息，有效鉴别

就业不仅仅是毕业生综合实力的比拼，也是信息获取能力的较量，大学生搜集到的招聘信息质量的高低关系到就业去向的好坏。因此，作为大学生求职就业的基础，收集到的招聘信息越多，代表可供自身选择的岗位越多，更能帮助自己做出更准确的决策。这里的信息不仅仅是指单位的招聘信息，还包括就业形势、就业政策、岗位供需情况等。辅导员可以建议大学生从如下几条路径收集信息：各个高校就业指导中心官网、公众号，官方发布的招聘信息真实可靠，校招信息面向高校应届毕业生，针对性强，录用率高；家人、朋友、老师、同学等身边的人分享推荐，该方式利于毕业生更为详尽地了解招录单位，且更为省时高效；各级教育行政主管部门、人才市场、招聘网站等途径获取就业信息，招录单位性质及行业丰富，但用人单位良莠不齐，需要毕业生仔细筛选。例如，2017 年李文星案，再一次敲响了毕业生谨慎筛选招聘信息的警钟。李文星在求职季通过互联网招聘平台找到工作，至单位报到后与亲友失联，后经警方查证确认其误入传销组织并因逃离传销窝点被害致死。该案例说明当前虚假招聘信息依然大量存在，大学生在收集就业信息时，需要时刻保持警惕，谨慎鉴别，避免权益受到侵害。

（三）了解需求，制作简历

简历作为毕业生求职过程的“敲门砖”，在招聘者以秒为计数单位的扫读筛选模式下，如何通过简历获得面试机会对成功求职至关重要。一般来讲，应届毕业生个人简历应控制在一页纸，其内容包括：基本情况、求职意向、教育背景、个人经历（科研经历、实习实践经历)、荣誉奖励、职业技能等模块。通常，毕业生在撰写个人经历部分时，会习惯于将各段经历总结成工作职责概况，如“负责日常会议通知或负责数据统计”等。试想，招聘专员尤其是专门负责某一类岗位的招聘专员，日复一日地反复翻阅简历时，若看到类似表达是极其乏味的。所以，学会借用细节描述来展现自己与众不同的一面，表明工作成果展示个人的可迁移技能至关重要。

因此，辅导员在帮学生修改简历的过程中，要注意如下要点：第一，以行动为导向。每个要点，每句表达，尽可能让学生以“制定、首创、研发”等动词开头，将日常工作细化。这样不仅可以加强语气，还能让个人经历变得更具说服力。第二，让学生用工作成果突显个人能力。每个大学生都有着相同或者类似的生活、实践经历，良好的工作成果可以更好地展现毕业生的与众不同。例如，首创某制度、办法，并取得良好改革效果，所撰写报告被采纳、公开发表等。还有，让学生注重用数字或者量化指标表明工作范围，展示工作成果。例如，“活动覆盖 2000 余人”“获得 3 万元活动赞助费”等。第三，基于人岗匹配原则，毕业生需做到针对应聘岗位的招聘要求，适当删减、修改个人经历，打造有针对性的简历。当然，有些同学实习实践经历有限或种类单一，那些看似与招聘要求无关的经历亦可以通过转变描述重心来体现应聘岗位所需求的能力。必要时，还可以将自己的优势写在简历的醒目位置或予以加粗，以提高简历被选中的机率。第四，也是最为重要的一点，就是在制作简历的过程中，务必叮嘱学生确保简历内容的真实性并牢记简历上所提及经历的每一个细节。如若毕业生在个人简历中夸大描述、弄虚作假，一旦被用人单位在审核过程中发现，不仅人品会被质疑，过往努力付诸东流，甚至可能因此承担相关法律责任。所以，简历虽然可以借助表达技巧更好地展示自我，但其内容一定要真实。

(四)储备能力，沉着应对

用人单位通常在简历初筛后通知求职者进行笔试、面试。当前，笔试主要是机考或纸考两种形式，考试内容大多涉及企业文化、行测、申论、行业知识、专业知识、英语、时事政治等。当然，各单位笔试风格、考试范围各不相同，建议毕业生通过浏览网络论坛或咨询前辈，掌握心仪单位的笔试套路，汲取备考经验。而用人单位在面试环节主要考核大学生的仪表仪态、职业素养、通用技能、稳定性、抗压性等方面的内容。依据标准化程度可将面试分为结构化(常见于公务员面试)、非结构化(如聊天式问答)以及半结构化(如无领导小组讨论)面试三类。

在面试前，学生要做好充分、细致的准备，针对即将面试的单位和岗位进行专项学习。准备内容包括：1～5分钟英汉双语且逻辑清晰的自我介绍，表述内容与岗位相关，简洁而又别具一格的介绍往往是面试官所青睐的；回顾好简历中提及的每一个细节，并根据简历设想面试官可能提出的问题，做好清晰、合理的对答；选择得体大方的衣着，找寻其他准备工作面试的伙伴组团进行模拟面试。通过练习克服畏难心理，做到自信大胆的表达，从而给面试官留下较好的印象。在面试后，建议及时总结面试经验，为自己下一次面试积累经验。大学生的就业准备还有很多，需要将长期积累和短期突破相结合。辅导员肩负重担，需要做好同学们成长路上的引路人，助力同学们放飞梦想，实现理想去向。

二、毕业生就业工作

(一)开拓就业市场，提高就业求职机会

为毕业生推送优质、多样的就业资源是就业服务工作的基本任

务。为优化毕业生就业结构，就业工作者需在巩固所在高校或学院传统优势就业领域基础上，积极为毕业生在其他领域就业谋求一席之地。不断深化与各类用人单位的合作，举办不同层次、不同行业的招聘会、宣讲会，逐步打造精细化的就业活动体系，为学生提供丰富、高质量的就业岗位。

（二）搭建信息化平台，提供精准就业服务

在国家提出“互联网＋就业”新模式的要求下，在实现精准就业服务的大背景下，做好信息化平台建设至关重要。搭建就业服务平台，做好毕业生求职意向调查，及时掌握学生就业需求及求职动态，方可精准推送就业信息，开展就业服务。通过使用微信公众号平台、就业信息网、就业工作微信群、印制指导手册等线上线下相结合的形式解读就业政策，推送宣讲会和招聘会信息，分享求职经验，开展就业指导咨询等。

（三）完善就业指导体系，系统培养社会英才

负责就业工作的辅导员老师，一方面需做好面向低年级学生的生涯规划意识唤醒工作，引导低年级同学提早做好大学生活规划；另一方面需要做好面向高年级同学的就业形势分析、求职能力培养工作，帮助毕业生迈好走向社会的第一步。指导工作可以通过工作坊、主题讲座、企业游学、一对一个性化咨询、团体辅导等方式开展，指导内容将社会需求与本校本院人才培养计划有机结合，做好职业能力培养前置，提升指导质量。服务对象方面，随着毕业生就业难度的逐年提升，就业工作者需要秉承“离校不离心，服务不断线”的工作态度，扩展就业服务对象，将离校未就业毕业生纳入服务范畴，做好追踪及摸排统计，深入了解学生的就业意愿和就业困难原因，力争将就业指导与帮扶落到实处。

三、创新创业教育

辅导员在创新创业教育中需要为学生提供创新创业指导服务，具体职责包括为学生评估创业机会与风险、搭建创业资源平台和提供创业咨询指导。

(一)创业机会与风险评估

1. 创业机会评估

创业机会是整个创业过程的起点，也是整个创业过程的核心。创业机会的识别决定了创业过程是否能顺利开展，创业机会的评价影响了创业活动的成功与否。辅导员在开展创新创业指导时，需要帮助学生评估创业机会。创业机会的识别和评估分为四个阶段：第一阶段是从一般问题到创业问题的评估，第二阶段是从创业问题到解决方案的评估，第三阶段是从解决方案到产品设计的评估，第四阶段是从潜在创业机会到创业机会识别的评估。创业机会评估可以采用 PEST 分析法和 SWOT 分析法。

2. 创业风险评估

风险存在于创业实践过程的方方面面，将以不同的形式出现。辅导员需要在日常创业指导中，帮助学生运用科学的方法识别创业项目风险，降低试错成本。同时，对处于创业初期且风险较大的实践项目要采取干预措施，及早叫停。有效的风险管理过程主要包括四个步骤：风险识别、风险评估、风险措施实施、制定检测预警信号。

(二)搭建创业资源平台

1. 搭建创业融资平台

大学生创业者往往缺乏启动资金和公司发展资金，创业团队需要通过不同渠道、采用不同方式筹集资金。辅导员在创业指导工作中，需掌握基本的融资方法，根据学生创业项目不同发展阶段的资本需求特征，结合创业计划和企业发展战略，合理确定资本结构。首先，辅导员可以引导学生积极参加校内外组织的创业投资型路演、创业大赛等社会性融资活动。其次，辅导员可以帮助学生对接引荐学校基金会、校外融资机构和天使投资人。另外，辅导员还应指导学生充分利用政府和社会对大学生开展的专项政策支持，鼓励学生申请创业扶持资金和投资。

2. 搭建创业团队平台

创业团队的组成和管理是影响项目发展的决定性因素。学生创业团队普遍存在初期组建团队难和后期管理成本高的问题，学生团队还有人员流动性大、兼职创业人员占比高和学生心态不成熟等问题，因此具有较高的团队风险。辅导员需要在学生创业初期，帮助学生合理科学地组建并管理团队。辅导员可以运用学生社团管理模式，在院系组建学生创业互助团体，为有创业意向的同学搭建交流的平台。辅导员还可以组织学生开展多样创新创业活动，定期举办创新创业类比赛和主题性讲座，提供创业项目咨询服务，为创业团队营造更好的创业氛围。此外，辅导员需要对处于创业初期的团队实施跟踪性指导，了解学生创业团队的人员分工与管理，帮助创始人运用科学的方法组建一支合理、科学、稳定的初创团队。

(三)创新创业指导

指导学生撰写商业计划书是辅导员在创新创业工作过程中的核心任务之一，商业计划书是学生在创业项目初期的思路梳理和计划呈现。一份好的商业计划书将极大降低初创项目的试错成本，商业计划书也是学生创业项目参加大赛、申请相关扶持资金的敲门砖。

商业模式是商业计划书的核心，辅导员需要基本掌握商业计划书的组成要素与指导方法。根据慕尔雅提出的“精益画布”，一个完整的商业模式包含问题、解决方案、关键指标、独特卖点、门槛优势、渠道、客户群体分类、成本分析、收入分析 9 个部分(见表 8-1)。辅导员需帮助学生创业者科学梳理，分析设计各组成模块。

表 8-1 “精益画布”商业模式九部分构成要素

<table>
<tr><td rowspan="2">问题：
此项目需要解决的三个问题</td><td>解决方案：
产品最重要的三个功能</td><td rowspan="2">独特卖点：
用一句简明扼要但引人注目的话阐述产品的不可替代性</td><td>门槛优势：
无法被对手轻易复制或者购买的竞争优势</td><td rowspan="2">客户群体分类：
目标客户</td></tr>
<tr><td>关键指标：
应考核哪些东西</td><td>渠道：
如何找到客户</td></tr>
<tr><td colspan="3">成本分析：
争取客户所需花费、销售产品所需花费、网站架设所需费用、人力资源费用</td><td colspan="2">收入分析：
盈利模式、客户终身模式、收入、毛利</td></tr>
</table>

第三节　职业生涯规划教育的政策解读

一、大学生就业政策

(一)关于高校毕业生西部基层就业政策的解读

《国务院关于做好当前和今后一段时期就业创业工作的意见》《中共中央办公厅　国务院办公厅印发〈关于进一步引导和鼓励高校毕业生到基层工作的意见〉的通知》《中共中央组织部　人力资源社会保障部等五部门关于印发高校毕业生基层成长计划的通知》等文件规定了高校毕业生在基层工作的鼓励性政策，主要涉及如下方面内容。

1. 学费补偿和国家助学贷款代偿政策

为引导和鼓励高校毕业生面向中西部地区和艰苦边远地区基层单位就业，《国务院关于进一步做好新形势下就业创业工作的意见》《关于调整完善国家助学贷款相关政策措施的通知》《财政部、教育部关于印发〈高等学校毕业生学费和国家助学贷款代偿暂行办法〉的通知》等文件规定，高校统招统分毕业生到中西部地区、艰苦边远地区和老工业基地县以下基层单位就业、履行一定服务期限[一般为三年以上(含三年)]的，按规定给予学费补偿和国家助学贷款代偿。在校学习期间获得国家助学贷款(含高校国家助学贷款和生源地信用助学贷款，下同)的，补偿的学费优先用于偿还国家助学贷款本金及其全部偿还之前产生的利息。

(1)中西部地区和艰苦边远地区的界定：

西部地区是指西藏、内蒙古、广西、重庆、四川、贵州、云南、陕西、甘肃、青海、宁夏、新疆等12个省(自治区、直辖市)。

中部地区是指河北、山西、吉林、黑龙江、安徽、江西、河南、湖北、湖南、海南等10个省。

艰苦边远地区是指除上述地区外，国务院规定的艰苦边远地区。

(2)基层单位的认定：

文件所指基层单位是中西部地区和艰苦边远地区县以下机关、企事业单位，包括乡(镇)政府机关、农村中小学、国有农(牧、林)场、农业技术推广站、畜牧兽医站、乡镇卫生院、计划生育服务站、乡镇文化站等，或者工作地位于中西部地区和艰苦边远地区县以下的气象、地震、地质、水电施工、煤炭、石油、航海、核工业等中央单位艰苦行业生产第一线。

(3)补偿、代偿对象及金额：

毕业时自愿到中西部地区或艰苦边远地区基层单位工作，服务期在3年以上(含3年)的应届高校毕业生可以申请学费补偿或国家助学贷款代偿。申请者需自行选择学费补偿或国家助学贷款代偿，且选定后不可变更。如若在校期间申请国家助学贷款，且已于在校期间偿还，在符合上述申请条件下仍可申请国家助学贷款代偿。另外，如若毕业生申请获批后因正常调动、提拔、工作需要换岗的，亦可继续获得补偿代偿。

根据《关于调整完善国家助学贷款相关政策措施的通知》文件要求，国家对每名毕业生每学年补偿学费或代偿国家助学贷款的金额，本专科生最高不超过 8000 元，研究生最高不超过 12000 元。在校学习期间每年实际缴纳的学费或获得的国家助学贷款低于 8000 元或 12000 元的，按照实际缴纳的学费或获得的国家助学贷款实行补偿代偿。每年实际缴纳的学费或获得的国家助学贷款高于 8000 元或 12000 元的，按照最高标准实行补偿代偿。每年补偿学费或代偿国家助学贷款总额的 1/3，分 3 年补偿代偿完毕。

(4)其他：

补偿代偿获批后，工作未满 3 年，本人自动辞职或离岗需书面申请取消学费补偿和国家助学贷款代偿资助资格，全国学生资助管理中心从申请当年开始停止对其学费补偿和助学贷款代偿。以前获得的补偿代偿费用，国家不再追回。

2. 关于选聘、招录优惠政策的解读

根据《国务院关于进一步做好普通高等学校毕业生就业工作的通知》《关于统筹实施引导高校毕业生到农村基层服务项目工作的通知》等文件规定了关于职称评定、转正定级、机关事业单位招录、升学考试加分等一系列优惠政策。

(1)关于职称、定级的政策。

到艰苦边远地区或国家扶贫开发工作重点县就业的高校毕业生，在机关工作的，试用期工资可直接按试用期满后工资确定，试用期满后级别工资高定 1 至 2 档；在事业单位工作的，可提前转正定级，转正定级时薪级工资高定1至2级。

高校毕业生在中西部地区和艰苦边远地区县以下基层单位从事专业技术工作，申报相应职称时，可不参加职称外语考试或放宽外语成绩要求。

(2)关于机关事业单位的招录政策。

自2009年起，到乡镇事业单位服务的高校毕业生服务满1年后，在现岗位空缺情况下，经考核合格，即可与所在单位签订不少于3年的聘用合同。同时，各省(区、市)县及县以上相关的事业单位公开招聘工作人员，会拿出不低于40%的比例，聘用各专门项目服务期满考核合格的高校毕业生。公务员招录方面，每年也会拿出一定比例，专门用于定向招录服务期满且考核称职(合格)的服务基层项目人员。另外，自2012年起，省级以上机关录用公务员，除部分特殊职位外，均从具有2年以上基层工作经历的人员中录用。

(3)其他优惠政策。

高校毕业生服务期满后三年内报考硕士研究生初试总分加10分，同等条件下优先录取。

(二)关于高校毕业生参军入伍政策的解读

1. 学费补偿和国家助学贷款代偿政策的解读

按照《关于调整完善国家助学贷款相关政策措施的通知》《财政部、教育部、总参谋部关于印发〈高等学校学生应征入伍服义务兵役国家资助办法〉的通知》规定，统招统分应届毕业生参军入伍的，学费补偿、国家助学贷款代偿本专科生每人每年最高不超过8000元，研究生每人每年最高不超过12 000元，学费和助学贷款按金额较高者执行。获学费补偿学生在校期间获得国家助学贷款的，补偿资金必须首先用于偿还国家助学贷款。如补偿金额高于国家助学贷款金额，高出部分退还学生。

2. 关于退役大学生士兵升学政策的规定

退役大学生士兵升学方面，特设有“退役大学生士兵”专项硕士研究生招生计划，专门面向退役大学生士兵招生。根据2019年计划显示共设有5000特招名额，分布于455所普通高等学校。

全国硕士研究生招生考试方面，若应届毕业生退役后三年内参考，初试总分加10分，同等条件下优先录取；在部队荣立二等功及以上的退役人员，符合研究生考试条件的可免初试攻读硕士研究生。政法干警招录培养计划各地拿出20%的比例专门用于招录退役大学生士兵。且退役大学生士兵参加考试笔试成绩总分加10分。

高校毕业生士兵退役后一年内，可视同当年的应届毕业生。报考公务员，在军队服现役经历视为基层工作经历。依据2019年北京市征兵优待政策规定，本科以上学历非京籍退役后的应届毕业生，被本市用人单位接收的，可办理进京落户手续。

二、大学生创新创业政策

辅导员作为高校管理工作的组织者、实施者、指导者，在创新创业教育中需承担解读大学生创新创业政策的职责。辅导员需认真学习掌握创新创业相关政策，为正在创业或对创业感兴趣的学生提供政策咨询与解读，借力国家政策，帮助学生加速创新成果转化与创业孵化，完成项目落地。本小节选取跟大学生紧密相关的部分创新创业政策予以解读。

(一)关于雏鹰人才创业支持资金的解读

近年来，北京中关村管委会每年定期发布《中关村国家自主创新示范区优秀人才支持资金管理办法》，鼓励和吸引优秀人才到中关村国家自主创新示范区(以下简称中关村示范区)创业，扶持社会小微企业发展。其中，雏鹰人才创业支持资金较适合在校大学生申请。

(1)本办法所指雏鹰人才包括：

(1)30 岁以下雏鹰人才(U30 雏鹰人才)，须同时满足以下条件：

①所创办企业成立时间 1 年以上、3 年以内；

②所创办企业是创业者在中关村示范区内初次注册企业，且创业者在企业注册时年龄不超过 30 周岁；

③企业注册实缴资本不低于 10 万元；

④获得过国内外知名创新创业大赛一等奖或同等级别奖项(如金奖、特别奖等)。若作为团队成员获得集体奖励的，企业创始团队中至少有获奖项目排名前三位的完成人之一。

(2)获得投资类的雏鹰人才，须同时满足以下条件：

①所创办企业成立时间为 1 年以上，3 年以内；

②经各分园管委会、创业服务机构、投资机构推荐，所创办企业在中关村示范区内初次注册；

③所创办企业注册实缴资本不低于 10 万元；

④所创办企业获得投资机构或天使投资人(天使投资人须具有投资至少其他 5 家企业经验)投资总额不低于 100 万元且所占企业股份比例不高于 30%。

(3)支持雏鹰人才到中关村创办企业：

①对于符合上述第一款条件的雏鹰人才，按照实缴注册资本 50%的比例给予一次性启动资金支持，最高资金支持额度不超过 10 万元，用于房租补贴、设备购置、团队建设及技术研发等公司运营费用。

②对于符合上述第二款条件的雏鹰人才，按照实缴注册资本 50%的比例给予一次性启动资金支持，最高资金支持额度不超过 30 万元，用于房租补贴、设备购置、团队建设及技术研发等公司运营

费用。

（注：本办法将每年更新，具体请参见中关村国家自主创新示范区官网。）

(二)大学生创业税收优惠政策

1. 小微企业免征增值税优惠政策

为支持小微企业发展，国家税务总局于 2017 年 12 月 27 日颁布了《财政部　税务总局关于延续小微企业增值税政策的通知》。通知规定：增值税小规模纳税人应分别核算销售货物或者加工、修理修配劳务的销售额和销售服务、无形资产的销售额。增值税小规模纳税人销售货物或者加工、修理修配劳务月销售额不超过 3 万元(按季纳税 9 万元)，销售服务、无形资产月销售额不超过 3 万元(按季纳税 9 万元)的小微企业，自 2018 年 1 月 1 日起至 2020 年 12 月 31 日，可分别享受小微企业暂免征收增值税优惠政策。

2. 小微企业所得税优惠政策

为进一步支持小型微利企业发展，根据《关于扩大小型微利企业所得税优惠政策范围的通知》规定：自 2017 年 1 月 1 日至 2019 年 12 月 31 日，将小型微利企业的年应纳税所得额上限由 30 万元提高至 50 万元，对年应纳税所得额低于 50 万元(含 50 万元)的小型微利企业，其所得减按 50％计入应纳税所得额，按 20％的税率缴纳企业所得税。

（注：本办法将不定期更新，具体请参见国家税务总局官网。）

3. 大学生小额担保贷款政策

大学生小额担保贷款政策是通过政府出资设立担保基金，委托担保机构提供贷款担保，签约经办银行发放创业贷款的方式，鼓励本市未就业的高校毕业生自主或合伙创业的一项扶持政策。

(1)适用对象：

具有本市户口、在法定劳动年龄内(男 16 至 60 岁，女 16 至 50

岁)、持有《毕业证书》且尚未就业的高校毕业生开办个体工商户或自主、合伙创办小型、微型企业的可申请小额担保贷款(房地产、娱乐、广告、桑拿、按摩、网吧、氧吧除外)。

(2)贷款额度、期限和利率:

个体工商户最高贷款额度为20万元;小型、微型企业最高贷款额度为100万元。担保机构和经办银行在上述额度范围内根据借款人实际情况合理确定担保及贷款额度。

小额担保贷款的期限一般不超过2年。到期确需延长的,可展期1次,展期期限不超过1年。

贷款利率一般按照中国人民银行公布的同期贷款基准利率执行,最高可上浮不超过3个百分点。

三、反担保措施和比例

借款人可以选择以下反担保措施:保证金、第三方信用保证、抵押、质押、个人无限连带责任。

个体工商户的反担保风险控制金额一般不超过实际贷款额的20%。小型、微型企业借款金额为50万元以下的,反担保风险控制金额一般不超过实际贷款额的30%;借款金额为50万~100万元的,反担保风险控制金额一般不超过实际贷款额的50%。

符合以下条件的可免除反担保:

(1)开办个体工商户的借款人申请信用社区小额担保贷款的可免于提供反担保措施。

(2)本市合同期满未就业的大学生村官在办理小额担保贷款担保时符合以下条件的,可以免于提供反担保措施:

①持有全国"三支一扶"工作协调管理办公室监制由北京市人力社保局签发的《高校毕业生"三支一扶"服务证书》;

②经区县大学生村官管理部门推荐；

③申请贷款的营业执照在合同期满后三年内取得；

④申请的是个体工商户小额担保贷款或者自主、合伙创办小企业贷款且任法定代表人，已正常经营一年以上，有经营业绩证明具有相应还款能力；无不良记录。

(3)本市低保或低收入家庭的高校毕业生在办理小额担保贷款担保时符合以下条件的，可以免于提供反担保措施：

①申请的是个体工商户小额担保贷款或者自主、合伙创办小企业贷款且任法定代表人，已正常经营一年以上，有经营业绩证明具有相应还款能力；无不良记录。

②借款人是本市低保或低收入家庭成员之一，持有《北京市城市居民最低生活保障金领取证》或《北京市农村居民最低生活保障金领取证》或《北京市低收入家庭救助证》，且有借款人的相关信息。

四、信用社区的概念

在街道(乡镇)辖区范围内，通过对从事个体经营的小额担保贷款申请人建立诚实守信的品行记录和个人信用承诺档案、开展信用调查等方式，办理申请小额担保贷款的区域称为信用社区。申请信用社区小额担保贷款的可免除反担保。

五、如何贷款

开办个体工商户的可到户籍或经营所在地的社会保障事务所提出申请；自主或合伙创办小型、微型企业的可企业注册登记地的区县人力资源和社会保障局提出申请。

六、贴息范围

经营项目属于微利项目的由市财政按实际利率据实全额贴息。经营项目超出微利项目范围的可按招收本市失业人员申请财政贴息，企业一次招用失业人员达到3人以上(含3人)20人以下的，在劳动合同期限内由市财政按中国人民银行公布的贷款基准利率的50%给予贴息；企业一次招用失业人员达到20人以上(含20人)的，在劳动合同期限内由市财政按中国人民银行公布的贷款基准利率据实全额贴息。展期、预期不予贴息。

第四节　职业生涯规划教育的咨询案例分析

职业生涯规划作为一项持续性、系统性的工作，对帮助大学生确定职业发展目标具有重要的意义。但当前很多大学生在进行生涯规划的过程中或多或少存在一些问题，如无法正确认知自我、难以准确评估就业市场或职业决策能力欠佳等。由于每位同学存在极大的个体差异，在解决大学生生涯规划问题的过程中，咨询教师需要充分结合学生自身情况，灵活运用各类咨询方法及技巧，有效引导学生解决问题。为更好地阐释生涯规划的咨询流程及方法，笔者在此将借助一个案例做以简要说明。

一、背景介绍

有过工作经历的A同学现临近硕士研究生毕业。当前，A同学已获得两个较为心仪的单位录用通知函，一个是其熟悉的工作内容，薪酬、岗位、平台都十分令人满意，但却并非其心中最佳行业。另一个则是A同学非常感兴趣的行业，需要A同学从零开始学习、积累，待遇不高，单位也并非行业龙头。如果与后者签约，虽可满足其心愿，但眼看身边的朋友已纷纷成为原行业内的中流砥柱，自己却可能转行从头再来，A同学便心生焦虑。如何做好职业生涯规划？择业需衡量哪些因素？理想与现实之间如何选择？为了解开自己心中的困惑，A同学特来咨询。

二、咨询思路

(一)确立咨询目标

为更好地与来询者进行沟通，建议制作《收纳面谈表》，并让来询者于预约咨询时填报。在咨询开始前，咨询师仔细翻阅来询者所填写的《收纳面谈表》。而后结合与来询者的谈话，本着目标可控的咨询原则，一方面通过问题的不断澄清，逐步确立咨询目标；另一方面则是引导来询者做好生涯决策。

(二)确定咨询方案

在与来询者初步沟通之后，笔者决定依据职业认知信息加工理论(简称CIP理论)设计总体的咨询方案。第一步：协助来询者进行职业探索，主要运用静态的文献资料收集法与生涯人物访谈法，针对两种不同岗位进行全方位探索。第二步：协助来询者进行自我探索，主要包括运用霍兰德职业倾向测验量表帮助来询者初步了解个人职业兴趣特征与两个职业之间的内在对应关系，通过对职业价值观、职业技能的探索，帮助来询者更好地认识自己。第三步：根据CIP理论的CASVE循环，运用决策平衡单工具，引导来询者走出迷茫与困惑，做出选择。

三、咨询过程

(一)收纳面谈，建立咨询关系

良好咨询关系的建立有助于提供更为有效的咨询。作为辅导员，我们习惯以教师或朋友的角色出现在同学们的学习生活中。而在生涯规划咨询过程中，需要我们暂时将上述两种身份抛诸脑后，做好向咨询师身份的转变。为此，笔者采用如下方法作为咨询的起势：

“你好，感谢你对我的信任，我是咨询师，你希望我们在本次咨询过程中怎么称呼？在本次咨询开始前，有如下事项需要与你说明：你所提供的个人资料和信息都是保密的，与此同时希望我在咨询中向你分享的个人信息你也可以做好保密工作。当然，保密存在例外情形，诸如发现你存在伤害自己的想法或行为，我将根据具体情况联系你的重要亲属。”

(二)收集信息，做好问题澄清

结合与来询者的谈话和收纳面谈表中的信息，本着目标可控的咨询原则，逐步从其最初提及的生涯规划，将问题细化为：怎么制定生涯规划？——如何了解职业、求职渠道以及择业方法——如何了解自我，进行自我探索，并在发掘自我的基础上进行职业定位——怎样平衡好自己的理想和可能从事的工作等。经过反复重述，笔者最终与来询者澄清问题，期望通过咨询协助她解决行业选择的困惑。

咨询初始，笔者问询来询者，对于其提及的两个工作领域是否已有一定的了解。来询者表示，对于自己本科毕业后一直从事的工作非常了解，但是对于自己内心非常感兴趣的工作领域需要具备哪些条件其本身并不是非常清楚。笔者又问其对于自己感兴趣的工作做了哪些准备？来询者表示尚未做出其他准备。谈及未做准备的相关原因，其表示自身并不是十分清楚可以通过哪些途径获取有效信息。

针对信息搜索的问题，笔者建议其通过行业调研报告、相关单位的年终报告、官方网站的新闻公告等，通过相关数据、文献分析了解该行业的发展趋势，判定行业是朝阳行业还是夕阳行业；通过对相关行业工作人员的人物访谈了解从事相关行业的基本要求和发展现状，从事该行业工作人员的生活方式、职责内容等等。此外，还可以通过和学院就业负责教师的谈心谈话，了解本学院相关专业毕业生的毕业去向、工作岗位，同时也可求助校友会相关负责教师，侧面了解相关行业工作人员发展路径，以便提前做好充分的求职准备。如此便可更好的判定自身是否真的喜欢该行业，了解自身能力与任职要求的差距。

(三)借助工具，指引生涯决策

针对职业兴趣的探索。笔者首先请来询者做了一份霍兰德职业倾向测验量表。面对这些数据，笔者给她讲解了霍兰德类型论的基本观点，以及各部分测试的内在含义，并对测评结果进行了解释。依据各项测试评分，笔者让来询者将 SECRIA 六类人格，依照擅长、喜欢、不擅长、不喜欢画出坐标轴进行分类，结果显示来询者是以 S 为主导的单一型人格，且其 E 型人格处于中后的排位，为满足其想要在 35 岁成为一名中层领导的职业愿景，笔者建议其主动提升个人领导力，并指出霍兰德职业倾向测试在 35 岁前是不断依据情势变更的。

针对职业选择问题。笔者告知来询者：“世界上没有哪一种工作能完全满足你所有的需要，所有工作都有其局限性。现在我们将使用决策平衡单工具，来帮助你权衡利弊，做出选择。”笔者让来询者不要具体考虑是选择留在北京做自己喜欢的工作还是去到京外做自己以往一直想要从事的工作，而是直接列出其自身在择业过程中最为看重的因素，不用考虑排序问题，想到什么就列出什么。第二步，笔者让来询者依据重视程度将所列因素进行排序，且不能有并列选项。其排列顺序分别为收入、平台、工作氛围、个人升迁、未来发展、自我实现的程度、兴趣的满足、工作地点。基于此，笔者询问来询者：“咨询初始你的主要困惑在于选自己喜欢的工作还是选可以满足自己当前需求的职业，而在本次排序过后，你已将兴趣的满足排到了非常靠后的位置。为什么?”来询者说：“我考虑再三认为，我本阶段更看重前列因素，而对于我个人兴趣的满足，这是在我可以实现自身职业愿景的前提下，方可需要考虑的因素。”说到此，来询者恍然大悟。

但来询者又谈到，如果在不能满足自身工作兴趣的前提下，实现了自己其他的职业心愿，当人脉、资源已经充分积累再变换工作领域，那将会让自己从零开始，这样的代价定不是自己可以承受的。笔者谈到，任何一个行为、一个决定都对应着相应的责任与风险，没有什么事情是十全十美的，每个人的发展都把握在自己的手中，是其个人努力的程度、综合实力以及遇到的机遇等多重因素工作共同的结果。对此，笔者运用引导想象也即假设问题来进行问题解决探索。笔者让来询者闭上眼睛，假设自己已是一名白发苍苍的老者，尝试想一想：在你的某个生日宴会上，人们在羡慕赞叹你的一生，你希望他们称赞的是什么？另外，如果需要你在后辈面前对自己的一生做个总结，你将会从哪些方面进行概括？再假设，如果你作为一名成功人士去参加一个慈善晚宴，这时有人向你索要一张名片，你希望名片上的职位或者个人介绍是什么？当来询者睁开眼睛，她目光坚定的答到“我已基本知道自己要如何做出选择”。

（四）打分评价，结束本次咨询

咨询结束我问来询者，假如满分是十分，你将为本次咨询打多少分。这样一方面会让咨询变得更加有仪式感，另一方面也可以让笔者更好地了解每一次咨询过程中的不足，为未来咨询能力的提升奠定更为坚实的基础。

职业生涯规划咨询是一项专业性极强的工作，需要心理学背景做支撑，同时也需要咨询者通过业务的不断积累、不断掌握，运用生涯规划工具及理论模型，方可依据咨询者的情况找到有效解决方法，指引咨询者找寻解决问题的途径，助力大学生成长成才。

学习资料

[1]周俊生：《为在校生创新创业进一步"松绑"》，http://news.gmw.cn/2017-02/21/content_23776315.htm，2021-03-16。

[2]李斌：《人民日报评论员观察：大学生就业，让每个选择都有光彩》，http://opinion.people.com.cn/n1/2016/0615/c1003-28445160.html，2021-03-16。

[3]忠建丰：《再次吹响创新创业的集结号》，http://www.moe.gov.cn/jyb_xwfb/s6319/zb_2015n/2015_zb09/15zb09_pl/201505/t20150515_188150.html，2021-03-16

[4]邓晖：《就业指导频被吐槽，堵在哪、怎么破》，http://epaper.gmw.cn/gmrb/html/2019-05/30/nw.D110000gmrb_20190530_1-07.htm，2021-03-16。

[5]王书瑞：《95后职场新人闪辞多，过来人当做点什么》，http://epaper.gmw.cn/gmrb/html/2018-08/22/nw.D110000gmrb_20180822_4-02.htm，2021-03-16。

[6]魏琼蕊：《铺平就业路 点燃创业梦》，http://edu.people.

com. cn/n/2015/0521/c1053-27034993. html，2021-03-16。

[7]晋浩天：《媒体"抓阄分专业"折射出高等教育急功近利》，http://edu. people. com. cn/n/2015/0921/c1053-27612543. html，2021-03-16。

[8]李云龙，徐宝升：《黎明职业大学："创新创业＋专业实体"助推学生可持续发展》，http://epaper. gmw. cn/gmrb/html/2018-05/24/nw. D110000gmrb_20180524_3-10. htm，2021-03-16。

[9]马跃华：《福建漳州举办"生涯青年说"体验营》，http://epaper. gmw. cn/gmrb/html/2017-03/25/nw. D110000gmrb_20170325_7-04. htm，2021-03-16。

[10]黄文彬：《把就业创业当学问来做》，http://epaper. gmw. cn/gmrb/html/2016-05/17/nw. D110000gmrb_20160517_5-14. htm，2021-03-16。

[11]蒋琪，史雅乔：《云南民族大学专场招聘会 手机扫码就业上云端》，http://finance. people. com. cn/n1/2016/0428/c1004-28312798. html，2021-03-16。

[12]孙秀玲：《多措并举促进高校毕业生就业》，http://epaper. gmw. cn/gmrb/html/2015-11/22/nw. D110000gmrb_20151122_4-07. htm，2021-03-16。

[13]曹玥：《为何选择考研？有人为了更好的平台 有人只是跟风》，http://edu. people. com. cn/n1/2019/0121/c1006-30580370. html，2021-03-16。

[14]董蓓：《创业点燃大学生的梦想》，http://epaper. gmw. cn/gmrb/html/2019-08/29/nw. D110000gmrb_20190829_5-15. htm，2021-03-16。

[15]包松娅：《全国政协"促进就业的政策措施"双周协商座谈会综述》，http://tyzx. people. cn/n1/2019/1012/c372194-31395831.

html，2021-03-16。

[16]封寿炎：《大学生外卖骑手体现新择业观》，http://epaper.gmw.cn/gmrb/html/2019-09/11/nw.D110000gmrb_20190911_6-02.htm，2021-03-16。

[17]黄钰霖，熊旭：《分类帮扶点对点，大学生就业“红包”来了》，http://edu.people.com.cn/n1/2019/0822/c1053-31310593.html，2021-03-16。

[18]苏雁：《为高质量就业圆梦》，http://epaper.gmw.cn/gmrb/html/2018-06/09/nw.D110000gmrb_20180609_4-04.htm，2021-03-16。

[19]光明日报：《中办国办印发〈关于进一步引导和鼓励高校毕业生到基层工作的意见〉》，http://epaper.gmw.cn/gmrb/html/2017-01/25/nw.D110000gmrb_20170125_1-01.htm，2021-03-16。

[20]狄奥，蓝静，罗袁璐：《生涯规划办学目标无缝对接》，http://edu.people.com.cn/n/2014/1029/c1053-25929646.html，2021-03-16。

第九章　深度辅导

在当前社会形势下，大学生成长环境多元化，直接导致了学生思想的多样性。如何做好大学生思想工作，帮助促进大学生健康成长成了思想政治教育工作的重要内容。以《中共中央国务院关于进一步加强和改进大学生思想政治教育的意见》《中共北京市委北京市人民政府关于进一步加强和改进首都大学生思想政治教育的实施意见》精神为指导，2009 年北京市委教育工委明确要求“每名学生每年得到至少一次有针对性的深度辅导”。自此，“深度辅导”工作成为首都高校大学生思想政治教育工作的重要环节。研究深度辅导工作，利用心理学、教育学、管理学等多学科知识，快速建立深度辅导路径，对大学生进行有效辅导具有现实意义。

北京师范大学坚持贯彻落实北京市委教工委制定的《北京市大学生思想政治教育专项督察工作方案》工作要求，结合学校实际，积极探索，开拓创新，逐步建立起学校党委领导、学生工作部门主抓、院系所专职辅导员为骨干、全体辅导员班主任共同参与的全方位、多角度、立体化的学生深度辅导工作网络。

第一节　深度辅导的意义

深度辅导是以辅导员为组织者，在了解学生各项信息的基础上，利用校内外各种资源，在大学生成长特别是在人生观、价值观、世界观构建、思想道德建设、人文精神培养等方面，通过学业指导、心理辅导、生涯规划、就业引导等具体工作内容，与大学生进行深入交流沟通，发现并解决问题，并引导其进行自我教育、服务、管理的过程。

深度辅导作为推进大学生思想政治工作的新理念，是促进辅导员专业化、精细化的新途径，培养高素质体育人才的新举措，已经被很多高等教育的理论研究所阐释与认可。辅导员和学生之间的良性互动关系能促进学生在学习动力、批判性思维能力、阅读和认知需求等方面的积极发展。高校深度辅导工作作为师生关系沟通与互动的新平台和思想政治教育创新手段具有它独特的意义。

一、有利于解决大学生深层次的思想问题

进一步解决大学生深层次思想问题，是高校当前和今后长时期内思想政治工作的重要任务，直接关系到培养社会主义事业建设者和接班人的根本任务。大学生深层次思想问题解决的程度，是检验思想政治工作成效的重要标志。大学生作为社会的特殊群体，在特定社会环境的影响下，有着自己独特的深层次的思想问题，“个性化深度辅导”对于解决那些大学生存在的问题，促进大学生的全面发展有着重要的意义。

(一)高校重视科学知识，忽略大学生的心理问题

大学生是通过激烈的升学考试选拔出来的一批具有较好科学文化知识基础的群体，大学也历来重视科学知识的教授，学校、老师、家长甚至是学生自身都忽视了本人心理层面的问题。大学生在面对问题时不能够理性、正确地解决，这同社会、大学和家庭教育的不完善有着必然的联系。个性化深度辅导全面发展的原则明确了高校辅导员在关注大学生学习成绩的同时，也要关注其人际交往和情绪性格的变化，对于可能发生的问题及时了解，防患于未然。

(二)大学生依赖性强，缺少独立意识

一些大学生作为独生子女，从小受到来自全家的关爱，过多的关注与爱使得一部分大学生的依赖性强，缺少独立的意识。每年的开学时期，送子女上学的“大军”成为高校的一道独特风景，武汉出现最牛入学新生 7 个亲人护送十箱行李随行，大学新生上学，除爷爷奶奶、父母、小姨、舅舅、舅妈接送外，还携带了包括衣服、被子、零食、电脑等在内的十大箱行李。这引发了大家对这些在家人们宠爱中长大的大学生在以后的大学生活如何面对挫折的思考。个性化深度辅导要求高校辅导员在深度融入、深度谈话、深度探究、深度指导的基础上，时刻关注大学生的思想、学习和生活动态，给予正确的引导，帮助大学生进入独立的生活状态。引导大学生在大学生活期间珍惜学习机会，充实知识，为以后顺利融入社会做好基础。

(三)社会忽视家庭教育

教育是一个系统的工程，学校教育、家庭教育、社会教育和学生自我教育构成了一个完整的教育体系。家庭教育是整个教育的基础，人在家庭环境中的成长主要接受的是父母的影响，父母是孩子

的第一任教师，父母在孩子身上倾注的天然的爱是不可替代的，这种爱本身构成了强有力的教育效果。因此，家庭教育具有启蒙性、长远性和不可替代性。当前，父母以为孩子提供优越的物质基础为目标的想法普遍存在，他们大都工作忙碌，无暇顾及子女的家庭教育和培养，对于子女犯错往往持袒护娇惯的态度。同时，父母的价值观和处事方式会对子女产生耳濡目染的影响，父母做人做事的方式与效果也会对子女产生潜移默化的影响。个性化深度辅导要求辅导员帮助学生家庭树立正确的教育理念，宣传家庭教育的重要性，向家长传授家庭教育的理论知识，指导家长掌握科学方法，更新家庭教育观念，提高家长教育子女的责任感和自觉性，促进学校教育和家庭教育的完美衔接。

(四)大学校园尊师的氛围淡化

尊敬老师是作为学生最基本和最重要的准则，但高校尊敬老师的氛围在不知不觉地淡化。近几年，在校大学生中相当一部分人不熟悉自己的任课老师，甚至不知道任课老师的姓名，仅在考试当天才直面任课老师。有些学生对老师持有不良情绪，更不必说尊敬老师了，高校辅导员需要做好大学生与教师之间的沟通的桥梁。个性化深度辅导着重要求辅导员以真诚的心和平等的态度对待每一个学生，帮助学生解决遇到的实际困难。同时，个性化深度辅导要求辅导员有较为全面的能力，拥有心理学、教育学和生活常识等方面的知识，努力在学生中形成具有亲和力和具备专业素质的形象。

二、有利于高校思想政治教育工作的深入

(一)深度辅导是思想政治教育工作的创新

2004 年，中共中央国务院颁发的《关于进一步加强和改进大学生

思想政治教育的意见》明确提出了一系列高校思想政治教育的新理念，有力地引领了高校思想政治教育的创新发展，深度辅导被应时提出。深度辅导要求高校辅导员的工作内容发生深度、广度和精度上的变化，由以前只抓政治教育，向现在对学生进行自我管理辅导、学习辅导、生活指导、人际交往指导、心理素质培养和生涯发展指导等方面做全面的指导转变；由以前只抓重点向现在的面向全体，一对一进行个体辅导转变。在面向全体学生，解决共性问题的基础上，更加关注重点对象的特殊问题，使全体学生感受到温暖的同时，重点对象也能得到多次的辅导和帮助。深度辅导是思想政治教育工作的创新，有利于高校思想政治教育工作的深入贯彻。

（二）深度辅导为高校思想政治教育注入了人文关怀

高校思想政治教育坚持以人为本。不断满足大学生日益增长的精神文化需要、促进大学生全面发展。深度辅导面对的是全体学生，并要求保证每个学生每年至少得到一次深度辅导。目前大学生的思想政治教育中，侧重于强调政治教育，对人生经历不够丰富、涉世不深的青年学生来讲，这些政治信仰的标准显得过高，脱离了他们的生活实际，难以转化为他们自我成长的内在需求。高校辅导员的工作涉及方方面面，在学生对人生问题产生困惑，对理想信念感到迷茫时，可发挥深度辅导在沟通和交流中能够深入思想、沁人心灵的优势，对学生在成长成才中遇到的各种生活困难和思想困惑把脉、问诊，并提供可操作的解决方案，在解决实际困难的同时，将思想政治的理论灌输转化为循序渐进的引导。

（三）深度辅导强化了思想政治教育的人格影响

大学生思想政治教育不能仅仅停留在语言传授上，还应该用辅导员的行为感染学生，用人格魅力感化学生。辅导员往往扮演理论的宣传员、讲解员的角色，这使得高校辅导员与大学生之间产生距离，高校辅导员始终高高在上，脱离实际，远离生活。通过深度辅导，高校辅导员与大学生能够充分而深入地沟通。在沟通中，辅导员要求学生做到的，自己必须先做到，并且还要做得好。这样，辅导员较深的理论功底，较好的行为规范，较生动的个人事迹以及他们严格自律，尊重学生的教育态度就能够深深地感染学生。辅导员高尚的人格带动学生，真正做到言传身教，才能够可信、可学、可亲、可用，在大学生中产生巨大影响力，真正引领学生的行为规范。

三、有利于和谐校园的发展

(一)深度辅导体现个体与整体的和谐

深度辅导首要的原则就是“面向全体，覆盖每一个学生”，科学发展观的核心以人为本，就是要求高校开展工作要将学生的成长和成才作为教育的根本立足点。大学生的成长环境多样化、复杂化，思想活动的多元化和多变化明显，以往“大批量式”的辅导已经不适应学生的需求。深度辅导强调辅导员的工作要求重视每一个学生的发展，从每一个学生的实际出发．为他们提供一对一的教育服务，从而实现思想政治教育全员覆盖的整体效果。这与构建和谐校园中的重视学生的个人发展与学校发展的和谐统一的要求不谋而合。深度辅导真正做到以人为本的学校发展要求，才为高校学生的健康发展提供了一个宽松的环境和良好的氛围。

(二)深度辅导是制度创新，是构建和谐校园的原动力

创新是发展的灵魂，改革创新和不懈地探索是高校发展的动力。高校工作千头万绪，教书育人任务十分繁重，当前高校面临的所有

问题，只能在改革创新、科学发展中解决。深度辅导就是开展学生管理工作的创新举措。深度辅导与以往的辅导方式的极大不同，是突出强调了在对每个人的家庭环境、学习状况、人际交往情况、性格等方面的研究的基础上，根据学生发展成长的需求，运用科学的方法，针对学生存在的突出问题，提供建议帮助并解决问题的过程。深度辅导面向全体，覆盖每一个学生，全面发展，真诚平等和科学辅导的原则为学生全面和科学的发展提供了理论指导。学生作为高校活动的主体，学校在帮助他们解决问题的同时也为建设和谐校园打下的了良好的基础。可以说，制度创新是构建和谐校园的原动力。

（三）深度辅导保证学校的全面、协调和可持续的发展

高校的稳定发展是社会稳定的基础，高校的稳定发展离不开稳定的校园环境。当前形势下，高校招生规模扩大，学生的就业压力增大，高校管理中还存在许多薄弱环节，因安全问题、学生生活问题、学生的心理问题引发的矛盾时有发生。由于学生思想活动的活跃性和变化性，社会上的各种矛盾也同样影响了学生的变化。另外，新时期国际国内形势不稳定，大学生的思想尚未成型，容易受到不法分子的利用。辅导员应做到把握时事政策，及时了解学生的动态，开展深入细致的工作，把不稳定因素化解在萌芽里。深度辅导为学校与学生之间架起了一座沟通的桥梁，辅导员起到了协调问题和解决问题的重要作用。所以，深度辅导为保证学校全面、协调和可持续的发展起到至关重要的作用。

第二节　深度辅导的内容

一、学习学业辅导

我国的高等教育已经从原来的精英教育发展到大众教育阶段，学生在学业发展的过程中也产生了一些新的问题。目前高校学生学习学业发展中存在的主要问题有以下几个方面：第一，不热爱所学专业，存在厌学情绪。很多高校学生在入学之前都缺乏对所学专业的全面了解，报专业时也存在盲目跟风的现象，不了解所学专业的就业形势，学习目的不明确，缺乏整体规划。很多大学生在刚入学时与辅导员不熟悉，在遇到问题时不能及时得到辅导员的帮助，问题得不到解决、越积越多，降低了学生的学习积极性。第二，所调剂的专业不是自己热爱的学科。大学生在入校之后发现所学专业和之前想象不同，遇到了理想和现实的反差而感到失落，觉得自己所学专业没前途，导致学习不安心，成绩不理想，甚至对周围同学也产生了消极影响。面对这些问题，辅导员需要与学生多交流，时刻关心和爱护学生，及时发现并帮助解决出现的问题。同时，帮助学生更好地了解和看待自己所学专业，在新生入学时向新生介绍专业的相关内容和发展前景，帮助他们对自己所学专业有一个清晰的了解和正确的认识。在日常的工作中，为学生营造良好的学习环境，增强他们的学习主动性。高校辅导员应举办学习讲座，邀请学长学姐介绍学习方法、交流学习经验，分享考研或就业经历，使学生掌握正确的学习方法，借鉴前辈成功的经验，以促进学生的学业发展。

二、自我管理辅导

大学生自我管理是新形势下高校大学生不断提升自身综合素质、顺利完成学业、适应现代社会对大学生人才素质要求的重要能力，构建大学生自我管理模式是辅导员新的工作理念。中共中央国务院16号文件提出要“充分发挥大学生的内在潜能，激发大学生的自律意识，使自律与他律相辅相成。要探索和创新大学生管理的方式、方法和手段，寻求行之有效的载体”，“要积极调动大学生自我教育、自我管理、自我服务的积极性、主动性”。中国目前的一些大学生生活在娇生惯养的家庭环境里，动手能力差，自我管理能力弱，到了大学面临着生活自理的困难和学习缺乏监管的困难。个性化深度辅导要求辅导员应在大学生入校时就可通过各个环节使学生形成自我管理的认识和理念。例如，新生入学报到时，就通过“学生能自理，家长请止步”等之类的提示，唤醒学生的自我服务意识；通过入学教育等环节把实行大学生自我管理的意义、目的及标准告诉学生，让学生明白为什么这样做，思考该怎么做，让学生自觉地对自身实施自我管理。辅导员要引导学生确定远大志向，明确长期和短期的目标，当好大学生自我管理的参谋顾问，提供合理有益的意见和建议。

三、人际交往辅导

良好的人际交往，对大学生的健康成长是至关重要的。由于大学生的年龄较小，人生阅历与社会经验匮乏，部分大学生缺乏人际交往的技能与经验，因此在交往中产生许多负面影响，在个别人身上甚至产生了极端的后果。大学生人际关系处理不当很容易导致心理问题和危机事件。个性化深度辅导要求高校辅导员加强对大学生人际交往方面的辅导。高校辅导员首先应帮助大学生认识到通过情感的付出与收获，人与人之间才能实现认识、了解、体验和心理满足的目的；其次，明确人际关系是人们之间思想、行为互动的结果，纠正交往以自我为中心的倾向；最后，要引导大学生不因沉迷网络虚拟交往而忽略现实人际关系建构。应大力引导大学生树立“共赢”的人际交往观。在交往中，交往双方在互相尊重、互相信任的前提下，尽可能寻找双方“共赢”结合点，促进双方和谐交往。同时，高校辅导员可以有针对性地组织各种文明礼仪培训和教育活动，提升大学生人文素养。鼓励大学生积极参加丰富多彩的校园文化活动。在实践中锻炼与别人友好相处的品格与技巧，提高大学生人际交往的能力。

四、情感教育辅导

情感是人格、道德、行为有效性的重要构成因素，关系到大学生在校的学习效率和生活质量，也关系到他们步入社会后的工作心态、人际关系乃至人生的长期发展。对大学生进行情感教育是每一个教育工作者的责任，除了课堂教学的主渠道外，辅导员的日常工作也具有特别重要的意义，辅导员是学生的直接接触者，全面负责学生的学习、生活以及心理上出现的种种问题，对学生的影响力很大。爱情对大学生的影响最大，刚刚脱离家庭约束的他们，心理上尚未完全的成熟，很容易认为爱情就是生活的全部，他们心中渴望爱情、主动地追求爱情，却没有为恋爱做好足够的准备，更进一步说是没有为如何处理好恋爱中出现问题做好准备。怎么处理在恋爱中的拒绝、被拒绝和失恋的问题，都是他们无法解决甚至不能承受的。大学生不能因为爱情而失去学习和生活的方向，要学会处理学习和爱情、爱情和生活、恋爱和集体与同学之间的关系，协调好这些关系，才是积极向上、促进人身心发展的爱情。面对失恋的时候，辅导员应该理解学生，倾听他们内心的声音，引导他们把负面的情绪发泄出来，缓解心理和情绪上的压力，同时还要注意适时的开导，引导他们树立正确的爱情观，重新找回学习的热情和生活的信心，恢复正常的学习、生活状态。高校辅导员在关注大学生情感问题的同时，还要注重与家长的交流和沟通。家庭是学生的第一个学校，学生的性格和处世之道，最初和最重要的影响来自家庭。良好的家庭教育，对于学生的身心发展起到了积极的作用。辅导员需要经常主动的与家长沟通，让家长了解学生在学校的状况，包括学习和生活的情况，反过来也要充分了解学生在家的具体情况和学生家长的教育方式。这种互动有利于学校对于学生问题的把握和了解，保证教育工作的进一步开展。

五、职业发展辅导

随着大学生对于就业选择模式的改变和社会对于更高层次的人才的需求，高校要提高大学生的就业能力，就必须开展积极的就业指导工作，对大学生的职业生涯给予辅导，把大学生培养成具有创新精神的国家栋梁。考证热成为高校中一道奇特的风景，各类培训层出不穷，学生忙于考取各种资格证，为将来的工作做准备。同时，部分学生不根据自己的学业和实际情况盲目考证的现象也很多；还有很多学生因本科学校不理想或想要深造等原因，在大学伊始就准备考研，学校生活的大部分时间都在学习，忽视社会活动的参加，社会实践的机会相对少；还有一部分学生，看到某类工作收入高就想从事该工作，忽视了自己专业的学习，放弃了对自己专业进行职业规划。个性化深度辅导要求高校辅导员针对不同年级进行有侧重的辅导。在入学初期就要帮助大学生树立职业规划的意识，开展职业生涯规划的讲座和教育活动，让大学生了解自己、了解自己的专业，了解自己的学校，快速适应新的学习环境和生活环境；二年级阶段，要帮助大学生更深入的了解所学的专业，通过基础知识的学习，了解自己专业到底将来会从事哪些工作，未来的职业发展方向，清楚职业的发展需要具备什么样的专业知识，具备哪些能力，在未工作之前需要考取哪些职业资格；三年级阶段，大学生就要慎重和具体地考虑自己的职业选择，选择几个自己比较喜欢的领域进行分析比较，可以利用课余的时间，去自己喜欢的领域兼职实习，对自己想要从事的工作有一个大体的了解，观察并体验自己是否适合该工作；四年级阶段，大学生需进一步确认什么样的工作是可行的，通过各种渠道了解职业信息，参加学校和单位组织的各种职前培训和练习，熟练应聘的技巧和就业的法律法规。学校应组织学生参加模拟招聘，让学生提前感受招聘程序，体会招聘现场气氛，为正式招聘和面试及签约做好准备。个性化深度辅导贯穿大学生的四年学习生活中，各有侧重，保证学生健康积极的全面发展。

第三节　深度辅导的形式与方法

一、面谈法

谈话是人们沟通最基本的方式，同样是高校辅导员与学生交流的重要方式。高校辅导员与学生谈话不仅是一种交往行为，更是一种思想教育的工作方法。面对面的交谈是谈话的最重要的方式之一，根据谈话对象的人数可以分为集体谈话和个别谈话。集体谈话就是针对全班或全年级的学生进行的谈话，通过班会和集体谈论的形式针对全体学生进行的关于学习、思想、生活等方面的教育；个别谈话主要指的是辅导员与个别学生单独进行交流来了解其学习、思想、生活等方面的情况，针对学生的特点给予指导的一种方法，是对个别学生进行单独教育的一种手段。

在面对面谈心的过程中．采取以下技巧可以取得事半功倍的效果。一是“听”的技巧。在谈心过程中，聆听是对学生的基本尊重。辅导员认真耐心地听学生讲话，拉近了双方的情感距离，往往能使学生说出自己的真实感受。因此谈心时要用心去听，同时要配以适当的表情和声音，给学生以积极的反馈，增强他们讲话的信心，使他们愿意讲下去，从而使辅导员能够比较准确地掌握学生的思想状况，发现学生存在的思想问题。二是“说”的技巧。在深度辅导中，辅导员不仅要会“听”，更得会“说”。首先，要把握谈话的节奏。一次高质量的谈话要有切入点、重点和动情点，还得由浅入深、循序渐进。其次，要运用恰当的语气。辅导员真诚、柔和的语气可以让学生感受到关怀和理解，让学生更好地接受教育内容。最后，要注意合适的措辞。措辞得当可以让学生准确理解辅导员的意图，从细节上引起学生的共鸣和思考。三是“看”的技巧。辅导员在与学生谈心过程中。“看”也不可或缺：一方面要善于观察学生的反映，揣测其内心感受，及时调整谈话的方法和进度；另一方面．眼睛是心灵的窗户，正确运用目光技巧可以有效地促进双方的沟通，拉近双方的心理距离。因此．辅导员要注意运用眼睛会“说话”的能力，既把握谈心的效果，又让学生感受到坦率与热情，从而使谈心进行得融洽顺利。此外，在谈心过程中辅导员表情、手势和动作等体态语言的运用，都要配合谈话的主题。恰如其分的表达交流的目的，以达到最佳的谈话效果。

二、网聊法

当代大学生是运用网络的主要群体之一，他们大都热衷网上社区，惯用网络通信。深度辅导也要借助网络媒体，开展教育活动。网聊法的优势在于在一个宽松平等的环境下与学生沟通，能够便捷地捕捉到学生思想和行动的现实状况。可以尝试的方式包括：①建立辅导员博客。把自己在工作中的感悟、深度辅导的主题内容写成文章让学生阅读。②开设辅导员校内网主页。通过浏览学生日志和心情短语掌握学生的情况，作为有针对性地开展深度辅导的依据。③通过多种沟通媒介，用学生喜爱的方式进行对话。网聊法给深度辅导以更为灵活的时空选择，成为面谈法之外的重要补充。同时，思想政治教育博客作为一种新的网络媒介，已经成为高校学习生活中不可或缺的一部分，逐渐成为高校思想政治教育的新兴载体，对大学生思想政治教育工作产生了重要影响。在高校思想政治教育中引入思想政治教育博客这一载体，增进了师生之间、学生之间的交流和沟通，从而化解师生、同学之间的矛盾和冲突，使得人际交流的心理距离大大缩短，交流更具有真实性和直接性。

三、体验法

对于一些思想问题较重、心理方面有自闭倾向的学生，仅靠单纯的说教难以与之进行有效的沟通交流，不能彻底帮助他们解决问题。针对这些特殊的个案。在开展深度辅导时可以选择“体验法”这种特殊的方式。所谓体验法，就是让学生通过参观游览、角色扮演、素质拓展训练等身临其境、亲身体验的活动获得教育和帮助，这种方法遵循了思想政治教育内化与外化辩证统一的规律。学校可以在特殊的时间开展主题教育活动，开办讲座，组织形式多样的体验活动，让学生在参加活动的过程中获得体验。学校还可以积极提倡学生深入社区，参加各种公益活动，获得不同的人生体验。高校开展体验活动，一方面，辅导员要积极推进内化过程，通过正面教育灌输和社会实践活动使学生形成正确的认识。另一方面，辅导员又要善于引导外化过程，通过多种形式引导学生陶冶情感、坚定信念、磨炼意志。创造机会和条件引导学生投身实践、发挥才能，从而培养学生良好的思想政治素质和适应社会的能力。运用这种方式时，一要为学生创造或者选择合适的场合环境；二要在学生体验过程中适时加以亲身示范和引导；三要注重帮助学生把体验感悟转化为解决实际问题的能力和方法。

第四节　深度辅导的案例

“耐心聆听，认真分析，重点切入，逐步疏导”
——针对患有抑郁症的研究生深度辅导案例

一、案例概述

在研究生班级中，有一名学生在大四考研之后，确诊患上了抑郁症。通过暑假的治疗，病情稳定后便顺利入学，与其他研究生一同修读研究生课程，由于他的情况特殊，他母亲从河北赶赴学校，在学校附近的出租屋中与他一起生活。自他入学起辅导员便一直对其学习、生活等方面密切关注，他一直没有出现明显的心理问题。直至研一第二学期快要结束的时候，辅导员发现他对于研究生课程内容的理解力很弱，上课很认真但是对于老师讲授内容，据他的形容是：“根本听不进去，只能看到老师在说话，但是不知道他在说什么。”通过与他的谈话，发现他有一定的焦虑情绪，并且在对自己很没有信心，对身边的人和事没有兴趣，容易疲劳。由于本科时期学校成绩很不错，所以他对自己目前的定位以及期望值较高。他的母亲对他的照顾无微不至使得他对于自己目前的状况有着很大的心理压力，觉得学不进去便辜负了母亲的付出，进而产生了极大的挫败感。针对他的这些心理问题，辅导员对他进行了多次深度辅导，帮助他进行心理调适，增强其自信心，让他学会以平常心对待要做的事情，有的放矢，减轻个人负担。并且及时将他的情况与他的母亲进行沟通，请他的母亲带他去精神科复查，并与他的导师沟通，请他的导师能够帮助辅导员一起关注他，并对他的一些课程重新制订计划帮助其完成所修学分。经过一段时间的调整，到学期末，这名同学的所有研究生课程已经顺利修完，并且顺利开题，积极完成了导师布置的科研任务。

二、案例简介

该生本科时期学习成绩优秀，为人谦和，与班级同学相处融洽。大四时由于没有成功保研，继而进行考研复习，在复习期间心理压力较大，外加家里人的不断督促，多重刺激下，该同学患上了抑郁症。通过及时与积极的治疗，该生情况稳定后入学。但由于本科时期学习成绩很好，他在研究生期间对自己的定位也较高，但是他忽略了自己的基本生理与心理情况，使得他在听课以及完成作业等方面比较急躁，没有学习计划。再加上身边的同学相对于他而言学习主动性强，反应快等都让他感到心里不平衡，进而更加无法静下心来慢慢领会知识点，从而无法在规定时间内完成指定学习任务，耽误研究生期间进行科研任务。另外，据该生的母亲说，他进行抑郁症的治疗期间，由于感觉治疗药物会促使他增加体重，对服药这件事或多或少具有抵触心理，偶尔会有偷偷漏服的情况。在治疗抑郁症期间自主停药或者减轻药量，对于抑郁症的治疗是非常不利的，可能会造成情绪紊乱等不良影响，这对于该同学的学习也是有很大坏处的。

三、辅导方案

针对该生在患有抑郁症并且接受治疗期间所出现的心理问题，辅导员主要采取以下几点措施。

(一)通过深度辅导帮助其减轻焦虑情绪

辅导员与他约定每两周进行一次深度辅导，通过了解他半个月以来的学习、工作状况，帮助他分析出现的具体问题，缓解他紧张焦虑的情绪。学生通过倾诉分享，释放心理压力，感到被尊重和信任，获得老师给予他的支持的力量。在第二次辅导中，辅导员进一步向他分析他出现这些负面情绪的根源，使他了解自己的特点，对自己有一个明确的定位，并且明白这些负面情绪是如何引起并发生作用的。比如，当他很认真地在课堂上听老师讲课，但是无法理解老师说什么的时候，他会想“我当年学习是那么的好，可是现在老师说的我怎么一点也听不懂了”，这样的想法使得他更加焦虑，而老师在课堂上的讲课并不能因为他无法理解而终止，最终使得该生不断地聆听新内容，然后不理解，之后继续聆听新内容，这样恶性循环，产生焦虑情绪。在这种过敏性情绪反射作用下常常会产生较高的焦虑情绪，导致他产生紧张情绪。明白了这些心理特点后，辅导员还交给他一些基本的自我干预的方法，帮助他进行自我调节。

(二)帮助培养他与其他同学的沟通能力，适当地接受同学的帮助

对在辅导过程中遇到课程上的问题以及布置的作业，辅导员鼓励他积极尝试与其他同学相互交流，建立对他人的信任，并明白学习是一种思维训练的过程，作业可以互相交流着去做，思考独立就行。只有这样他才能真正减轻因担忧产生的潜意识条件反射情绪。锻炼自己的沟通能力，适当接受身边的帮助，使自己的学习过程更加顺利。

(三)鼓励他增强信心，建立起他对未来学习与科研的自信心

对该生过去的学习给予充分肯定，帮助他发掘自身优势，认清自己的情况与不足，并进一步辅导学生接受缺点也是自己的一部分，从而更加自信，增强克服困难、接受失败的勇气和力量。辅导员通过适当地自我表露，使他领悟到学习生活中出现生理与心理的矛盾和问题是正常现象，每个人都有负面情绪主导的时候，只要学习一些自我调适的方法，坚持不放弃，就能战胜困难，走出困境。

(四)帮助他梳理目前的状况，发现问题并制订学习计划

辅导员对该生目前学习上以及心态上出现的问题逐一梳理，以他能接受的方式耐心向他阐述，使他了解到自己的基本能力范围，给予正确自我定位。之后，与他一同分析他未来的学习目标，以及他希望自己在科研与学习上能够有什么样的突破，针对他的想法制定明确而可行的学习计划，帮助他进一步他完成研究生课程。

四、经验与启示

通过几次深度辅导，该生已经认识到自己的心理特点，以及自身生理与心理的不足，能够平和地接受自己与他人在接受知识的能力上具有一定差距的事实。并在他对自己定位准确的情况下，耐心聆听他自己的一些看法，明确具体心理问题，帮助其恢复自信心，有针对性地与他一同制定未来的学习计划，提高他的学习能力。

这一系列深度辅导发挥积极作用，引起了一些思考。首先，研究生的心理健康是辅导员工作中的“重头戏”，他们在上研究生之前，有些人经历过考研的压力，有些人在工作单位中接受一些新的思想，而在研究生期间，可以说又都回到了同一起跑线，这样便使得研究生这个群体的构成复杂，每一类学生都有着与其他类型学生不同的心理特征与心理压力。所以，关注研究生心理健康是学生工作的重中之重。其次，研究生的心理健康受到以前学习经历的影响很大。辅导员在进行学生工作时，不仅应该关注学生目前的心理、学习、生活状况，也应对特殊学生进行以往心理、学习、生活的“历史”追溯，这样才能在学生出现心理问题的时候及时而准确地发现问题，进行下一步的心理疏导工作。最后，研究生的深度辅导与本科生的不尽相同。辅导员在对他们进行谈话时，应找准方法，尽量以“朋友”的身份而不是“师长”的态度与其进行沟通交流，找到产生问题的深层次原因，顺藤摸瓜，理清思路，不为表现所迷惑，这样许多看似复杂的问题也就迎刃而解了。

学习资料

[1]闫亮亮：《重塑与建构：马克思主义主体间性视阈下的高校深度辅导工作》，http://www.jyb.cn/rmtzcg/xwy/wzxw/201902/t20190226_214386.html ，2021-03-16

[2]BNU思享者：《郭智芳：十载赤子，四业十心，呵护一路花开》，https://www.bnu.edu.cn/bsgs/87798.htm，2021-03-16。

[3]邹菁，蒋波：《〈爱情找对门〉第一堂恋爱课 学会如何交流》，

http://ent.people.com.cn/n1/2017/1213/c1012-29704255.html，2021-03-16。

[4]王世瑶：《大学生预防心理危机 可以试试这些办法》，http://lxjk.people.cn/n1/2019/0911/c404177-31348912.html，2021-03-16。

[5]李铁群，杨迪：《大学生抑郁症发病率逐年攀升 大一和大三高发》，http://health.people.com.cn/n1/2019/0729/c14739-31260957.html，2021-03-16。

[6]逸飞：《象牙塔里的爱情课 这个可以有》，http://opinion.people.com.cn/n/2015/1111/c159301-27800752.html，2021-03-16。

[7]宋伟涛：《情感教育要向说教说再见》，http://edu.people.com.cn/n/2014/0923/c1053-25719297.html，2021-03-16。

[8]余靖静：《"情商"课让"90后"学习了解他人和感知幸福的能力》，http://edu.people.com.cn/GB/n/2012/1011/c1053-19228485.html，2021-03-16。

[9]马晓晴，白皓：《大学生抑郁症发病率攀升引热议 "心灵感冒"要对症下药》，http://edu.people.com.cn/n1/2019/0826/c1053-31316593.html，2021-03-16。

[10]杜园春，徐晨：《大学四年怎么过？91.2%受访新生称会给自己立规矩》，http://politics.gmw.cn/2019-09/05/content_33136874.htm，2021-03-16。

[11]宫辞：《要"文武艺"也要"小清新" 高校特色选修课调查》，http://edu.gmw.cn/2019-01/24/content_32400502.htm，2021-03-16。

[12]雷爱侠：《华南理工大学："新生加油站"助力新生规划大学生活》，http://difang.gmw.cn/gd/2018-09/07/content_31041592.htm，2021-03-16。

[13]王维家，刘妍：《中国传媒大学：实施新生引航工程 助力学子梦想起航》，http://media. people. com. cn/GB/40606/15689871. html，2021-03-16。

[14]何丽娜，李彬：《大学生焦虑些啥 听听心理医生怎么说》，http://health. people. com. cn/n1/2019/0910/c14739-31345892. html，2021-03-16。

[15]杨勇平：《为学以严成大器》，http://edu. people. com. cn/n1/2019/0905/c1053-31338947. html，2021-03-16。

[16]苗楠钰，董晓伟：《北青报：大学生为何热衷玩游戏》，http://opinion. people. com. cn/n1/2019/0419/c1003-31038202. html，2021-03-16。

第十章 校园文化建设

大学校园文化是大学的生命，在继承和传播中华民族优秀文化中扮演着关键角色，在繁荣和发展社会主义先进文化中担负着重要职责。党的十八大提出教育的根本任务是立德树人，《中国普通高等学校德育大纲》把校园文化建设作为高校德育教育的重要途径之一，强调了“加强校园文化建设，优化育人环境，发挥环境的育人功能”①。2004 年，中华人民共和国教育部、团中央发布了《关于加强和改进高等学校校园文化建设的意见》，意见从大学生思想政治教育角度，对高校校园文化建设的目标、任务和途径做了详尽阐述，明确了大学校园文化对开展高校思想政治工作重要的促进作用。

第一节 大学校园文化概述

一、校园文化的内涵

大学校园文化是一所高校在长期办学的

① 中华人民共和国国家教育委员会：《中国普通高等学校德育大纲》，载《中国高等教育》，1996(2)。

教育实践过程中，依据社会的要求，在既定的教育目的和学校目标的指引下，全体师生员工通过教育、生活和劳动等实践活动直接参与和创造而形成的，为其所公认和遵循的价值取向、思维方式、行为规范和准则的总和。它是生长发展在高等教育环境中经过长期积累、沉淀、创造、选择的，具有鲜明的、相对独立的特征的一种文化现象。大学校园文化，就其形式而言，属于人的思想范畴；就其内容而言，是教育目的和学校目标的反映，即坚持以马克思主义为指导思想，以社会主义先进文化为导向，把大学生培养成为有理想、有道德、有文化、有纪律的，面向现代化、面向世界、面向未来的合格的社会主义现代化建设者和可靠的接班人。作为一个有机系统，大学校园文化主要包括物质文化、精神文化和制度文化等基本内容。

(一)大学校园物质文化

大学校园物质文化包括两方面：一是硬件设施，既包括教学、科研、生活、设备、设施、建筑物等，也包括根据一定的目的去专门布置或创造出来的、赋予其特定文化内涵的、体现一个学校办学理念和特色的自然和人文环境。它能够对广大师生员工产生潜移默化的教育作用，主要包括校园美化绿化，校园景观、标志性建筑、新闻橱窗、板报专栏等。二是软件设施，相对于硬件设施看得见、摸得着的外显办学条件，软件设施主要包括师资力量、学科专业设置等内隐的教学条件，两者共同构成完整意义上的校园物质文化。校园物质文化是校园文化的根基和外在标志，发挥基础性的作用。

(二)大学校园精神文化

大学校园精神文化是高校发展过程中，经过长期的历史积淀、选择、凝聚、发展而成的，集中反映一所学校的办学宗旨、培养目标及其独特个性，并为广大师生员工所认同的精神财富。校园文化往往通过各种校园活动，包括师生员工的教学、科研、体育美育活动、社会实践、生活娱乐等动态表现出来。这些活动所蕴含的文化内容和精神气质的总和构成的校园活动文化，是校园精神文化最生动具体的表现，是校园文化得以产生和不断创新发展的源泉，是大学生个性全面发展的“练兵场”，也是校园文化与社会主流文化、与其他亚文化之间相互影响和交流的重要渠道。

(三)大学校园制度文化

大学校园制度文化是高校在教学、科研、管理、生活、活动中，为了规范和约束师生员工的行为，维护正常的教学秩序和生活秩序而制定出的在各种规章制度中体现出的文化。相对于有形的物质文化和无形的精神文化，制度文化是校园文化的外在表现形式，既包括反映学校校园制度文化共性的法律法规，也包括体现不同学校制度文化个性的管理制度，其实质是反映学校调控的程度、监控的原则和管理的张力，是校园文化向更深层次发展的前提和保障。校园制度建设的最终目的是使受教育者能够形成自我约束、自我管理、自我教育的习惯。因此，学生会组织、社团建设作为学生自己组织、自己管理的一种尝试，其活动过程是校园制度文化的具体表现。此外，大学校园网络的不断普及和新媒体平台的不断发展，网络文化也渐渐地深入到校园文化中，在与校园文化的相互渗透中形成了高校校园网络文化，网络文化的管理问题也逐渐成为新时期大学校园制度文化的一个重要组成部分。

总之，大学校园文化的三个基本内容是密切联系、相互影响、相互渗透的。其中物质文化是校园文化的基础，精神文化是校园文化的统领，制度文化是校园文化的保障，它们相互作用而构成一个有机的整体。

二、大学校园文化的特征

(一)学术性

学术性是大学校园文化区别于其他类型文化的最显著特征和重要标志。重视学术历来是大学校园文化的一个重要取向。从高校自身来看，高校拥有大量较高文化的专家学者、丰富的图书资料、众多的科研项目、前沿的科技文化信息等学术研究所需要的得天独厚的资源，这就决定了高校校园文化必然具有独特的学术性特征。

(二)超前性

大学校园文化独特的学术性，决定了它必然具有历史的超前性。大学校园内专家、教授云集，他们不断地追求超越，努力创造出新的精神产品和文化财富。同时，高校还聚集了一大批思维活跃、意识超前、善于并乐于接受新知识、新观念的大学生，他们想方设法通过各种途径和方法，获取新知识、新信息。正是高校这两个关键的主体对文化的理想状态更具积极的探索精神，使得校园文化必然要指向未来，具有历史的超前性。

(三)创新性

大学校园文化的超前性特点，必然要求其具有创新性。大学的本质在于创新，大学文化的活力也在于创新，高校校园文化也必然将创新作为自己追求的灵魂。高校校园文化的创新性就在于要有创造新思想、新观念，具有为国家提供创新精神与创新能力源泉的特质。

（四）开放性

高校校园文化的创新性，内在地要求高校校园文化必须提高其开放水平。一方面，从普遍联系的原理来看，作为社会文化的一部分的校园文化与外部的世界、其他文化之间不断地进行信息、能量和物质的交流，在汲取社会主流文化和其他亚文化的营养和精华中发展和完善；另一方面，随着信息技术的发展，校园文化的开放性日益明显，在网络技术的推动下，校园文化与外界的交流和影响超越时空的限制，开放性得以不断增强，从而成为校园文化的主要特征。

（五）时代性

大学校园文化往往能成为时代的晴雨表，具有鲜明的时代特征。高品质的高校校园文化的时代特征包括两个方面，一是在内容上，高校校园文化以社会主义先进文化为导向，唱响时代主旋律，并不断地与时俱进；二是在形式上不断创新，如在网络时代，微博、微信等，成为大学生中流行的、时尚的、充满时代气息的传递信息的方式和手段。

（六）高品位性

高校校园文化的学术性、超前性、创新性、开放性和时代性的特征，都昭示了高校校园文化的具有其他类型文化所无法企及的高品位性。在我国，当前的主流文化是以马克思主义和中国特色社会主义理论为指导的社会主义先进文化，先进的文化意味着高品位的文化，体现着高校校园文化的导向性。

第二节　大学校园文化建设的途径与特点

校园文化建设中的物质文化、精神文化和制度文化三个层次都是校园文化建设的客体，具有改造对象性、客观规律性。而学生则是校园文化建设的主体力量和生力军，按照学校的办学理念和育人目标，在校党委的正确领导和各职能部门的通力配合下，在广大教职员工的指导和帮助下，学生积极参与校园文化的各项活动，充分发挥主体能动作用，成了校园文化活动的主要依靠力量和实现力量。

一、学生参与的制度文化

制度文化就是人们对制度制定与执行的内在规律性认知。在高校里，学校的每一项管理制度都与学生息息相关，因此在制度制定的过程中，要体现学生的利益需求，给学生直接或间接参与制度制定和执行的机会，真正体现制度对学生的人文关怀和对学生发展的有利作用。

(一)学生参与的学生会组织制度

大学学生会组织一般是指各高校的学生会和研究生会，是中华全国学生联合会(简称全国学联)在各院校的分支机构，是学生自己的群众组织。它的基本任务是遵循和贯彻党的教育方针，在学校共产党组织的领导和共青团组织的指导、帮助下，发挥党和学校联系同学的桥梁和纽带作用，开展健康有益、丰富多彩的课外活动和社会服务，促进同学德、智、体全面发展，团结和引导同学成为热爱祖国、适应中国特色社会主义现代化建设事业要求的合格人才。

清华大学在学生组织参与学校管理方面做出了有意义的创建。清华大学学生会权益部创办了“校长接待日”，由学生会主管学生权益工作的副主席主持。在接待日的时间段里，学生可以根据自己的需求和看法提出自己的意见和建议，学校会尽量给学生们解决。北京师范大学利用学生会、研究生会、北师青年报社等新媒体平台畅通学生诉求征集渠道，定期发布权益报告，及时沟通反馈校内施工、宿舍供暖、食堂菜价、失物招领、图书馆占座、通宵自习室、学生活动租借教室等关系到学生切身利益的问题。完善学生代表大会和学生委员会职能，学生主动参与学校治理体系，完善以团组织为核心和枢纽、以学生会研究会为学生“自我服务、自我管理、自我教育”主体组织的工作格局。

(二)学生参与的互联网媒介制度

高校相关制度制定之后，若存在与学生诉求相冲突的地方，就需要学校采取激励相容的原则，使学校目标的实现与大学生利益的满足保持一致性。如果一致性意见不容易取得，学生又无法直接参与到管理中的情况下，就可以利用网络工具的便捷性，让学生通过网络间接地参与到学校的管理中来，这样的措施有助于学校尽可能地了解学生们的意见，为学校整体性决策奠定基础。

上海师范大学设立“校长在线”栏目作为学生间接参与学校管理的长效机制。校长作为 BBS“校长在线”的唯一版主就学校管理制度存在的有关问题与学生进行了公开的民主对话，学生们纷纷进入 BBS 系统与校长进行了交谈，大量有关“学校图书馆问题、学生食堂问题、学校医院问题、学校治安问题”等与学生密切相关的因素不断被提出来，学生们对“校长在线”这种间接参与学校管理的机制很满意。

二、学生品味的精神文化

学生品味的精神文化是适应学生要求和时代需求的文化形式。学生校园文化活动是展示学生风采的一个大舞台，可以丰富和拓宽学生的知识面，开阔学生的视野，提升学生的思想素质和人文素质。科技和文化艺术活动可以提升大学生的鉴赏能力，培养学生的创新能力。社会实践活动可以使学生在接受教育、服务社会的同时，增强他们的社会责任感和历史使命感。

(一)发展高品位的学生校园文化活动

学生校园文化活动主要依托学生会组织、社团开展，学生会组织是大学生自我管理、自我教育、自我服务的重要阵地，大学生社团是高校学生遵循专业性、自愿性、兴趣爱好同一性的原则，自主开展活动的学生团体。学生校园文化活动作为校园文化活动的一个重要组成部分，作为第二课堂的延伸，是提高学生素质的有效平台，是开展思想政治教育的重要形式。学生校园文化活动在开展过程中逐步形成了学生会组织、社团文化，这是大学生在学生活动中所创造的精神财富、文化心理氛围以及承载这些精神财富、文化心理氛围的活动形式和物质形态，是大学学生会组织、社团物质财富和精神财富的总和。学生会组织、社团文化的繁荣也极大地推动了学生校园文化活动的品位。内容丰富、知识含量高、具有前沿性的学生校园文化活动可以提升学生的审美观、价值观和文化品位，使大学生在参与学生会组织、社团活动中受到潜移默化的影响，思想感情得以熏陶、精神生活得以充实、道德境界得以升华。

(二)开展高品位的学生科技和艺术活动

青年学生参加学术科技活动，是现代化发展及高科技时代的发展对学校培养创新人才的急切要求，大学生科技活动的开展可以说是引导大学生刻苦学习、探索真知、立志成才的重要途径。现代高校围绕着经济全球化、信息通信网络化、科技成果的转化等知识背景，开展了大量的科普宣传、学术讲座、科技知识竞赛等活动。为了培养学生的创新精神，高校以每年一届的“挑战杯”全国大学生系列科技学术竞赛活动为契机，依托学校团委学生科技协会，鼓舞学生积极申报学术课题，组织大学生进行科研论文的研讨，举办大学生科技文化节等，大力培养大学生们的科研创新精神和实践能力。全国“挑战杯”系列竞赛活动的很多成果也都转化为现实生产力，推动高校、社会创新创业事业的发展。有的高校根据自身的情况，开展了适合自己学校办学精神的科技活动。例如，北京师范大学已举办 25 届的“京师杯”课外学术科技作品竞赛、哈尔滨工程大学每年一度的“五四杯”大学生科技作品竞赛等。

文化艺术活动是丰富学生业余生活，展现学生风采，陶冶学生情操的重要途径。文化艺术活动有助于学生审美情趣的发展，有助于学生创造美、表现美以及学生创造思维能力的发展。现代高校都十分重视促进大学生艺术团的发展；投入一定的财力让大学生文化艺术团大力开展各种文艺活动，比如举办“文化艺术节”“传统文化学习班”“全国大学生文艺汇演”“慰问演出”，乃至赴其他国家进行艺术巡演活动。大学生还积极开展歌唱比赛、舞蹈大赛、环保服饰大赛、迎新生和送毕业生晚会、“一二・九”合唱比赛、十佳歌手大赛等文艺活动。从而促进学校德育和美育工作，对学生的成长发挥着重要的作用。

第三节　大学校园文化建设的常见问题与解决方法

一、常见问题

(一)党对大学校园文化建设的意识形态领导地位受到挑战

作为一个社会主义国家，马克思主义和中国特色社会主义理论是我党和我国最重要的指导思想，也是高校校园文化建设与发展的指导思想。党作为社会主义建设的核心，必然在高校意识形态领域处于领导地位。但是，经济全球化的发展，科学信息技术的进步，使文化的交流与传播速度大大加快，高校校园文化也不可避免地受多元化思潮的影响，在文化建设理论指导方面出现了某些困惑，部分高校甚至出现了弱化马克思主义在高校校园文化建设中指导地位的倾向，作为校园文化建设主要载体的校园文化活动缺乏思想政治引领的精神内核，“为办活动而办活动”成为不少学校的通病，少数校园文化活动甚至还隐现西方错误思潮的影子。

(二)校园文化建设的育人目标不够明确

大学校园文化建设的目标与学校的总体发展目标应该是一致的，是学校定位和发展目标的集中反映，也是学校办学宗旨和一定时期主要任务的重要体现。当前有的高校在校园文化建设中存在对建设什么样的校园文化缺乏深入思考、对怎样建设校园文化缺少必要的论证和规划等问题，校园文化建设过程具有盲目性，目标不够明确，针对性不强，重点不够突出。有的学校把校园文化建设仅仅停留在视觉层面，主要在校园环境绿化、美化和文化活动设施方面做一些工作，忽视了深层次精神文化的提炼、构建和弘扬。有的高校都把校园文化建设等同于学生业余活动的开展，并没有把校园文化建设放在整体办学方向和培养目标的大背景下来操作实施。有些校园文化活动没有主题，没有明确的指导思想，质量不高，学生参加后没有获得感。

（三）全员育人效果不够理想

一方面，教师教书育人的作用没有很好地发挥。长期以来，大家一谈起校园文化，就认为是学生工作部门和学生的事情，与教师没有多少关系。实际上，校园文化建设离不开教师，教师是校园文化建设的重要参与者，教师的人格和文化涵养直接影响所培养学生的质量，他们的整体凝聚力对校园文化的形成起着重要的作用。从我国高校校园文化的现状看，学生的校园文化生活中，除学生参与外，主要是学生工作队伍的教师参与，而专业教师与其他行政人员很少参与，与学生的交流也是屈指可数。

另一方面，管理人员简单的工作模式和服务人员水平的差异，削弱了管理育人和服务育人的作用。高校校园文化的先进性取决于校园人的素质，管理和服务人员的管理水平和服务意识也影响着校园文化氛围。由于历史原因，高校现有的教职工队伍构成复杂，人员素质不齐，无法满足建设先进的高校校园文化对教职工队伍的高素质要求，直接影响了校园文化建设的进程和质量。

（四）校园文化特色不够鲜明

校园文化特色是对本校办学传统、办学定位总体特征的提炼和总结，也是一所学校校园文化生命力和感召力的重要标志。近年来大多高校都非常注重校园文化建设，并取得了很大的成绩。但相当一部分高校在推进校园文化建设中，对本校的办学定位和办学特色缺乏深刻总结和深入挖掘，在精神文化建设层面上存在忽视自身特点和传统的问题，存在彼此借鉴、相互套用的现象，使校园文化建设的内容上共性多、个性少，特色不鲜明。从而对大学生的吸引力、感召力不强，不能在大学生思想中产生共鸣。一些高校过于追求内容的完美，语句的工整，形式的新颖，而忽视了对自身文化传统积淀的深刻总结。在物质文化层面上，存在急于求成、搞突击、做面子工作、抓形象工程的现象。在校园绿化、美化和设施建设等方面，缺少长期系统的研究论证和科学规划。在学校的视觉(形象)文化识别系统的构建方面，普遍“拿别人的篮子装自己的蛋”，存在学校之间在内容上相互借鉴、在形式上相互套用的现象。在制度文化层面上，更是缺乏创造性，各种引导学生思想和规范学生行为的规章制度，往往只是根据上级有关文件和制度内容稍做调整，在具体执行中缺乏针对性。

(五)校园文化建设的长效机制有待完善

大学校园文化建设长效机制就是通过建立健全各项规章制度，实现校园文化建设的长期化、常态化、规范化，使主动融入校园文化逐渐成为全校师生的自觉行动。从当前各高校实施校园文化建设的实践看，长效机制尚未形成，校园文化建设仍存在随意性、间歇性、短期性等特点。主要表现在大部分高校没有将校园文化建设列入重要议事议程，学校领导层面对校园文化建设相关内容的学习和研究不多，对校园文化建设没有进行全校性专门部署；关于校园文化建设的各项规章制度不够健全，对校园文化建设和校园文化活动的引导和规范作用不强；师生参与校园文化活动的主体性、目标性、自觉性不强，而且存在较为明显的功利性色彩。总体来看，高校校园文化建设中，尚未形成党委有效领导、相关部门协调配合、师生全面有序参与的校园文化建设格局。同时，也没有形成比较完善的校园文化建设评价体系，对校园文化建设的实施效果不能及时做出全面、客观、科学地评价，不能及时纠正校园文化建设中的不足，也不能对下一步的校园文化建设做出及时有效地指导。

二、解决方法

(一)以社会主义核心价值观引领高校校园文化建设

(1)坚持以马克思主义为指导，强化马克思主义在高校校园文化中的主导地位。

马克思主义是我国社会主义核心价值观的指导思想和理论基础，也是我国社会主义核心价值观的最根本内容。首先，要以马克思主义理论，特别是现阶段党的价值理论来指导高校校园文化建设的全部实践。切实以马克思主义的世界观、人生观、价值观、道德观、审美观的根本观点和基本要求，指导物质文化、精神文化和制度文化建设，确保高校校园文化建设的正确方向，不断强化校园文化在大学生思想政治教育中的地位和作用。其次，要始终坚持马克思主义在高校校园文化中的主导地位，保持和巩固马克思主义在高校校园意识形态领域的优势地位。要充分利用微信公众平台、校报、广播、校园网、宣传栏等校内舆论和文化阵地，积极宣传马克思主义的基本理论，尤其要大力宣传党在新的历史时期的重大理论成果；大力宣传党和国家在全面建设小康社会过程中的各种政策方针；着力宣传在这些理论成果指导下中国特色社会主义事业取得的重大成就、学校改革发展取得的重要成就。要加强对新媒体平台、校园BBS、贴吧及各种学生刊物的监控和引导，维护好马克思主义在各种舆论阵地的主导地位。要加强对各种文化活动的指导工作，体现校园文化活动的目标性，增强校园文化活动的育人作用。

(2)坚持以中国特色社会主义共同理想为根本价值目标，强化校园文化的理想信念教育功能。

高校校园文化要积极承担起培养青年大学生坚定中国特色社会主义共同理想的教育功能，通过各种校园文化形式将中国特色社会主义的共同理想转化为大学生的价值追求、价值取向和价值目标。

(二)打造鲜明的校园文化特色，增强实践育人实效

校园文化活动要彰显学校的文化传统和特色。高校校园文化活动是大学生参与校园文化实践过程、接受校园文化熏陶、提升自身文化修养和品位的重要渠道和方式。作为大学生思想政治教育的重要渠道，高校校园文化活动不仅要体现自身的娱乐功能，而且要具有明显的育人功能。在校园文化活动的审批、组织、管理、监控过程中，学校的党委学生工作部、团委等主管部门既要各尽其职又要相互配合，加强对文化活动的引导和审查，确保文化活动内容积极健康，具有较强的思想性和教育意义。同时，要加强对学生社团建设的引导和管理，着力加强那些能够强化大学生自我教育与管理的，有利于大学生身心健康发展的，具有培养学生能力、社会服务性质的思想性、创新性、服务性、教育性社团的建设。校园文化活动从内容上和形式上都要注重体现时代特征和学校特色，创新性、服务性文化活动要结合学科专业特色，使同学们在参与活动中强化对专业学习内容的理解和认识，思想性、教育性甚至娱乐性文化活动也要具有特色，从本校实际和学生思想出发确定活动内容。只有这些贴近思想、贴近生活、贴近实际的文化活动，才能更有效地引起同学们的思想共鸣，达到活动育人的良好效果。

（三）用科学的评建体系指导高校校园文化建设

(1)遵守大学生思想政治教育规律，建立科学的评建体系是当前开展高校校园文化建设的必然要求。

中国社会正处于重要的转型期，社会文化多元并存、互相碰撞、不断融合，高校改革正在探索中不断推向深入，当代大学生的思想非常活跃，接受各种文化的影响较多，必须增强校园文化建设的目的性、针对性和自觉性，建立一套完善的评建体系来指导和规范校园文化建设进程，才能收到预期的效果。从大学生思想政治教育的视域来看，高校校园文化建设要遵循的规律主要包括：高校校园文化形成与发展规律、大学生的思想和心理形成发展规律。高校校园文化建设的效果主要体现在：校园文化满足大学生思想政治教育的条件、校园文化在大学生思想政治教育实施过程中的作用、校园文化促进大学生思想政治教育的效果等方面。借鉴其他评建体系的内容和形式，高校校园文化评建体系应包含指导思想、组织领导、基本条件、制度建设、实施过程、实施效果、文化特色等方面，这些方面都要充分体现大学生思想政治教育的内容和要求。

(2)遵守大学生思想政治教育规律，建立高校校园文化评建体系需要凸显大学生思想政治教育的目的和要求。

在指导思想上要强调校园精神文化建设，体现先进文化的发展方向，突出德育首位，着力于加强“四有人才”的培养；在组织领导要建立专门的领导小组和评建机构，党委学工部、团委等相关部门负责人要作为领导小组成员，以确保校园文化建设的方向、重点和实施过程；在基本条件建设方面既要强调文化设施建设，又要突出队伍建设，把思想政治理论课骨干教师队伍、学生工作队伍状况作为考核的重要内容；在制度建设方面既要重视校园文化建设规划情况，统筹兼顾、稳步推进，又要体现校园文化建设与实施的具体制度和措施的可行性；校园文化建设的实施过程既要从物质文化、精神文化、制度文化的具体措施来考察，又要考虑校园文化建设过程中遵循校园文化形成与发展规律、大学生的思想和心理形成发展规律的情况；实施效果上要重点考察校园文化促进大学生思想政治教育中发挥的实际作用和效果；在文化特色既要体现学校的办学定位、办学特色、人才培养定位、学校文化传统，又要体现时代特征和社会对人才的要求。

第四节　大学校园文化建设的案例

一、北京师范大学加强校园文化建设思想政治教育途径

北京师范大学高度重视校园文化建设工程，将其作为加强大学生思想政治教育、营造心理健康和谐环境的重要途径，形成了党委统一领导、党政共同负责、师生员工积极参与的学校文化建设格局。学校本着特色鲜明、多样性、创新性和品牌化的原则，组织开展形式多样、内容健康、格调高雅的各种文化活动，加强文化建设的研究和交流，积极发挥校园文化全方位熏陶感染、多渠道潜移默化的教育功能。

(一)树立品格——加强校园精神文化建设

学校大力弘扬“爱国进步、诚信质朴、求真创新、为人师表”的优良传统和“学为人师，行为世范”的校训精神，将其贯穿在校园文化建设的一切方面。学校充分发挥校史展、文博馆的展示教育功能，面向师生开放，使他们感受学校深厚的文化积淀和深刻的人文内涵。

学校大力营造“书香北师大”的校园文化氛围，举办读书文化节、读书日活动，开展各类名著导读、名师推荐经典书目、“漂流阅读，好书分享”“数字阅读，数字图书资源推介”，最大限度地便利学生阅读，使学生养成崇尚读书、热爱读书、善于读书的校园读书学习氛围，塑造师生共同的价值观念和文化品格。学校通过出版《发展的足迹——北京师范大学老照片图册》《涓流——北京师范大学师生文艺作品百篇精选》，汇编校报优秀文艺作品，激励广大师生增强精神文化凝聚力。学校通过丰富多彩的精神文化活动，强化“治学修身，兼济天下”的办学理念，加强校风校训建设，凝练师大文化特点，塑造师大文化品格。

（二）营造氛围——加强校园形象文化建设

学校对校园环境和人文景观进行整体规划，致力于建设精致校园。充分发掘五四纪念碑、鲁迅像等爱国主义教育类型景观，以及木铎、校训碑、老校钟等承载师大传统内涵的标识景观，将其铺陈到校园的主要角落，做到每处景点都是精品，每处景观都有故事，提高了校园文化内涵。此外，在各教学楼、办公楼、图书馆等公共建筑内部，结合各建筑本身用途，建设了一批独具特色的文化走廊。通过文化走廊宣传学校相关历史、各学科发展历史以及各单位发展现状，打造了处处见文化、时时有文化的氛围。通过推进学校形象设计和塑造工作，将形象标识系统纳入新建校区规划、设计和建设过程之中，保持学校形象的总体一致性。

（三）打造品牌——加强校园学术文化建设

学校定期为全校同学开设各种类型的文化学术沙龙、讲座，北京师范大学励耘文化沙龙、求实大讲堂、学术前沿论坛、院士治学与人生、时代先声·名家讲坛、风云论坛、京师大讲堂等系列精品讲座为教师之间和师生之间提供了一个充分交流的平台，促进了不同学科学术观点的交叉融合和知识创新，进一步强化学术道德建设，营造崇尚创新、探求真知的学术环境和宽松和谐的学术研究氛围。学校利用强势学术资源，打造品牌活动。“大学生电影节”由北京师范大学于1993年创办，以“青春激情、学术品位、文化意识”为宗旨，以“大学生办、大学生看、大学生评”为特色，在教育、文化和影视三界有着广泛深远的影响，其权威性受到电影界人士的普遍认同。北京师范大学举办的“5·25大学生心理健康节”，2004年经团中央学校部、全国学联的倡导推广，成为全国大中学生心理健康节，每年的心理健康节都是一次关注大学生心理健康的峰会，其影响已经扩展到全社会。这些活动已经形成了独具师大特色的品牌，在全社会范围内引起了广泛的关注。

(四)扩大阵地——加强校园网络文化建设

学校网络文化建设坚持“以科学的理论武装人，以正确的舆论引导人，以高尚的精神塑造人，以优秀的作品鼓舞人”，将校园网作为宣传阵地，开辟理论宣传网站、网上党校、师悦网师生论坛等网络专区，拓展思想政治教育阵地，丰富网上教育活动。学校开展“网络文化论坛”系列活动，通过经常性的诚信教育、道德情操教育，引导学生正确认识和对待网络虚拟世界的本质。学校开办校园新闻网的英文版，扩大国际影响，进一步推进了与网易、新浪、百度等主要门户网站专题和内容等方面的合作，扩大了网络宣传阵地。学校加强校园网络信息安全监督与管理，减少网络垃圾的侵害，积极开展网络文化素质养成教育，把学生引向健康向上的校园网络文化潮流中去。

(五)突出特色——加强院系特色文化建设

学校各院系在学校文化建设规划的统一要求下，本着与学校文化协调发展、突出特色的原则，建设和发展各自的院系文化。各院系依托自身学术力量，根据各自的学科和专业特点举办了京师经管名家讲坛、辅仁国学讲坛、京师名家刑事法讲座、“传承民族精神，激扬中华文化”系列讲座、伦理学讲坛、与名师面对面系列讲座、读书文化系列讲座、“教育：职业与事业”系列讲座、京师教育论坛、“金声玉振”系列讲坛、“运筹帷幄，经纬天下”系列讲座、中国著名政治学家系列讲座等各具特色的学术活动。各院系学生会、学生社团以“学术与艺术相结合、传承与创新相结合、校园和社会相结合”为原则，积极开展高品位、前瞻性、社会化、开放式、互动型的校园文化活动。学生社团作为大学生的自治团体，是青年学生自我追求和自我发展的重要阵地。

学校北国剧社、心理健康者协会、书法协会、春秋学社、教育学社等一批学生社团走在首都乃至全国高校前列，成为校园文化建设的主力军，有力地发展繁荣了大学的校园文化。①

二、“品味经典　沐浴书香”北京师范大学2019年“世界读书日”活动

在第24个“世界图书和版权日”到来之际，2019年4月21日，北京师范大学第二届“BNU朗读者”读书朗诵会在图书馆举行。

本次读书朗诵会分为四个篇章。在第一篇章“国家·千载魂梦”中，来自文学院的钟润文和历史学院的申金女、谈绍军组合分别朗诵了诗歌《祖国啊，我亲爱的祖国》《屈原颂——生死交响》，来自中国人民大学的欧阳高翔朗诵《我用我残缺的手掌》。朗诵者们用声音传达对祖国的热爱，对先人的缅怀，为新中国成立70周年深情献

① 中华人民共和国教育部：《北京师范大学加强校园文化建设思想政治教育途径》，http://old.moe.gov.cn/publicfiles/business/htmlfiles/moe/s139/201007/92970.html，2021-03-18。

礼。在第二篇章“亲情·寸草春晖”中，来自经济与工商管理学院的冯智莹、郝李惠哲和地理学部的宋爽分别朗诵了《温馨，家庭不可或缺的气氛》《北京的春节》《红楼梦》选段。在第三篇章“爱情·思君常在”中，来自文学院的刘旭泽、数学科学学院的王佳欣和教育学部的王瑞珊分别带来作品《春江花月夜》《百合花开》《断不了的思念》。几位朗诵者的表演让观众们感受到了亲情、爱情的温暖。在第四篇章“青春·梦外拾光”中，来自经济与工商管理学院和哲学学院的蒋祎诺和赵璇组合带来作品《以梦为马》，来自外语学院的王燕和张慧朗诵了英语诗歌 *Youth and Happiness* 和 *Auld Lang Syne*。朗读者们精彩的朗诵赢得了在场观众们的热烈掌声。

评委们就朗读者们的表现进行了点评。评委宸冰指出，一次好的朗读或朗诵应带有很强的信息传播性，朗诵者们应更深刻地理解“走进文学作品本身”，用声律和音韵传达文字中的能量。评委薛静对本次朗诵会的形式、内容予以了赞扬，希望参赛的同学们能把朗诵时的情感传递给更多人，多读书、读好书，成为一个更加有用的人。评委崔岱远指出，朗读者们所选的文章体裁非常多样，建议朗读者们更好地把握“表”与“演”区别，在多人表演中应注意合作者之间的互动和呼应，这样才能在表演中更自然。评委刘莹强调了“朗读”与“朗诵”的区别以及“朗诵”对于文学作品的意义，并对朗读者们提出了更高的要求——应更熟悉文本、更富有情感，要把握语速、语调以及配乐与表演的结合。谭五昌指出，参赛者们选择朗读的文章题材涉及广泛是好事，但也应注意新颖性。选择适合自己年龄、符合自己生命体验的诗歌文章，才能使朗诵取得更好的效果。评委老师们的专业点评令参赛选手及观众们受益匪浅。

朗诵会还邀请了北师大“南山诗社”社团友情出演，集体朗诵了诗歌《定风波》；北师大图书馆部分馆员朗诵了诗歌《写给未来的你》，通过朗诵寄托了对青年学子的殷殷希望。

本届“BNU 朗读者”活动共收到 180 余件朗诵参赛作品，在 BNU 朗读者读书朗诵会活动之后，北京师范大学还将开展“观”经典、“摹”经典、“说”经典、“吟”经典、“玩”经典、“阅”经典、“答”经典等经典阅读活动，开展具有校园辐射力和号召力的、有意义的、有特色的阅读活动，真正将阅读推广服务工作做细、做实，为营造书香满溢的校园文化氛围贡献力量。

学习资料

[1]人民网：《人民日报评论员：全力培养社会主义建设者和接班人——论学习贯彻习近平总书记全国教育大会重要讲话》，http://opinion.people.com.cn/n1/2018/0915/c1003-30294721.html ，2021-03-16。

[2]人民网：《人民日报评论员：培养担当民族复兴大任的时代新人——论学习贯彻习近平总书记在全国宣传思想工作会议重要讲话精神》，http://opinion.people.com.cn/n1/2018/0831/c1003-30262329.html ，2021-03-16

[3]姜波：《红色影片进课堂让思政课燃起来》，http://theory.people.com.cn/n1/2019/0227/c40531-30904255.html，2021-03-16。

[4]陈建强，刘茜，刘志：《读书有榜样，青春在飞扬——天津外国语大学“天外书单”打造“三全育人”思政品牌》，http://dangjian.people.com.cn/n1/2019/0424/c117092-31046686.html，2021-03-16。

[5]李建斌：《以核心价值观构筑校园文化之魂——太原理工大学开创思政工作新格局》，http://dangjian.people.com.cn/n1/2019/0220/c117092-30807093.html，2021-03-16。

[6]蔡红生，胡中月：《立德树人，新时代大学校园文化的神圣使命》，http://epaper.gmw.cn/gmrb/html/2017-12/14/nw.D110000gmrb_20171214_3-14.htm，2021-03-16。

[7]王胜昔，崔志坚，丁艳：《网络正能量浸润河南高校 大道理“变身”网言网语》，http://media.people.com.cn/n1/2016/1215/c40606-28950612.html，2021-03-16。

[8]潘永明：《“价值项目品牌”构建大学文化三大途径》，http://edu.people.com.cn/n1/2015/1230/c1053-27994397.html，2021-03-16。

[9]冯立，王丽，徐玮，今传媒：《民办传媒院校校园文化的创新研究——以中国传媒大学南广学院为例》，http://media.people.com.cn/n/2015/0506/c395947-26958677.html，2021-03-16。

[10]朱书缘：《广东外语外贸大学：中文学院“凤鸣云山”系列活动》，http://cpc.people.com.cn/gqt/n/2014/0429/c362573-24957092.html，2021-03-16。

[11]易蓉：《让校园文化墙内开花墙外飘香》，http://www.people.com.cn/24hour/n/2013/0507/c25408-21395728.html，2021-03-16。

[12]四川农业大学政治学院：《新校区文化建设的难题及解决之道》，http://theory.people.com.cn/GB/n/2013/0217/c107503-20499448.html，2021-03-16。

[13]党波涛，潘凤：《以优秀家风文化教育助力大学生修好品德（新知新觉）》，http://opinion.people.com.cn/n1/2018/1129/c1003-30430967.html，2021-03-16。

[14]梁吉业：《大数据时代要创新高校思想政治工作》，http://edu.people.com.cn/n1/2017/1107/c1053-29631447.html，2021-03-16。

[15]王菁华，梁园：《传播技术对大学文化的影响》，http://media.people.com.cn/n1/2017/0614/c14677-29338054.html，2021-03-16。

[16]吴舸：《营造大学生核心价值观教育的无形环境》，http://ccn.people.com.cn/n/2015/0826/c366510-27519522.html，2021-03-16。

[17]邹平辉，徐雪亮，李叶萍：《“周末驿站”：勾画 80 天的兴趣事儿》，http://edu.people.com.cn/n/2014/1124/c1053-26080165.html，2021-03-16。

[18]李大林：《江苏师大：用节气串起大学美好记忆》，http://www.jyb.cn/rmtzcg/xwy/wzxw/201804/t20180405_3042281.html，2021-03-16。

第十一章　理论和实践研究

第一节　辅导员开展理论与实践研究的重要意义

高校辅导员是大学生的政治引路人，是高校开展大学生思想政治教育的骨干力量，是大学生健康成长的指导者。近年来，党和国家先后颁布了《中共中央国务院关于进一步加强和改进大学生思想政治教育的意见》《教育部关于加强高等学校辅导员、班主任队伍建设的意见》《普通高等学校辅导员队伍建设规定》《普通高等学校辅导员培训规划(2013—2017 年)》《高等学校辅导员职业能力标准(暂行)》等一系列文件，高校辅导员工作和辅导员队伍建设均取得了可喜成绩。党的十八大以来，党中央高度重视学校思想政治工作和辅导员队伍建设，把辅导员工作纳入"立德树人""铸魂育人"的战略高度加以考量，进一步明确了新时代高校辅导员工作的政治方向、重点任务和历史使命。党和国家多次强调"加强对高校辅导员的培训，提高高校辅导员职业能力”[①]。习近平总书记更是指出：“要拓展选拔视野，抓好教育培训，强化实践锻炼，健全激励机制，整体推进高校党政干部和共青团干部、思想政治理论课教师和哲学社会科学课教师、辅导员班主任和心理咨询教师等队伍建设，保证这支队伍后继有人、源源不断。”[②]进入新时代，高校辅导员要善于把握当前国际国内新形势，准确跟进新时代大学生成长的新情况，有针对性地探索学生工作的新方法，总结归纳学生工作的基本规律，提升自身的理论和实践研究能力，实现由单纯的实践型角色向“实践—研究”复合型角色的转变。

习近平在党的十九大报告中提出，“经过长期努力，中国特色社会进入新时代，这是我国发展新的历史方位”[③]。进入新时代，大学生肩负了新的时代使命，他们是实现中国梦的主力军，而广大教师是打造这支“梦之队”的筑梦人。习近平指出：“建设政治素质过硬、业务能力精湛、育人水平高超的高素质教师队伍是大学建设的基础性工作。”[④]随着党情国情世情发生的新变化，高校思想政治教育呈现出新的特征，也对高校辅导员的理论和实践研究能力提出了新要求。习近平总书记特别强调要提高高校思政课教师的理论水平和实践能力，要求“坚持理论性和实践性相统一，用科学理论培养人，重视思政课的实践性”[⑤]。基于此，提高辅导员的理论和实践研究能力，有利于更好地应对时代变化提出的新要求，落实人才培养的新

---

① 《十二届全国人大一次会议〈政府工作报告〉辅导读本》，北京，人民出版社，2013。

② 习近平：《习近平谈治国理政》(第二卷)，422页，北京，外文出版社，2017。

③ 习近平：《决胜全面建成小康社会　夺取新时代中国特色社会主义伟大胜利——在中国共产党第十九次全国代表大会上的报告》，北京，人民出版社，2017。

④ 习近平：《抓住培养社会主义建设者和接班人根本任务　努力建设中国特色世界一流大学》，载《人民日报》，2018-05-03。

⑤ 习近平：《用新时代中国特色社会主义思想铸魂育人　贯彻党的教育方针落实立德树人根本任务》，载《人民日报》，2019-03-19。

任务，克服现实困境制约，推进辅导员队伍职业化、专业化、专家化建设。

一、有利于应对环境变化的新要求

经过四十多年的发展，我国改革开放已进入纵深阶段，社会转型发展取得巨大成就。在社会转型发展的过程中，反映西方社会价值理念、生活方式的各种社会思潮大量涌入我国，活跃、多变和复杂的社会思潮对大学生的思想意识、行为方式产生重大影响。面对学生成长环境发生的新变化，学生主体呈现的新特点，学生工作出现的新情况，如何把握时代变化、社会变化、对象变化的特点和规律，不断提高大学生思想政治教育的科学化水平，增强思想政治工作的针对性和实效性，是摆在辅导员面前的时代课题。习近平指出："做好高校思想政治工作，要因事而化、因时而进、因势而新。要遵循思想政治工作规律，遵循教书育人规律，遵循学生成长规律，不断提高工作能力和水平。"①高校辅导员作为大学生的政治引路人和指导者，要积极适应新形势，跟上时代步伐，运用科学的方法与专业知识加强对当前形势的全面研究和探索。辅导员只有通过理论和实践研究，把握思想政治工作的规律性，才能增强工作的有效性。没有精专的理论研究和深入的理论探讨，就不可能把握规律性。没有对规律性的把握，就不可能遵循规律，也不可能科学地开展工作。辅导员只有在实际工作中将实践经验进行归纳总结、理论分析，并在此基础上运用创新思维，形成研究成果，才能应对新形势新变化的挑战。

① 习近平：《把思想政治工作贯穿教育教学全过程　开创我国高等教育事业发展新局面》，载《人民日报》，2016-12-09。

二、有利于满足人才培养的需要

党的十八大以来，习近平立足党和国家工作全局，站在坚持和发展中国特色社会主义、实现中华民族伟大复兴中国梦的高度，紧紧围绕“培养什么人”“如何培养人”“为谁培养人”的根本问题，要求“始终把教育摆在优先发展的战略位置”。其中，“培养什么人，是教育的首要问题”。① 习近平明确提出，要坚持把立德树人作为中心环节，把思想政治工作贯穿教育教学全过程，实现全程育人、全方位育人，牢牢抓住全面提高人才培养能力这个核心点。② 辅导员是开展大学生思想政治教育的骨干力量，是高校学生日常思想政治教育和管理工作的组织者、实施者和指导者。辅导员应当努力成为学生的人生导师和健康成长的知心朋友。辅导员承担着高校人才培养的重要使命，是学生思想动态的第一知情人、学生生活困难的第一关心人、学生人生道路的第一引领人。辅导员的工作主要是对学生进行思想政治教育，引导学生成长成才。其工作的简单性和事务性是表面现象，知识性和创造性才是其本真价值，这决定了辅导员工作必须有相应的规律，包括理论与实践相结合、解决思想问题与解决实际问题相结合、显性教育与隐性教育相结合、教育与管理服务相结合等规律。同时，规律的把握不仅需要实践经验的积累，更需要系统的业务来支撑，这就要求辅导员在工作实践中大胆解放思想、实事求是、与时俱进，还要不断加强对大学生的成长特点、发展诉求、接受方式等变化的理论和实践研究。

---

① 习近平：《坚持中国特色社会主义教育发展道路　培养德智体美劳全面发展的社会主义建设者和接班人》，载《人民日报》，2018-09-11。

② 习近平：《把思想政治工作贯穿教育教学全过程　开创我国高等教育事业发展新局面》，载《人民日报》，2016-12-09。

三、有利于克服现状困境制约

近年来，高校辅导员的科研能力培养得到了党和国家的重视，尤其是中共中央国务院16号文件的颁布实施，为高校辅导员科研能力水平的提升提供了政策保障。国家及各省市在各类科研课题立项上，针对大学生思想政治教育工作与辅导员队伍建设列出了专项。广大思想政治教育者纷纷加入了科学研究的行列，他们结合工作实际，开展理论研究，取得了一系列成果，促进了高校辅导员科研能力的提升。但高校辅导员科研能力的发展仍存在一些制约因素。辅导员工作的重要内容是思想政治教育和学生事务管理，涉及教育管理、帮困资助、心理健康教育、就业指导、党团建设、学生干部培养等多个方面，需要花费大量的时间和精力投入到各种事务性的工作中。一方面，日常学生事务工作繁杂，使不少辅导员对学生发展和思想政治教育的客观规律缺乏深入思考和研究。辅导员工作处于经验管理状态，以便应付日常繁杂琐碎的学生事务性工作。另一方面，由于日常的事务性工作任务较为繁重，辅导员的时间和精力有限，很难接受专业的科研能力培养。辅导员科研能力面临的种种问题，迫切需要加强理论和实践能力的提升。

四、有利于推进辅导员队伍职业化、专业化、专家化建设

教育部《关于加强高等学校辅导员班主任队伍建设的意见》指出："要统筹规划专职辅导员的发展。鼓励和支持一批骨干攻读相关学位和业务进修，长期从事辅导员工作，向职业化、专家化方向发展。"提高辅导员理论和实践研究能力是推进辅导员队伍职业化、专业化

和专家化建设的题中之义。辅导员要改变从前辈的经验或自己的积累中吸取灵感的经验式的思想政治教育方式，向专业化和职业化转变，成为专业的思想政治教育工作者，参与理论和实践研究是这一转变的必须环节。高校辅导员工作的核心能力不是日常事务性工作所体现的通用能力，而是隐含在工作实践中的专业性知识和关键技能。在核心能力中体现辅导员工作的专业技术含量是增强辅导员职业的社会认同、提升辅导员的职业地位和职业公信力的关键所在。可以说，高校辅导员理论和实践能力的提升，能够增强辅导员的专业化能力，提高自身的学术能力和科研能力，从而增强其学术地位。同时，辅导员职业形象的转变，能够在提高辅导员队伍社会认同度的同时，增强辅导员自身的价值认同感和事业成就感。

第二节　辅导员理论和实践研究能力的基本内涵

辅导员的理论和实践研究能力是指辅导员根据自己所从事大学生思想政治教育与管理工作的需要，在打牢马克思主义理论功底、掌握思想政治教育专业知识的基础上，开展思想政治教育和学生管理方面的基础研究、应用研究、决策咨询研究和调查研究的技能和水平。辅导员理论和实践研究能力既包括开展理论和实践研究的宏观把握能力，又包括掌握理论和实践研究具体方法的能力。

一、开展理论和实践研究的宏观把握能力

大学生思想政治教育的理论和实践研究的宏观把握能力，主要是指高校辅导员针对大学生思想状况进行课题研究的具体设想的能

力，是进行思想政治教育理论和实践研究的工作框架。

第一，确立研究问题和题目。首先，选题的根本目的是为了满足思想政治教育工作的需要。大学生思想政治教育研究选题要解决的问题应当是“为什么”，即目的性是选题工作的首要原则。其次，对大学生思想政治教育问题进行研究的根本要求是具有创新性。创新性体现了一个研究课题的价值，否则就是对以往研究的无价值重复。再次，选题要有价值性和创新性，不能脱离实际，要有一定的科学依据。因此，选题需要遵循求实性的原则。选题的求实性是指选题要有真实、可靠的依据，或者事实根据，或者科学理论的根据，选题要事出有因。在大学生思想政治教育研究中，发现研究问题的途径很多，主要有以下三个方面：现实的社会生活、个人的工作经历、相关的文献资料。与专业的理论研究者相比，辅导员具有前两个方面的优势。如何针对辅导员工作的特点，充分发挥自身优势，发现有研究价值的问题，就成为研究计划取得成功的关键。与其他学术研究相比，辅导员更适合从事“行动研究”。行动研究是以解决实践中的问题为起点，边行动边研究，通过研究工作来改进行动并解决问题的研究方法。由于辅导员在行动研究中，解决的是自身工作中的问题，因而辅导员成为该研究的主体，并能够通过行动研究加深自己对思想政治教育情境的理解和把握，提高解决问题的能力。辅导员若想在思想政治教育领域有所作为，提出有价值、有代表性的研究问题，就要发挥自身优势，运用行动研究的策略，在行动中发现，在发现中行动。

第二，进行文献梳理与归纳。在确立课题的过程中，既要涉及大学生思想政治教育的工作，也需要对当前大学生思想政治教育工作的研究现状进行梳理、归纳和总结。因此，辅导员应该重视对大学生思想政治教育研究的文献资料的收集与分析过程。一般来说，收集文献的具体方法主要有检索工具查找法、追溯查找法和分段查找法。这些具体方法的使用需要科学步骤的指导。收集文献的步骤包括筛选、标记、摘录、鉴别、分类登录。同时，收集研究文献的步骤应坚持理论联系实际的原则，结合课题在实际生活中的具体表现，找出其反映的特点和存在的缺陷，发现问题，以便进一步分析和解决问题。

第三，撰写研究计划报告。研究计划报告的撰写要求重点突出，层次分明，突出对研究问题的分析和解决。标题名称应以简明醒目的语言尽可能地表明研究对象、研究问题及研究过程中使用的方法；摘要体现的是研究问题、研究依据的基本原理、研究方法与研究成果；选题目的与研究意义回答的是为什么要进行该研究、研究价值是什么，通过对上述两个问题的解答突出研究的必要性；研究综述是新的研究的起点，需要清晰地阐述该研究现有的成果、争论的焦点以及当下研究的不足；研究内容是研究计划报告的主体部分，回答的是研究什么的问题，需要对课题提出的问题进行细化，突出重点和层次；研究方法是开展研究的保障，回答的是该研究要做些什么和怎么做，决定了研究用什么方法进行，是使研究具体化的依据；研究步骤回答的是如何进行研究安排，如何在实施过程中一环接一环，保证工作如期完成；研究创新点是基于研究内容的设计、方法的选取等方面来展开的，是突出该课题区别于其他课题进展和突破的关键。

二、掌握理论和实践具体研究方法的能力

理论和实践研究的具体方法包括问卷调查法、观察法、实验法、访谈法、个案研究法、文献分析法、统计法等等。本章中，我们选取问卷法、访谈法和个案分析法作为高校辅导员开展科研工作必须掌握的基本方法。

(一)问卷法

问卷法是大学生思想政治教育工作的基本方法之一，是了解和掌握大学生思想状况及动态的重要途径和手段。在当代大学生思想政治教育领域中，我们不仅可以借助问卷法来了解大学生思想政治教育的现状，澄清相关问题，总结经验教训，还可以通过对问卷的统计分析，进一步总结大学生思想政治教育的规律，预测大学生思想政治教育的发展趋势。

第一，问卷的设计。运用问卷法进行调查研究，关键在于问卷设计的合理性。在问卷设计之前，要明确问卷设计的出发点，充分估计可能存在的障碍因素，全面考虑与问卷设计密切相关的各种因素，明确问卷设计的方法和原则，理顺问卷设计的逻辑顺序。问卷设计的步骤，大致包括构思调查问题的总体逻辑、确定问卷的基本结构、初步拟定问卷的题目。应当注意到，高质量的问卷是不可能一次设计成功的，试用在问卷设计过程中至关重要。因此，问卷初稿设计完成后，必须经过试用和修改这两个环节才能用于正式调查。

第二，问卷的实施。问卷调查的关键在于抽样，即调查样本的选取。在抽取大学生调查样本时，应充分考虑到大学生的思想特点，要关注大学生的道德品质、政治观点和态度、信仰等传统问题以及心理、情感、学业、人际关系、职业选择等方面的差异。发放问卷阶段，首先考虑问卷投放的比例，即被调查者占调查对象总体的百分比。问卷回收阶段，对于每份回收到的问卷，调查人员都必须认真审查，仔细核对所填信息的完整性，判断是否符合填写规范，是否能为调查分析所采用，保证问卷的有效率。

第三，问卷资料的分析和处理。审核问卷即对回收的问卷进行初步的审阅，检查原始资料是否完整、统一、合格，是资料整理的第一步。具体地说，“完整性审核”体现在总体资料的完整性和单份资料的完整性两个方面。“统一性审核”即检查所有文件、报表的登记填报方法是否统一，数字所使用的量度单位是否统一，以及不同表格对同一指标的计算方法是否统一。“合格性审查”主要包括被调查者的身份是否符合相关规定，提供的资料是否符合填报要求，所提供的资料是否真实无误。

(二)访谈法

大学生思想政治教育的访谈法是调查者根据研究目的，通过与访谈对象的交谈，以口头信息传递和沟通的方式了解大学生思想政治状况及其相关因素的一种调查研究方法。访谈法作为大学生思想政治教育普遍采用的研究方法之一，也是收集资料的一种重要的手段。作为现场调查的方法之一，它能够直接感知大学生的思想政治状况，特别适用于辅导员对大学生进行微观层面的个体发展研究和心理辅导。大学生思想政治教育访谈法，因其研究的性质、目的或对象的不同而有不同的方式和类型。

第一，结构式访谈和非结构式访谈。结构式访谈又名标准化访谈，这种访谈的访问物件必须按照统一的标准和方法选取。在实施大学生思想政治教育结构式访谈时，访谈者要设法减少因问题措辞的变化而导致的访谈对象间的反应差异，要特别注意对每一访谈对象所提问题、提问用的语言、提问顺序都应是完全相同的，以确保访谈对象间反应的任何差异是由于访谈对象自身的差异带来的，而不是由于访谈的差异造成的。非结构式访谈是调查者与访谈对象双方以自由交谈的形式进行的调查活动，无具体操作程序和固定的回答用语，所得结果不宜进行标准化分析。这种方法比较适合对大学生思想政治教育做探索性的研究，它可以为进一步深入、系统的研究提供指导和线索。

第二，直接访谈和间接访谈。直接访谈是调查者和访谈对象面对面的口头交流，调查者可以深入访谈对象中实地考察，也可以与访谈对象在特定的地点交流。直接访谈中获得的有关访谈对象的行为、特征、动机等信息，有助于调查者进一步分析访谈对象各问题间态度强弱的细微差别，并适时调节访谈策略。间接访谈是调查者和访谈对象不直接见面，而是借助电话、互联网等工具或媒介向被调查者收集资料的访谈方式。间接访谈有时间快、费用省、保密性强的特点，一般容易联系上访谈对象，联系的响应率也比较高，访谈对象在这种情况下没有压力，可能更愿意吐露一些真实的想法。

第三，个别访谈和集体访谈。个别访谈是访谈者同单个访谈对象进行的一对一的访谈，整个访谈过程比较灵活，不受第三者的影响。访谈者与访谈对象有更多的交流机会，访谈能够深入进行。集体访谈指访谈者同时邀请若干访谈对象，通过集体座谈的方式收集有关资料。集体访谈是教育研究中一种常用的方法，可以集思广益，互相启发，彼此对证，能在较短的时间里搜集到全面的资料和信息。

(三)个案研究法

大学生思想政治教育的个案研究法，是以单个大学生或教育事件等个案为研究对象进行深度研究的研究方法。它的基本工作程序包括拟定研究草案、选取适宜个案、广发搜集资料、科学分析资料、形成个案报告等。在大学生思想政治教育中，个案研究法既可以帮助辅导员加深对大学生或教育事件的了解，把握其发生发展的具体脉络；又可以超越个案，实现对当前大学生思想政治教育的规律性认识，是辅导员透过“解剖麻雀”以把握整体的基本研究方法。

在大学生思想政治教育领域，个案研究不仅要遵循一定的程序逐步展开，还要恰当进行研究设计。一般来说，研究设计至少要注意处理好五个问题：要研究什么问题？理论假设是什么？实施单个案研究还是多个案研究？如何搜集资料？如何实现资料与结论之间的逻辑连接？因此，对这五个问题的回答形成了个案研究法具体实践过程基本程序的五个关键点，即“拟定草案—选取个案—收集资料—分析资料—形成个案报告”，在实际的个案研究法实施过程中一个接一个依次展开，渐次进行。

在个案研究法的实施中，研究者不仅要通过各种途径收集并记录资料，同时需要对个案资料进行各种层次的分析，对自己看到的、听到的所有资料进行简化、整合和解读，以从资料中获得意义，形成有价值的发现。一般而言，个案研究的资料整理，包括审查与清理、充实、排序、编目四个方面的内容。个案研究资料的分析，可采取类型分析、时间序列分析和解释性分析三种具体策略和技术。

第三节　辅导员理论和实践研究能力的培养途径

提升高校辅导员理论和实践研究能力，需要加强培养其科研意识，树立问题导向，扎实开展理论和实践研究的学习。

一、培养科研意识

科研意识是指科学研究者对未知事物认识、探索的觉察和主动性，是科研工作者进行科研探索的动力，也是判断科研工作者科研素质高低的依据之一。科研意识是评价辅导员对学生工作环境的主动适应能力和积极影响能力的标准之一，包括科研信念与热情、科研眼光与智慧、科研心态与思想，具体表现为辅导员针对学生工作中产生的问题进行追求和探索的意识与利用思想政治教育工作理论知识和实践经验自觉地去指导学生工作的能力。

当前高校辅导员在科研意识上存在的突出问题：一是辅导员缺乏科研意识。部分辅导员认为只要将学生的教育、管理、服务等具体的事务工作做好，就很好地履行了自己的工作职责，忽视或无视相关思想政治教育学术的研究工作。二是辅导员缺乏科研训练。科学研究作为一项学术活动，具有一定的技巧和方法，需要培养和训练，但当前辅导员在科研训练这方面明显不足。三是辅导员缺乏科研保障。辅导员科研作为一项特殊的脑力劳动，需要一系列措施的保障，但当前在科研保障方面仍存在一些问题。突出表现为，大量琐碎繁重的思想政治教育、日常事务管理占用了辅导员大量的时间，使辅导员处于高度紧张疲惫的状态，很难保证轻松的状态和足够的科研时间。在这种情况的制约下，辅导员难以提高理论水平和研究能力。

各高校应出台推动辅导员科研能力提升的文件，在制度保障、经费支撑、人员配备、评奖考核等方面加以明确和细化，保障辅导员科研意识与科研能力的提升。投入专项经费支撑，为辅导员开展科研工作创造条件；在队伍建设上可以和思想政治理论课教师进行联合，成立各种形式的科研团队、联合攻关；在课题立项申报等方面，给予辅导员一定的倾斜政策，并利用各种平台定期召开工作交流会和学术研讨会，为辅导员开展科研活动营造良好氛围。

二、树立问题导向

英国哲学家卡尔·波普尔提出：“我们应该把科学设想为从问题到问题的不断进步。”以问题为导向的研究是所有学科研究的基本规律，不同学科背景的辅导员应该从自身学科的研究基础出发，打通学科之间的屏障，以追本溯源的精神开展思想政治教育领域的问题研究。是否把握实践进展，是找到假问题与找到真问题的区别。找到新时期、新形势下大学生思想政治教育中不断出现的真问题，找到解决当前阶段高校辅导员自身发展的真问题是每个辅导员都需要具备的专业技能。

要培养问题意识，“问题是时代的声音”，每个时代都有属于它自己的问题，辅导员要养成多层次、多角度、多方位观察问题的习惯，善于发现问题，积极面对问题。针对存在的问题，深入开展调查研究，综合运用多学科理论和方法，探究问题症结所在，寻求问题解决方法。研究必须坚持从学生中来，到学生中去，尤其对学生最盼、最急、最忧的问题要主动研究，抓住不放。

三、扎实开展理论学习

辅导员要具备科研能力，首先要具备科学研究的基本功，包括发现问题、资料搜集、数据分析等多种基础性的能力。近年来，尽管高校辅导员专业化职业化的发展和队伍整体素质的提高，使学生思想政治教育工作实效性显著提高，但部分高校辅导员并不是思想政治教育专业出身，没有系统学习过政治学、教育学、心理学、社会学等学科知识，缺少思想政治教育专业技能和科学管理知识基础，分析和解决新形势下新问题的能力较弱。在科学研究经验方面，由于参与科研的机会较少，缺乏对于科学研究的步骤、方法和技巧等基础技能的掌握。辅导员要提高自己的科研能力，就必须扎扎实实地学习理论知识。

第一，完善思想政治教育专业与相关学科的学习。提高理论和实践研究能力，就必须拥有专业的背景知识。对于不同学科背景的辅导员，掌握马克思主义理论和思想政治教育相关的专业理论知识尤为重要。习近平特别强调，要认真学习马克思主义理论，这是我们做好一切工作的看家本领。可以通过研读经典、原著，把握思想史、学术史，努力获取并掌握理论学习的资源。同时，在尽可能通读马克思主义经典著作的基础上，多学习哲学、发展哲学、人学、社会哲学等方面的著作。“学好马克思主义哲学，把思想方法搞正确，增强工作中的科学性和全面性，才能不断开创各项工作的新局面。”①第二，加强辅导员之间的交流。学校可以通过辅导员学术团队、辅导员沙龙、举办研讨会等方式组织辅导员讨论交流科研心得，以相互学习的方式提高理论学习的能力。第三，拓宽辅导员学习培训的途径。在辅导员理论和实践能力培养培训平台上拓展国内、国外的培训渠道，培训内容上充分体现辅导员特点，对于学历不高的辅导员要加强学历提升，对专业不对口的辅导员要设立针对性的项目等。

参考文献

[1] 国务院研究室 编写组. 十二届全国人大一次会议《政府工作报告》辅导读本[M]. 北京：人民出版社，2013.

[2] 习近平. 习近平谈治国理政(第二卷)[M]. 北京：外文出版社，2018.

[3]习近平. 决胜全面建成小康社会 夺取新时代中国特色社会主义伟大胜利——在中国共产党第十九次全国代表大会上的报告[D]. 北京：人民出版社，2017.

[4]习近平. 抓住培养社会主义建设者和接班人根本任务 努力建设中国特色世界一流大学[N]，人民日报，2018-05-03.

[5]习近平. 用新时代中国特色社会主义思想铸魂育人 贯彻党的教育方针落实立德树人根本任务[N]. 人民日报，2019-03-19.

[6]习近平. 把思想政治工作贯穿教育教学全过程 开创我国高

① 习近平：《认真学习马克思主义经典著作不断推进中国特色社会主义事业》，载《人民日报》，2011-05-14。

等教育事业发展新局面[N]. 人民日报，2016-12-09.

[7]习近平. 坚持中国特色社会主义教育发展道路 培养德智体美劳全面发展的社会主义建设者和接班人[N]. 人民日报，2018-09-11.

[8]习近平. 认真学习马克思主义经典著作不断推进中国特色社会主义事业[N]. 人民日报，2011-05-14.

[9]肖巍，顾钰民. 当代中国马克思主义研究报告(2013-2014)[D]. 北京：人民出版社，2015.

学习资料

[1]侍旭，何畏：《人民日报新知新觉：不断增强思政课吸引力感染力》，http://opinion. people. com. cn/n1/2019/0911/c1003-31347530. html，2021-03-16。

[2]沈慎：《人民网评：立德树人，培养担当民族复兴大任的时代新人》，http://opinion. people. com. cn/n1/2019/0318/c1003-30982096. html，2021-03-16。

[3]人民网：《人民日报评论员：建设高素质专业化教师队伍》http://opinion. people. com. cn/n1/2018/0916/c1003-30295514. html，2021-03-16。

附　录

与辅导员工作相关的部分文件法规

中共中央国务院印发《关于加强和改进新形势下高校思想政治工作的意见》

新华社北京2017年2月27日电　近日，中共中央、国务院印发了《关于加强和改进新形势下高校思想政治工作的意见》(以下简称《意见》)。

《意见》强调指出，高校肩负着人才培养、科学研究、社会服务、文化传承创新、国际交流合作的重要使命。加强和改进高校思想政治工作，事关办什么样的大学、怎样办大学的根本问题，事关党对高校的领导，事关中国特色社会主义事业后继有人，是一项重大的政治任务和战略工程。

《意见》分为七个部分：一、重要意义和总体要求；二、强化思想理论教育和价值引领；三、发挥哲学社会科学育人功能；四、加强对课堂教学和各类思想文化阵地的建设管理；五、加强教师队伍和专门力量建设；六、推进高校思想政治工作改革创新；七、加强和改善党对高校的领导。

《意见》指出，我们党历来高度重视高校思想政治工作，探索形成了一系列基本方针原则和工作遵循。党的十八大以来，以习近平同志为核心的党中央把高校思想政治工作摆在突出位置，作出一系列重大决策部署，各地区各有关部门各高校采取有力有效措施，积极主动开展工作，创造了许多成功做法，积累了许多宝贵经验。大学生思想政治教育成效显著，教师思想政治素质明显提高，各类思想文化阵地建设和管理不断加强，中国特色社会主义理论体系进教材、进课堂、进头脑工作扎实有效，社会主义核心价值观建设持续推进，高校意识形态领域主流积极健康向上，广大师生对以习近平同志为核心的党中央拥护信任，对党中央治国理政新理念新思想新战略高度认同，对中国特色社会主义和中华民族伟大复兴中国梦充满信心。总体上看，高校思想政治工作持续加强和改进，呈现出良好发展态势，为保证高等教育改革发展、服务党和国家工作大局作出了重要贡献。

《意见》指出，加强和改进高校思想政治工作的指导思想是：高举中国特色社会主义伟大旗帜，全面贯彻党的十八大和十八届三中、四中、五中、六中全会精神，以马克思列宁主义、毛泽东思想、邓小平理论、“三个代表”重要思想、科学发展观为指导，深入学习贯彻习近平总书记系列重要讲话精神和治国理政新理念新思想新战略，全面贯彻党的教育方针，坚持社会主义办学方向，扎根中国大地办大学，以立德树人为根本，以理想信念教育为核心，以社会主义核心价值观为引领，切实抓好各方面基础性建设和基础性工作，切实加强和改善党的领导，全面提升思想政治工作水平，紧密团结在以习近平同志为核心的党中央周围，牢固树立政治意识、大局意识、核心意识、看齐意识，坚定不移维护党中央权威和党中央集中统一领导，为实现“两个一百年”奋斗目标、实现中华民族伟大复兴的中国梦，培养又红又专、德才兼备、全面发展的中国特色社会主义合格建设者和可靠接班人。

《意见》指出，加强和改进高校思想政治工作的基本原则是：(1)坚持党对高校的领导。落实全面从严治党要求，把党的建设贯穿始终，着力解决突出问题，维护党中央权威、保证党的团结统一，牢牢掌握党对高校的领导权。(2)坚持社会主义办学方向。坚持马克思主义指导地位，坚持以人民为中心的发展思想，更好为改革开放和社会主义现代化建设服务、为人民服务。(3)坚持全员全过程全方位育人。把思想价值引领贯穿教育教学全过程和各环节，形成教书育人、科研育人、实践育人、管理育人、服务育人、文化育人、组织育人长效机制。(4)坚持遵循教育规律、思想政治工作规律、学生成长规律。把握师生思想特点和发展需求，注重理论教育和实践活动相结合、普遍要求和分类指导相结合，提高工作科学化精细化水平。(5)坚持改革创新。推进理念思路、内容形式、方法手段创新，增强工作时代感和实效性。

《意见》指出，要强化思想理论教育和价值引领。把理想信念教育放在首位，切实抓好马克思列宁主义、毛泽东思想学习教育，广泛开展中国特色社会主义理论体系学习教育，深入学习习近平总书记系列重要讲话精神，引导师生深刻领会党中央治国理政新理念新思想新战略，坚定中国特色社会主义道路自信、理论自信、制度自信、文化自信。要培育和践行社会主义核心价值观，把社会主义核心价值观体现到教书育人全过程，引导师生树立正确的世界观、人生观、价值观，加强国家意识、法治意识、社会责任意识教育，加强民族团结进步教育、国家安全教育、科学精神教育，以诚信建设为重点，加强社会公德、职业道德、家庭美德、个人品德教育，提升师生道德素养。要弘扬中华优秀传统文化和革命文化、社会主义先进文化，实施中华文化传承工程，推动中华优秀传统文化融入教育教学，加强革命文化和社会主义先进文化教育，深化中国共产党史、中华人民共和国史、改革开放史和社会主义发展史学习教育，利用我国改革发展的伟大成就、重大历史事件纪念活动、爱国主义教育基地、国家公祭仪式等组织开展主题教育，弘扬以爱国主义为核心的民族精神和以改革创新为核心的时代精神。要进一步办好高校思想政治理论课，充分发挥思想政治理论课的主渠道作用，深入实施高校思想政治理论课建设体系创新计划，完善教材体系，提高教师素质，创新教学方法，增强教学的吸引力、说服力、感染力。要加强高校马克思主义学院建设，打造马克思主义理论教学、研究、宣传和人才培养的坚强阵地，支持有条件的高校设置马克思主义理论专业，深入实施马克思主义理论研究和建设工程。

《意见》指出，要发挥哲学社会科学育人功能。强调要加强哲学社会科学学科体系建设，积极构建中国特色、中国风格、中国气派的哲学社会科学学科体系，强化马克思主义理论学科的引领作用，支持有条件的高校在马克思主义理论一级学科下设置党的建设二级学科，实施高校马克思主义理论人才支持培养计划，积极推进学术话语体系创新，加快完善具有中国特色和国际视野的哲学、历史学、经济学、政治学、法学、社会学、民族学、新闻学、人口学、宗教学、心理学等学科，努力建设一批中国特色、世界一流的哲学社会科学学科。加快建设一批哲学社会科学专业核心课程教材。要规范哲学社会科学教材选用，建立国家优秀教材评选奖励制度，完善学术评价体系和评价标准，建立科学权威、公开透明的哲学社会科学成果评价体系，健全优秀成果评选推广机制，提高高校学术委员会建设水平。

《意见》指出，要加强对课堂教学和各类思想文化阵地的建设管理。充分发掘和运用各学科蕴含的思想政治教育资源，健全高校课堂教学管理办法。要加强对校园各类思想文化阵地的规范管理，加强校园网络安全管理，营造风清气正的网络环境。

《意见》指出，要加强教师队伍和专门力量建设。强调要提升教师思想政治素质，加强思想政治工作，建立中青年教师社会实践和校外挂职制度，加强师德师风建设，增强教师教书育人的责任担当。要完善教师评聘和考核机制，增加课堂教学权重，引导教师将更多精力投入到课堂教学上，完善教师职业道德规范，实施师德"一票否决"。高校思想政治工作队伍和党务工作队伍具有教师和管理人员双重身份，要纳入高校人才队伍建设总体规划，形成一支专职为主、专兼结合、数量充足、素质优良的工作力量。

《意见》指出，要推进高校思想政治工作改革创新。强调要贴近师生思想实际，以改革创新精神做好高校思想政治工作，建立健全校领导、院(系)领导联系师生、谈心谈话制度，在平等沟通、民主讨论、互动交流中进行思想引导，有的放矢、生动活泼地开展工作，发挥师德楷模、名师大家、学术带头人等的示范引领作用。要加强互联网思想政治工作载体建设，加强学生互动社区、主题教育网站、专业学术网站和“两微一端”建设，运用大学生喜欢的表达方式开展思想政治教育。要强化社会实践育人，提高实践教学比重，组织师生参加社会实践活动，完善科教融合、校企联合等协同育人模式，加强实践教学基地建设，建立健全国家机关、企事业单位、社会团体接收大学生实习实训制度，开设创新创业教育专门课程，增强军事训练实效，建立健全学雷锋志愿服务制度。要在服务引导中加强思想教育，把解决思想问题与解决实际问题结合起来，做到既讲道理又办实事，加强学生学业就业指导，帮助大学生顺利完成学业，加强人文关怀和心理疏导，促进大学生身心和人格健康发展，加强对家庭经济困难学生的资助工作，积极帮助解决教师的合理诉求。积极发挥共青团、学生会组织和学生社团作用。要健全高校思想政治工作评价体系，研究制订内容全面、指标合理、方法科学的评价体系，推动高校思想政治工作制度化。

《意见》最后强调，要加强和改善党对高校的领导。要完善高校党的领导体制，坚持和完善普通高校党委领导下的校长负责制，高校党委对本校工作实行全面领导，履行管党治党、办学治校的主体责任，切实发挥领导核心作用。按照社会主义政治家、教育家标准，选好配强高校领导班子特别是党委书记和校长。高校党委书记主持党委全面工作，履行高校思想政治工作和党的建设第一责任人的职责。校长是学校的法人代表，在党委领导下组织实施党委有关决议，行使高等教育法等规定的各项职权。其他党委班子成员履行“一岗双责”，结合业务分工抓好思想政治工作和党的建设工作。要强化院(系)党的领导，发挥院(系)党委(党总支)的政治核心作用，履行政治责任，保证监督党的路线方针政策及上级党组织决定的贯彻执行。认真执行民主集中制原则，通过院(系)党政联席会议讨论和决定本单位重要事项，健全院(系)集体领导、党政分工合作、协调运行的工作机制，提升班子整体功能和议事决策水平。要加强高校基层党建工作，建立健全高校基层党组织，加强教师党支部、学生党支部特别是研究生党支部建设，充分发挥党支部战斗堡垒作用。坚持党的组织生活各项制度，组织党员深入开展“两学一做”学习教育，认真做好在高校优秀青年教师、高校学生中发展党员工作，加强党员日常管理监督。要健全地方党委抓高校思想政治工作制度，切实加强组织领导和工作指导，坚持和完善党委定期研究、领导干部联系高校等制度，建立部门协作常态机制，形成党委统一领导、党政齐抓共管、职能部门组织协调、社会各方积极参与的工作格局。高度重视民办高校、中外合作办学中党的建设和思想政治工作，探索党组织发挥政治核心作用的有效途径，完善政策保障和经费支持，为加强和改进高校思想政治工作创造良好条件。

中华人民共和国网络安全法

(2016 年 11 月 7 日第十二届全国人民代表大会常务委员会第二十四次会议通过)

目　录

第一章　总　则

第一条　为了保障网络安全，维护网络空间主权和国家安全、社会公共利益，保护公民、法人和其他组织的合法权益，促进经济社会信息化健康发展，制定本法。

第二条　在中华人民共和国境内建设、运营、维护和使用网络，以及网络安全的监督管理，适用本法。

第三条　国家坚持网络安全与信息化发展并重，遵循积极利用、科学发展、依法管理、确保安全的方针，推进网络基础设施建设和互联互通，鼓励网络技术创新和应用，支持培养网络安全人才，建立健全网络安全保障体系，提高网络安全保护能力。

第四条　国家制定并不断完善网络安全战略，明确保障网络安全的基本要求和主要目标，提出重点领域的网络安全政策、工作任务和措施。

第五条　国家采取措施，监测、防御、处置来源于中华人民共和国境内外的网络安全风险和威胁，保护关键信息基础设施免受攻击、侵入、干扰和破坏，依法惩治网络违法犯罪活动，维护网络空间安全和秩序。

第六条　国家倡导诚实守信、健康文明的网络行为，推动传播社会主义核心价值观，采取措施提高全社会的网络安全意识和水平，形成全社会共同参与促进网络安全的良好环境。

第七条　国家积极开展网络空间治理、网络技术研发和标准制定、打击网络违法犯罪等方面的国际交流与合作，推动构建和平、安全、开放、合作的网络空间，建立多边、民主、透明的网络治理体系。

第八条　国家网信部门负责统筹协调网络安全工作和相关监督管理工作。国务院电信主管部门、公安部门和其他有关机关依照本法和有关法律、行政法规的规定，在各自职责范围内负责网络安全保护和监督管理工作。

县级以上地方人民政府有关部门的网络安全保护和监督管理职责，按照国家有关规定确定。

第九条　网络运营者开展经营和服务活动，必须遵守法律、行政法规，尊重社会公德，遵守商业道德，诚实信用，履行网络安全保护义务，接受政府和社会的监督，承担社会责任。

第十条　建设、运营网络或者通过网络提供服务，应当依照法律、行政法规的规定和国家标准的强制性要求，采取技术措施和其他必要措施，保障网络安全、稳定运行，有效应对网络安全事件，防范网络违法犯罪活动，维护网络数据的完整性、保密性和可用性。

第十一条　网络相关行业组织按照章程，加强行业自律，制定网络安全行为规范，指导会员加强网络安全保护，提高网络安全保护水平，促进行业健康发展。

第十二条　国家保护公民、法人和其他组织依法使用网络的权利，促进网络接入普及，提升网络服务水平，为社会提供安全、便利的网络服务，保障网络信息依法有序自由流动。

任何个人和组织使用网络应当遵守宪法法律，遵守公共秩序，尊重社会公德，不得危害网络安全，不得利用网络从事危害国家安全、荣誉和利益，煽动颠覆国家政权、推翻社会主义制度，煽动分裂国家、破坏国家统一，宣扬恐怖主义、极端主义，宣扬民族仇恨、民族歧视，传播暴力、淫秽色情信息，编造、传播虚假信息扰乱经济秩序和社会秩序，以及侵害他人名誉、隐私、知识产权和其他合法权益等活动。

第十三条　国家支持研究开发有利于未成年人健康成长的网络产品和服务，依法惩治利用网络从事危害未成年人身心健康的活动，为未成年人提供安全、健康的网络环境。

第十四条　任何个人和组织有权对危害网络安全的行为向网信、电信、公安等部门举报。收到举报的部门应当及时依法作出处理；不属于本部门职责的，应当及时移送有权处理的部门。

有关部门应当对举报人的相关信息予以保密，保护举报人的合法权益。

第二章　网络安全支持与促进

第十五条　国家建立和完善网络安全标准体系。国务院标准化行政主管部门和国务院其他有关部门根据各自的职责，组织制定并适时修订有关网络安全管理以及网络产品、服务和运行安全的国家标准、行业标准。

国家支持企业、研究机构、高等学校、网络相关行业组织参与网络安全国家标准、行业标准的制定。

第十六条　国务院和省、自治区、直辖市人民政府应当统筹规划，加大投入，扶持重点网络安全技术产业和项目，支持网络安全技术的研究开发和应用，推广安全可信的网络产品和服务，保护网络技术知识产权，支持企业、研究机构和高等学校等参与国家网络安全技术创新项目。

第十七条　国家推进网络安全社会化服务体系建设，鼓励有关企业、机构开展网络安全认证、检测和风险评估等安全服务。

第十八条　国家鼓励开发网络数据安全保护和利用技术，促进公共数据资源开放，推动技术创新和经济社会发展。

国家支持创新网络安全管理方式，运用网络新技术，提升网络安全保护水平。

第十九条　各级人民政府及其有关部门应当组织开展经常性的网络安全宣传教育，并指导、督促有关单位做好网络安全宣传教育工作。

大众传播媒介应当有针对性地面向社会进行网络安全宣传教育。

第二十条　国家支持企业和高等学校、职业学校等教育培训机构开展网络安全相关教育与培训，采取多种方式培养网络安全人才，促进网络安全人才交流。

第三章　网络运行安全

第一节　一般规定

第二十一条　国家实行网络安全等级保护制度。网络运营者应当按照网络安全等级保护制度的要求，履行下列安全保护义务，保障网络免受干扰、破坏或者未经授权的访问，防止网络数据泄露或者被窃取、篡改：

（一）制定内部安全管理制度和操作规程，确定网络安全负责人，落实网络安全保护责任；

（二）采取防范计算机病毒和网络攻击、网络侵入等危害网络安全行为的技术措施；

（三）采取监测、记录网络运行状态、网络安全事件的技术措施，并按照规定留存相关的网络日志不少于六个月；

（四）采取数据分类、重要数据备份和加密等措施；

（五）法律、行政法规规定的其他义务。

第二十二条　网络产品、服务应当符合相关国家标准的强制性要求。网络产品、服务的提供者不得设置恶意程序；发现其网络产品、服务存在安全缺陷、漏洞等风险时，应当立即采取补救措施，按照规定及时告知用户并向有关主管部门报告。

网络产品、服务的提供者应当为其产品、服务持续提供安全维护；在规定或者当事人约定的期限内，不得终止提供安全维护。

网络产品、服务具有收集用户信息功能的，其提供者应当向用户明示并取得同意；涉及用户个人信息的，还应当遵守本法和有关法律、行政法规关于个人信息保护的规定。

第二十三条　网络关键设备和网络安全专用产品应当按照相关国家标准的强制性要求，由具备资格的机构安全认证合格或者安全检测符合要求后，方可销售或者提供。国家网信部门会同国务院有关部门制定、公布网络关键设备和网络安全专用产品目录，并推动安全认证和安全检测结果互认，避免重复认证、检测。

第二十四条　网络运营者为用户办理网络接入、域名注册服务，办理固定电话、移动电话等入网手续，或者为用户提供信息发布、即时通讯等服务，在与用户签订协议或者确认提供服务时，应当要求用户提供真实身份信息。用户不提供真实身份信息的，网络运营者不得为其提供相关服务。

国家实施网络可信身份战略，支持研究开发安全、方便的电子身份认证技术，推动不同电子身份认证之间的互认。

第二十五条　网络运营者应当制定网络安全事件应急预案，及时处置系统漏洞、计算机病毒、网络攻击、网络侵入等安全风险；在发生危害网络安全的事件时，立即启动应急预案，采取相应的补救措施，并按照规定向有关主管部门报告。

第二十六条　开展网络安全认证、检测、风险评估等活动，向社会发布系统漏洞、计算机病毒、网络攻击、网络侵入等网络安全信息，应当遵守国家有关规定。

第二十七条　任何个人和组织不得从事非法侵入他人网络、干扰他人网络正常功能、窃取网络数据等危害网络安全的活动；不得提供专门用于从事侵入网络、干扰网络正常功能及防护措施、窃取网络数据等危害网络安全活动的程序、工具；明知他人从事危害网络安全的活动的，不得为其提供技术支持、广告推广、支付结算等帮助。

第二十八条　网络运营者应当为公安机关、国家安全机关依法维护国家安全和侦查犯罪的活动提供技术支持和协助。

第二十九条　国家支持网络运营者之间在网络安全信息收集、分析、通报和应急处置等方面进行合作，提高网络运营者的安全保障能力。

有关行业组织建立健全本行业的网络安全保护规范和协作机制，加强对网络安全风险的分析评估，定期向会员进行风险警示，支持、协助会员应对网络安全风险。

第三十条　网信部门和有关部门在履行网络安全保护职责中获取的信息，只能用于维护网络安全的需要，不得用于其他用途。

第二节　关键信息基础设施的运行安全

第三十一条　国家对公共通信和信息服务、能源、交通、水利、金融、公共服务、电子政务等重要行业和领域，以及其他一旦遭到破坏、丧失功能或者数据泄露，可能严重危害国家安全、国计民生、公共利益的关键信息基础设施，在网络安全等级保护制度的基础上，实行重点保护。关键信息基础设施的具体范围和安全保护办法由国务院制定。

国家鼓励关键信息基础设施以外的网络运营者自愿参与关键信息基础设施保护体系。

第三十二条　按照国务院规定的职责分工，负责关键信息基础设施安全保护工作的部门分别编制并组织实施本行业、本领域的关键信息基础设施安全规划，指导和监督关键信息基础设施运行安全保护工作。

第三十三条　建设关键信息基础设施应当确保其具有支持业务稳定、持续运行的性能，并保证安全技术措施同步规划、同步建设、同步使用。

第三十四条　除本法第二十一条的规定外，关键信息基础设施的运营者还应当履行下列安全保护义务：

（一）设置专门安全管理机构和安全管理负责人，并对该负责人和关键岗位的人员进行安全背景审查；

（二）定期对从业人员进行网络安全教育、技术培训和技能考核；

（三）对重要系统和数据库进行容灾备份；

（四）制订网络安全事件应急预案，并定期进行演练；

（五）法律、行政法规规定的其他义务。

第三十五条　关键信息基础设施的运营者采购网络产品和服务，可能影响国家安全的，应当通过国家网信部门会同国务院有关部门组织的国家安全审查。

第三十六条　关键信息基础设施的运营者采购网络产品和服务，应当按照规定与提供者签订安全保密协议，明确安全和保密义务与责任。

第三十七条　关键信息基础设施的运营者在中华人民共和国境内运营中收集和产生的个人信息和重要数据应当在境内存储。因业务需要，确需向境外提供的，应当按照国家网信部门会同国务院有关部门制定的办法进行安全评估；法律、行政法规另有规定的，依照其规定。

第三十八条　关键信息基础设施的运营者应当自行或者委托网络安全服务机构对其网络的安全性和可能存在的风险每年至少进行一次检测评估，并将检测评估情况和改进措施报送相关负责关键信息基础设施安全保护工作的部门。

第三十九条　国家网信部门应当统筹协调有关部门对关键信息基础设施的安全保护采取下列措施：

（一）对关键信息基础设施的安全风险进行抽查检测，提出改进措施，必要时可以委托网络安全服务机构对网络存在的安全风险进行检测评估；

（二）定期组织关键信息基础设施的运营者进行网络安全应急演练，提高应对网络安全事件的水平和协同配合能力；

（三）促进有关部门、关键信息基础设施的运营者以及有关研究机构、网络安全服务机构等之间的网络安全信息共享；

（四）对网络安全事件的应急处置与网络功能的恢复等，提供技术支持和协助。

第四章　网络信息安全

第四十条　网络运营者应当对其收集的用户信息严格保密，并建立健全用户信息保护制度。

第四十一条　网络运营者收集、使用个人信息，应当遵循合法、正当、必要的原则，公开收集、使用规则，明示收集、使用信息的目的、方式和范围，并经被收集者同意。

网络运营者不得收集与其提供的服务无关的个人信息，不得违反法律、行政法规的规定和双方的约定收集、使用个人信息，并应当依照法律、行政法规的规定和与用户的约定，处理其保存的个人信息。

第四十二条　网络运营者不得泄露、篡改、毁损其收集的个人信息；未经被收集者同意，不得向他人提供个人信息。但是，经过处理无法识别特定个人且不能复原的除外。

网络运营者应当采取技术措施和其他必要措施，确保其收集的个人信息安全，防止信息泄露、毁损、丢失。在发生或者可能发生个人信息泄露、毁损、丢失的情况时，应当立即采取补救措施，按照规定及时告知用户并向有关主管部门报告。

第四十三条　个人发现网络运营者违反法律、行政法规的规定或者双方的约定收集、使用其个人信息的，有权要求网络运营者删除其个人信息；发现网络运营者收集、存储的其个人信息有错误的，有权要求网络运营者予以更正。网络运营者应当采取措施予以删除或者更正。

第四十四条　任何个人和组织不得窃取或者以其他非法方式获取个人信息，不得非法出售或者非法向他人提供个人信息。

第四十五条　依法负有网络安全监督管理职责的部门及其工作人员，必须对在履行职责中知悉的个人信息、隐私和商业秘密严格保密，不得泄露、出售或者非法向他人提供。

第四十六条　任何个人和组织应当对其使用网络的行为负责，不得设立用于实施诈骗，传授犯罪方法，制作或者销售违禁物品、管制物品等违法犯罪活动的网站、通讯群组，不得利用网络发布涉及实施诈骗，制作或者销售违禁物品、管制物品以及其他违法犯罪活动的信息。

第四十七条　网络运营者应当加强对其用户发布的信息的管理，发现法律、行政法规禁止发布或者传输的信息的，应当立即停止传输该信息，采取消除等处置措施，防止信息扩散，保存有关记录，并向有关主管部门报告。

第四十八条　任何个人和组织发送的电子信息、提供的应用软件，不得设置恶意程序，不得含有法律、行政法规禁止发布或者传输的信息。

电子信息发送服务提供者和应用软件下载服务提供者，应当履行安全管理义务，知道其用户有前款规定行为的，应当停止提供服务，采取消除等处置措施，保存有关记录，并向有关主管部门报告。

第四十九条　网络运营者应当建立网络信息安全投诉、举报制度，公布投诉、举报方式等信息，及时受理并处理有关网络信息安全的投诉和举报。

网络运营者对网信部门和有关部门依法实施的监督检查，应当予以配合。

第五十条　国家网信部门和有关部门依法履行网络信息安全监督管理职责，发现法律、行政法规禁止发布或者传输的信息的，应当要求网络运营者停止传输，采取消除等处置措施，保存有关记录；对来源于中华人民共和国境外的上述信息，应当通知有关机构采取技术措施和其他必要措施阻断传播。

第五章　监测预警与应急处置

第五十一条　国家建立网络安全监测预警和信息通报制度。国家网信部门应当统筹协调有关部门加强网络安全信息收集、分析和通报工作，按照规定统一发布网络安全监测预警信息。

第五十二条　负责关键信息基础设施安全保护工作的部门，应当建立健全本行业、本领域的网络安全监测预警和信息通报制度，并按照规定报送网络安全监测预警信息。

第五十三条　国家网信部门协调有关部门建立健全网络安全风险评估和应急工作机制，制定网络安全事件应急预案，并定期组织演练。

负责关键信息基础设施安全保护工作的部门应当制定本行业、本领域的网络安全事件应急预案，并定期组织演练。

网络安全事件应急预案应当按照事件发生后的危害程度、影响范围等因素对网络安全事件进行分级，并规定相应的应急处置措施。

第五十四条　网络安全事件发生的风险增大时，省级以上人民政府有关部门应当按照规定的权限和程序，并根据网络安全风险的特点和可能造成的危害，采取下列措施：

（一）要求有关部门、机构和人员及时收集、报告有关信息，加强对网络安全风险的监测；

（二）组织有关部门、机构和专业人员，对网络安全风险信息进行分析评估，预测事件发生的可能性、影响范围和危害程度；

（三）向社会发布网络安全风险预警，发布避免、减轻危害的措施。

第五十五条　发生网络安全事件，应当立即启动网络安全事件应急预案，对网络安全事件进行调查和评估，要求网络运营者采取技术措施和其他必要措施，消除安全隐患，防止危害扩大，并及时向社会发布与公众有关的警示信息。

第五十六条　省级以上人民政府有关部门在履行网络安全监督管理职责中，发现网络存在较大安全风险或者发生安全事件的，可以按照规定的权限和程序对该网络的运营者的法定代表人或者主要负责人进行约谈。网络运营者应当按照要求采取措施，进行整改，消除隐患。

第五十七条　因网络安全事件，发生突发事件或者生产安全事故的，应当依照《中华人民共和国突发事件应对法》、《中华人民共和国安全生产法》等有关法律、行政法规的规定处置。

第五十八条　因维护国家安全和社会公共秩序，处置重大突发社会安全事件的需要，经国务院决定或者批准，可以在特定区域对网络通信采取限制等临时措施。

第六章　法律责任

第五十九条　网络运营者不履行本法第二十一条、第二十五条规定的网络安全保护义务的，由有关主管部门责令改正，给予警告；拒不改正或者导致危害网络安全等后果的，处一万元以上十万元以下罚款，对直接负责的主管人员处五千元以上五万元以下罚款。

关键信息基础设施的运营者不履行本法第三十三条、第三十四条、第三十六条、第三十八条规定的网络安全保护义务的，由有关主管部门责令改正，给予警告；拒不改正或者导致危害网络安全等后果的，处十万元以上一百万元以下罚款，对直接负责的主管人员处一万元以上十万元以下罚款。

第六十条　违反本法第二十二条第一款、第二款和第四十八条第一款规定，有下列行为之一的，由有关主管部门责令改正，给予警告；拒不改正或者导致危害网络安全等后果的，处五万元以上五十万元以下罚款，对直接负责的主管人员处一万元以上十万元以下罚款：

（一）设置恶意程序的；

（二）对其产品、服务存在的安全缺陷、漏洞等风险未立即采取补救措施，或者未按照规定及时告知用户并向有关主管部门报告的；

（三）擅自终止为其产品、服务提供安全维护的。

第六十一条　网络运营者违反本法第二十四条第一款规定，未要求用户提供真实身份信息，或者对不提供真实身份信息的用户提供相关服务的，由有关主管部门责令改正；拒不改正或者情节严重的，处五万元以上五十万元以下罚款，并可以由有关主管部门责令暂停相关业务、停业整顿、关闭网站、吊销相关业务许可证或者吊销营业执照，对直接负责的主管人员和其他直接责任人员处一万元以上十万元以下罚款。

第六十二条　违反本法第二十六条规定，开展网络安全认证、检测、风险评估等活动，或者向社会发布系统漏洞、计算机病毒、网络攻击、网络侵入等网络安全信息的，由有关主管部门责令改正，给予警告；拒不改正或者情节严重的，处一万元以上十万元以下罚款，并可以由有关主管部门责令暂停相关业务、停业整顿、关闭网站、吊销相关业务许可证或者吊销营业执照，对直接负责的主管人员和其他直接责任人员处五千元以上五万元以下罚款。

第六十三条　违反本法第二十七条规定，从事危害网络安全的活动，或者提供专门用于从事危害网络安全活动的程序、工具，或者为他人从事危害网络安全的活动提供技术支持、广告推广、支付结算等帮助，尚不构成犯罪的，由公安机关没收违法所得，处五日以下拘留，可以并处五万元以上五十万元以下罚款；情节较重的，处五日以上十五日以下拘留，可以并处十万元以上一百万元以下罚款。

单位有前款行为的，由公安机关没收违法所得，处十万元以上一百万元以下罚款，并对直接负责的主管人员和其他直接责任人员依照前款规定处罚。

违反本法第二十七条规定，受到治安管理处罚的人员，五年内不得从事网络安全管理和网络运营关键岗位的工作；受到刑事处罚的人员，终身不得从事网络安全管理和网络运营关键岗位的工作。

第六十四条　网络运营者、网络产品或者服务的提供者违反本法第二十二条第三款、第四十一条至第四十三条规定，侵害个人信息依法得到保护的权利的，由有关主管部门责令改正，可以根据情节单处或者并处警告、没收违法所得、处违法所得一倍以上十倍以下罚款，没有违法所得的，处一百万元以下罚款，对直接负责的主管人员和其他直接责任人员处一万元以上十万元以下罚款；情节严重的，并可以责令暂停相关业务、停业整顿、关闭网站、吊销相关业务许可证或者吊销营业执照。

违反本法第四十四条规定，窃取或者以其他非法方式获取、非法出售或者非法向他人提供个人信息，尚不构成犯罪的，由公安机关没收违法所得，并处违法所得一倍以上十倍以下罚款，没有违法所得的，处一百万元以下罚款。

第六十五条　关键信息基础设施的运营者违反本法第三十五条规定，使用未经安全审查或者安全审查未通过的网络产品或者服务的，由有关主管部门责令停止使用，处采购金额一倍以上十倍以下罚款；对直接负责的主管人员和其他直接责任人员处一万元以上十万元以下罚款。

第六十六条　关键信息基础设施的运营者违反本法第三十七条规定，在境外存储网络数据，或者向境外提供网络数据的，由有关主管部门责令改正，给予警告，没收违法所得，处五万元以上五十万元以下罚款，并可以责令暂停相关业务、停业整顿、关闭网站、吊销相关业务许可证或者吊销营业执照；对直接负责的主管人员和其他直接责任人员处一万元以上十万元以下罚款。

第六十七条　违反本法第四十六条规定，设立用于实施违法犯罪活动的网站、通讯群组，或者利用网络发布涉及实施违法犯罪活动的信息，尚不构成犯罪的，由公安机关处五日以下拘留，可以并处一万元以上十万元以下罚款；情节较重的，处五日以上十五日以下拘留，可以并处五万元以上五十万元以下罚款。关闭用于实施违法犯罪活动的网站、通讯群组。

单位有前款行为的，由公安机关处十万元以上五十万元以下罚款，并对直接负责的主管人员和其他直接责任人员依照前款规定处罚。

第六十八条　网络运营者违反本法第四十七条规定，对法律、行政法规禁止发布或者传输的信息未停止传输、采取消除等处置措施、保存有关记录的，由有关主管部门责令改正，给予警告，没收违法所得；拒不改正或者情节严重的，处十万元以上五十万元以下罚款，并可以责令暂停相关业务、停业整顿、关闭网站、吊销相关业务许可证或者吊销营业执照，对直接负责的主管人员和其他直接责任人员处一万元以上十万元以下罚款。

电子信息发送服务提供者、应用软件下载服务提供者，不履行本法第四十八条第二款规定的安全管理义务的，依照前款规定处罚。

第六十九条　网络运营者违反本法规定，有下列行为之一的，由有关主管部门责令改正；拒不改正或者情节严重的，处五万元以上五十万元以下罚款，对直接负责的主管人员和其他直接责任人员，处一万元以上十万元以下罚款：

(一)不按照有关部门的要求对法律、行政法规禁止发布或者传输的信息，采取停止传输、消除等处置措施的；

(二)拒绝、阻碍有关部门依法实施的监督检查的；

(三)拒不向公安机关、国家安全机关提供技术支持和协助的。

第七十条　发布或者传输本法第十二条第二款和其他法律、行政法规禁止发布或者传输的信息的，依照有关法律、行政法规的规定处罚。

第七十一条　有本法规定的违法行为的，依照有关法律、行政法规的规定记入信用档案，并予以公示。

第七十二条　国家机关政务网络的运营者不履行本法规定的网络安全保护义务的，由其上级机关或者有关机关责令改正；对直接负责的主管人员和其他直接责任人员依法给予处分。

第七十三条　网信部门和有关部门违反本法第三十条规定，将在履行网络安全保护职责中获取的信息用于其他用途的，对直接负责的主管人员和其他直接责任人员依法给予处分。

网信部门和有关部门的工作人员玩忽职守、滥用职权、徇私舞弊，尚不构成犯罪的，依法给予处分。

第七十四条　违反本法规定，给他人造成损害的，依法承担民事责任。

违反本法规定，构成违反治安管理行为的，依法给予治安管理处罚；构成犯罪的，依法追究刑事责任。

第七十五条　境外的机构、组织、个人从事攻击、侵入、干扰、破坏等危害中华人民共和国的关键信息基础设施的活动，造成严重后果的，依法追究法律责任；国务院公安部门和有关部门并可以决定对该机构、组织、个人采取冻结财产或者其他必要的制裁措施。

第七章　附　则

第七十六条　本法下列用语的含义：

(一)网络，是指由计算机或者其他信息终端及相关设备组成的按照一定的规则和程序对信息进行收集、存储、传输、交换、处理的系统。

(二)网络安全，是指通过采取必要措施，防范对网络的攻击、侵入、干扰、破坏和非法使用以及意外事故，使网络处于稳定可靠运行的状态，以及保障网络数据的完整性、保密性、可用性的能力。

(三)网络运营者，是指网络的所有者、管理者和网络服务提供者。

(四)网络数据，是指通过网络收集、存储、传输、处理和产生的各种电子数据。

(五)个人信息，是指以电子或者其他方式记录的能够单独或者与其他信息结合识别自然人个人身份的各种信息，包括但不限于自然人的姓名、出生日期、身份证件号码、个人生物识别信息、住址、电话号码等。

第七十七条　存储、处理涉及国家秘密信息的网络的运行安全保护，除应当遵守本法外，还应当遵守保密法律、行政法规的规定。

第七十八条　军事网络的安全保护，由中央军事委员会另行规定。

第七十九条　本法自 2017 年 6 月 1 日起施行。

学生伤害事故处理办法

中华人民共和国教育部令第12号

第一章　总　则

第一条　为积极预防、妥善处理在校学生伤害事故，保护学生、学校的合法权益，根据《中华人民共和国教育法》、《中华人民共和国未成年人保护法》和其他相关法律、行政法规及有关规定，制定本办法。

第二条　在学校实施的教育教学活动或者学校组织的校外活动中，以及在学校负有管理责任的校舍、场地、其他教育教学设施、生活设施内发生的，造成在校学生人身损害后果的事故的处理，适用本办法。

第三条　学生伤害事故应当遵循依法、客观公正、合理适当的原则，及时、妥善地处理。

第四条　学校的举办者应当提供符合安全标准的校舍、场地、其他教育教学设施和生活设施。

教育行政部门应当加强学校安全工作，指导学校落实预防学生伤害事故的措施，指导、协助学校妥善处理学生伤害事故，维护学校正常的教育教学秩序。

第五条　学校应当对在校学生进行必要的安全教育和自护自救教育；应当按照规定，建立健全安全制度，采取相应的管理措施，预防和消除教育教学环境中存在的安全隐患；当发生伤害事故时，应当及时采取措施救助受伤害学生。

学校对学生进行安全教育、管理和保护，应当针对学生年龄、认知能力和法律行为能力的不同，采用相应的内容和预防措施。

第六条　学生应当遵守学校的规章制度和纪律；在不同的受教

育阶段，应当根据自身的年龄、认知能力和法律行为能力，避免和消除相应的危险。

第七条　未成年学生的父母或者其他监护人(以下称为监护人)应当依法履行监护职责，配合学校对学生进行安全教育、管理和保护工作。

学校对未成年学生不承担监护职责，但法律有规定的或者学校依法接受委托承担相应监护职责的情形除外。

第二章　事故与责任

第八条　学生伤害事故的责任，应当根据相关当事人的行为与损害后果之间的因果关系依法确定。

因学校、学生或者其他相关当事人的过错造成的学生伤害事故，相关当事人应当根据其行为过错程度的比例及其与损害后果之间的因果关系承担相应的责任。当事人的行为是损害后果发生的主要原因，应当承担主要责任；当事人的行为是损害后果发生的非主要原因，承担相应的责任。

第九条　因下列情形之一造成的学生伤害事故，学校应当依法承担相应的责任：

(一)学校的校舍、场地、其他公共设施，以及学校提供给学生使用的学具、教育教学和生活设施、设备不符合国家规定的标准，或者有明显不安全因素的；

(二)学校的安全保卫、消防、设施设备管理等安全管理制度有明显疏漏，或者管理混乱，存在重大安全隐患，而未及时采取措施的；

(三)学校向学生提供的药品、食品、饮用水等不符合国家或者行业的有关标准、要求的；

(四)学校组织学生参加教育教学活动或者校外活动，未对学生进行相应的安全教育，并未在可预见的范围内采取必要的安全措施的；

（五）学校知道教师或者其他工作人员患有不适宜担任教育教学工作的疾病，但未采取必要措施的；

（六）学校违反有关规定，组织或者安排未成年学生从事不宜未成年人参加的劳动、体育运动或者其他活动的；

（七）学生有特异体质或者特定疾病，不宜参加某种教育教学活动，学校知道或者应当知道，但未予以必要的注意的；

（八）学生在校期间突发疾病或者受到伤害，学校发现，但未根据实际情况及时采取相应措施，导致不良后果加重的；

（九）学校教师或者其他工作人员体罚或者变相体罚学生，或者在履行职责过程中违反工作要求、操作规程、职业道德或者其他有关规定的；

（十）学校教师或者其他工作人员在负有组织、管理未成年学生的职责期间，发现学生行为具有危险性，但未进行必要的管理、告诫或者制止的；

（十一）对未成年学生擅自离校等与学生人身安全直接相关的信息，学校发现或者知道，但未及时告知未成年学生的监护人，导致未成年学生因脱离监护人的保护而发生伤害的；

（十二）学校有未依法履行职责的其他情形的。

第十条　学生或者未成年学生监护人由于过错，有下列情形之一，造成学生伤害事故，应当依法承担相应的责任：

（一）学生违反法律法规的规定，违反社会公共行为准则、学校的规章制度或者纪律，实施按其年龄和认知能力应当知道具有危险或者可能危及他人的行为的；

（二）学生行为具有危险性，学校、教师已经告诫、纠正，但学生不听劝阻、拒不改正的；

（三）学生或者其监护人知道学生有特异体质，或者患有特定疾病，但未告知学校的；

（四）未成年学生的身体状况、行为、情绪等有异常情况，监护人知道或者已被学校告知，但未履行相应监护职责的；

（五）学生或者未成年学生监护人有其他过错的。

第十一条　学校安排学生参加活动，因提供场地、设备、交通工具、食品及其他消费与服务的经营者，或者学校以外的活动组织者的过错造成的学生伤害事故，有过错的当事人应当依法承担相应的责任。

第十二条　因下列情形之一造成的学生伤害事故，学校已履行了相应职责，行为并无不当的，无法律责任：

（一）地震、雷击、台风、洪水等不可抗的自然因素造成的；

（二）来自学校外部的突发性、偶发性侵害造成的；

（三）学生有特异体质、特定疾病或者异常心理状态，学校不知道或者难于知道的；

（四）学生自杀、自伤的；

（五）在对抗性或者具有风险性的体育竞赛活动中发生意外伤害的；

（六）其他意外因素造成的。

第十三条　下列情形下发生的造成学生人身损害后果的事故，学校行为并无不当的，不承担事故责任；事故责任应当按有关法律法规或者其他有关规定认定：

（一）在学生自行上学、放学、返校、离校途中发生的；

（二）在学生自行外出或者擅自离校期间发生的；

（三）在放学后、节假日或者假期等学校工作时间以外，学生自行滞留学校或者自行到校发生的；

（四）其他在学校管理职责范围外发生的。

第十四条　因学校教师或者其他工作人员与其职务无关的个人行为，或者因学生、教师及其他个人故意实施的违法犯罪行为，造成学生人身损害的，由致害人依法承担相应的责任。

第三章　事故处理程序

第十五条　发生学生伤害事故，学校应当及时救助受伤害学生，并应当及时告知未成年学生的监护人；有条件的，应当采取紧急救援等方式救助。

第十六条　发生学生伤害事故，情形严重的，学校应当及时向主管教育行政部门及有关部门报告；属于重大伤亡事故的，教育行政部门应当按照有关规定及时向同级人民政府和上一级教育行政部门报告。

第十七条　学校的主管教育行政部门应学校要求或者认为必要，可以指导、协助学校进行事故的处理工作，尽快恢复学校正常的教育教学秩序。

第十八条　发生学生伤害事故，学校与受伤害学生或者学生家长可以通过协商方式解决；双方自愿，可以书面请求主管教育行政部门进行调解。

成年学生或者未成年学生的监护人也可以依法直接提起诉讼。

第十九条　教育行政部门收到调解申请，认为必要的，可以指定专门人员进行调解，并应当在受理申请之日起60日内完成调解。

第二十条　经教育行政部门调解，双方就事故处理达成一致意见的，应当在调解人员的见证下签订调解协议，结束调解；在调解期限内，双方不能达成一致意见，或者调解过程中一方提起诉讼，人民法院已经受理的，应当终止调解。

调解结束或者终止，教育行政部门应当书面通知当事人。

第二十一条　对经调解达成的协议，一方当事人不履行或者反悔的，双方可以依法提起诉讼。

第二十二条　事故处理结束，学校应当将事故处理结果书面报告主管的教育行政部门；重大伤亡事故的处理结果，学校主管的教育行政部门应当向同级人民政府和上一级教育行政部门报告。

第四章　事故损害的赔偿

第二十三条　对发生学生伤害事故负有责任的组织或者个人，应当按照法律法规的有关规定，承担相应的损害赔偿责任。

第二十四条　学生伤害事故赔偿的范围与标准，按照有关行政法规、地方性法规或者最高人民法院司法解释中的有关规定确定。

教育行政部门进行调解时，认为学校有责任的，可以依照有关法律法规及国家有关规定，提出相应的调解方案。

第二十五条　对受伤害学生的伤残程度存在争议的，可以委托当地具有相应鉴定资格的医院或者有关机构，依据国家规定的人体伤残标准进行鉴定。

第二十六条　学校对学生伤害事故负有责任的，根据责任大小，适当予以经济赔偿，但不承担解决户口、住房、就业等与救助受伤害学生、赔偿相应经济损失无直接关系的其他事项。

学校无责任的，如果有条件，可以根据实际情况，本着自愿和可能的原则，对受伤害学生给予适当的帮助。

第二十七条　因学校教师或者其他工作人员在履行职务中的故意或者重大过失造成的学生伤害事故，学校予以赔偿后，可以向有关责任人员追偿。

第二十八条　未成年学生对学生伤害事故负有责任的，由其监护人依法承担相应的赔偿责任。

学生的行为侵害学校教师及其他工作人员以及其他组织、个人的合法权益，造成损失的，成年学生或者未成年学生的监护人应当依法予以赔偿。

第二十九条　根据双方达成的协议、经调解形成的协议或者人民法院的生效判决，应当由学校负担的赔偿金，学校应当负责筹措；学校无力完全筹措的，由学校的主管部门或者举办者协助筹措。

第三十条　县级以上人民政府教育行政部门或者学校举办者有条件的，可以通过设立学生伤害赔偿准备金等多种形式，依法筹措伤害赔偿金。

第三十一条　学校有条件的，应当依据保险法的有关规定，参加学校责任保险。教育行政部门可以根据实际情况，鼓励中小学参加学校责任保险。提倡学生自愿参加意外伤害保险。在尊重学生意愿的前提下，学校可以为学生参加意外伤害保险创造便利条件，但不得从中收取任何费用。

第五章　事故责任者的处理

第三十二条　发生学生伤害事故，学校负有责任且情节严重的，教育行政部门应当根据有关规定，对学校的直接负责的主管人员和其他直接责任人员，分别给予相应的行政处分；有关责任人的行为触犯刑律的，应当移送司法机关依法追究刑事责任。

第三十三条　学校管理混乱，存在重大安全隐患的，主管的教育行政部门或者其他有关部门应当责令其限期整顿；对情节严重或者拒不改正的，应当依据法律法规的有关规定，给予相应的行政处罚。

第三十四条　教育行政部门未履行相应职责，对学生伤害事故的发生负有责任的，由有关部门对直接负责的主管人员和其他直接责任人员分别给予相应的行政处分；有关责任人的行为触犯刑律的，应当移送司法机关依法追究刑事责任。

第三十五条　违反学校纪律，对造成学生伤害事故负有责任的学生，学校可以给予相应的处分；触犯刑律的，由司法机关依法追究刑事责任。

第三十六条　受伤害学生的监护人、亲属或者其他有关人员，在事故处理过程中无理取闹，扰乱学校正常教育教学秩序，或者侵犯学校、学校教师或者其他工作人员的合法权益的，学校应当报告公安机关依法处理；造成损失的，可以依法要求赔偿。

第六章　附　则

第三十七条　本办法所称学校，是指国家或者社会力量举办的全日制的中小学(含特殊教育学校)、各类中等职业学校、高等学校。

本办法所称学生是指在上述学校中全日制就读的受教育者。

第三十八条　幼儿园发生的幼儿伤害事故，应当根据幼儿为完全无行为能力人的特点，参照本办法处理。

第三十九条　其他教育机构发生的学生伤害事故，参照本办法处理。在学校注册的其他受教育者在学校管理范围内发生的伤害事故，参照本办法处理。

第四十条　本办法自 2002 年 9 月 1 日起实施，原国家教委、教育部颁布的与学生人身安全事故处理有关的规定，与本办法不符的，以本办法为准。

在本办法实施之前已处理完毕的学生伤害事故不再重新处理。

国家教育考试违规处理办法

(中华人民共和国教育部令第 18 号)

(2004 年 5 月 19 日中华人民共和国教育部令第 18 号发布，根据 2012 年 1 月 5 日《教育部关于修改〈国家教育考试违规处理办法〉的决定》修正)

第一章　总　则

第一条　为规范对国家教育考试违规行为的认定与处理，维护国家教育考试的公平、公正，保障参加国家教育考试的人员(以下简称考生)、从事和参与国家教育考试工作的人员(以下简称考试工作人员)的合法权益，根据《中华人民共和国教育法》及相关法律、行政法规，制订本办法。

第二条　本办法所称国家教育考试是指普通和成人高等学校招生考试、全国硕士研究生招生考试、高等教育自学考试等，由国务院教育行政部门确定实施，由经批准的实施教育考试的机构承办，面向社会公开、统一举行，其结果作为招收学历教育学生或者取得国家承认学历、学位证书依据的测试活动。

第三条　对参加国家教育考试的考生以及考试工作人员、其他相关人员，违反考试管理规定和考场纪律，影响考试公平、公正行为的认定与处理，适用本办法。

对国家教育考试违规行为的认定与处理应当公开公平、合法适当。

第四条　国务院教育行政部门及地方各级人民政府教育行政部门负责全国或者本地区国家教育考试组织工作的管理与监督。

承办国家教育考试的各级教育考试机构负责有关考试的具体实施，依据本办法，负责对考试违规行为的认定与处理。

第二章　违规行为的认定与处理

第五条　考生不遵守考场纪律，不服从考试工作人员的安排与要求，有下列行为之一的，应当认定为考试违纪：

(一)携带规定以外的物品进入考场或者未放在指定位置的；

(二)未在规定的座位参加考试的；

（三）考试开始信号发出前答题或者考试结束信号发出后继续答题的；

（四）在考试过程中旁窥、交头接耳、互打暗号或者手势的；

（五）在考场或者教育考试机构禁止的范围内，喧哗、吸烟或者实施其他影响考场秩序的行为的；

（六）未经考试工作人员同意在考试过程中擅自离开考场的；

（七）将试卷、答卷（含答题卡、答题纸等，下同）、草稿纸等考试用纸带出考场的；

（八）用规定以外的笔或者纸答题或者在试卷规定以外的地方书写姓名、考号或者以其他方式在答卷上标记信息的；

（九）其他违反考场规则但尚未构成作弊的行为。

第六条　考生违背考试公平、公正原则，在考试过程中有下列行为之一的，应当认定为考试作弊：

（一）携带与考试内容相关的材料或者存储有与考试内容相关资料的电子设备参加考试的；

（二）抄袭或者协助他人抄袭试题答案或者与考试内容相关的资料的；

（三）抢夺、窃取他人试卷、答卷或者胁迫他人为自己抄袭提供方便的；

（四）携带具有发送或者接收信息功能的设备的；

（五）由他人冒名代替参加考试的；

（六）故意销毁试卷、答卷或者考试材料的；

（七）在答卷上填写与本人身份不符的姓名、考号等信息的；

（八）传、接物品或者交换试卷、答卷、草稿纸的；

（九）其他以不正当手段获得或者试图获得试题答案、考试成绩的行为。

第七条　教育考试机构、考试工作人员在考试过程中或者在考试结束后发现下列行为之一的，应当认定相关的考生实施了考试作弊行为：

(一)通过伪造证件、证明、档案及其他材料获得考试资格、加分资格和考试成绩的；

(二)评卷过程中被认定为答案雷同的；

(三)考场纪律混乱、考试秩序失控，出现大面积考试作弊现象的；

(四)考试工作人员协助实施作弊行为，事后查实的；

(五)其他应认定为作弊的行为。

第八条　考生及其他人员应当自觉维护考试秩序，服从考试工作人员的管理，不得有下列扰乱考试秩序的行为：

(一)故意扰乱考点、考场、评卷场所等考试工作场所秩序；

(二)拒绝、妨碍考试工作人员履行管理职责；

(三)威胁、侮辱、诽谤、诬陷或者以其他方式侵害考试工作人员、其他考生合法权益的行为；

(四)故意损坏考场设施设备；

(五)其他扰乱考试管理秩序的行为。

第九条　考生有第五条所列考试违纪行为之一的，取消该科目的考试成绩。

考生有第六条、第七条所列考试作弊行为之一的，其所报名参加考试的各阶段、各科成绩无效；参加高等教育自学考试的，当次考试各科成绩无效。

有下列情形之一的，可以视情节轻重，同时给予暂停参加该项考试1至3年的处理；情节特别严重的，可以同时给予暂停参加各种国家教育考试1至3年的处理：

(一)组织团伙作弊的；

(二)向考场外发送、传递试题信息的；

(三)使用相关设备接收信息实施作弊的；

(四)伪造、变造身份证、准考证及其他证明材料，由他人代替或者代替考生参加考试的。

参加高等教育自学考试的考生有前款严重作弊行为的，也可以给予延迟毕业时间1至3年的处理，延迟期间考试成绩无效。

第十条　考生有第八条所列行为之一的，应当终止其继续参加本科目考试，其当次报名参加考试的各科成绩无效；考生及其他人员的行为违反《中华人民共和国治安管理处罚法》的，由公安机关进行处理；构成犯罪的，由司法机关依法追究刑事责任。

第十一条　考生以作弊行为获得的考试成绩并由此取得相应的学位证书、学历证书及其他学业证书、资格资质证书或者入学资格的，由证书颁发机关宣布证书无效，责令收回证书或者予以没收；已经被录取或者入学的，由录取学校取消录取资格或者其学籍。

第十二条　在校学生、在职教师有下列情形之一的，教育考试机构应当通报其所在学校，由学校根据有关规定严肃处理，直至开除学籍或者予以解聘：

(一)代替考生或者由他人代替参加考试的；

(二)组织团伙作弊的；

(三)为作弊组织者提供试题信息、答案及相应设备等参与团伙作弊行为的。

第十三条　考试工作人员应当认真履行工作职责，在考试管理、组织及评卷等工作过程中，有下列行为之一的，应当停止其参加当年及下一年度的国家教育考试工作，并由教育考试机构或者建议其所在单位视情节轻重分别给予相应的行政处分：

(一)应回避考试工作却隐瞒不报的；

(二)擅自变更考试时间、地点或者考试安排的；

(三)提示或暗示考生答题的；

（四）擅自将试题、答卷或者有关内容带出考场或者传递给他人的；

（五）未认真履行职责，造成所负责考场出现秩序混乱、作弊严重或者视频录像资料损毁、视频系统不能正常工作的；

（六）在评卷、统分中严重失职，造成明显的错评、漏评或者积分差错的；

（七）在评卷中擅自更改评分细则或者不按评分细则进行评卷的；

（八）因未认真履行职责，造成所负责考场出现雷同卷的；

（九）擅自泄露评卷、统分等应予保密的情况的；

（十）其他违反监考、评卷等管理规定的行为。

第十四条　考试工作人员有下列作弊行为之一的，应当停止其参加国家教育考试工作，由教育考试机构或者其所在单位视情节轻重分别给予相应的行政处分，并调离考试工作岗位；情节严重，构成犯罪的，由司法机关依法追究刑事责任：

（一）为不具备参加国家教育考试条件的人员提供假证明、证件、档案，使其取得考试资格或者考试工作人员资格的；

（二）因玩忽职守，致使考生未能如期参加考试的或者使考试工作遭受重大损失的；

（三）利用监考或者从事考试工作之便，为考生作弊提供条件的；

（四）伪造、变造考生档案（含电子档案）的；

（五）在场外组织答卷、为考生提供答案的；

（六）指使、纵容或者伙同他人作弊的；

（七）偷换、涂改考生答卷、考试成绩或者考场原始记录材料的；

（八）擅自更改或者编造、虚报考试数据、信息的；

（九）利用考试工作便利，索贿、受贿、以权徇私的；

（十）诬陷、打击报复考生的。

第十五条　因教育考试机构管理混乱、考试工作人员玩忽职守，造成考点或者考场纪律混乱，作弊现象严重；或者同一考点同一时间的考试有 1/5 以上考场存在雷同卷的，由教育行政部门取消该考点当年及下一年度承办国家教育考试的资格；高等教育自学考试考区内一个或者一个以上专业考试纪律混乱，作弊现象严重，由高等教育自学考试管理机构给予该考区警告或者停考该考区相应专业 1 至 3 年的处理。

对出现大规模作弊情况的考场、考点的相关责任人、负责人及所属考区的负责人，有关部门应当分别给予相应的行政处分；情节严重，构成犯罪的，由司法机关依法追究刑事责任。

第十六条　违反保密规定，造成国家教育考试的试题、答案及评分参考(包括副题及其答案及评分参考，下同)丢失、损毁、泄密，或者使考生答卷在保密期限内发生重大事故的，由有关部门视情节轻重，分别给予责任人和有关负责人行政处分；构成犯罪的，由司法机关依法追究刑事责任。

盗窃、损毁、传播在保密期限内的国家教育考试试题、答案及评分参考、考生答卷、考试成绩的，由有关部门依法追究有关人员的责任；构成犯罪的，由司法机关依法追究刑事责任。

第十七条　有下列行为之一的，由教育考试机构建议行为人所在单位给予行政处分；违反《中华人民共和国治安管理处罚法》的，由公安机关依法处理；构成犯罪的，由司法机关依法追究刑事责任：

(一)指使、纵容、授意考试工作人员放松考试纪律，致使考场秩序混乱、作弊严重的；

(二)代替考生或者由他人代替参加国家教育考试的；

(三)组织或者参与团伙作弊的；

(四)利用职权，包庇、掩盖作弊行为或者胁迫他人作弊的；

(五)以打击、报复、诬陷、威胁等手段侵犯考试工作人员、考生人身权利的；

（六）向考试工作人员行贿的；

（七）故意损坏考试设施的；

（八）扰乱、妨害考场、评卷点及有关考试工作场所秩序后果严重的。

国家工作人员有前款行为的，教育考试机构应当建议有关纪检、监察部门，根据有关规定从重处理。

第三章　违规行为认定与处理程序

第十八条　考试工作人员在考试过程中发现考生实施本办法第五条、第六条所列考试违纪、作弊行为的，应当及时予以纠正并如实记录；对考生用于作弊的材料、工具等，应予暂扣。

考生违规记录作为认定考生违规事实的依据，应当由 2 名以上监考员或者考场巡视员、督考员签字确认。

考试工作人员应当向违纪考生告知违规记录的内容，对暂扣的考生物品应填写收据。

第十九条　教育考试机构发现本办法第七条、第八条所列行为的，应当由 2 名以上工作人员进行事实调查，收集、保存相应的证据材料，并在调查事实和证据的基础上，对所涉及考生的违规行为进行认定。

考试工作人员通过视频发现考生有违纪、作弊行为的，应当立即通知在现场的考试工作人员，并应当将视频录像作为证据保存。教育考试机构可以通过视频录像回放，对所涉及考生违规行为进行认定。

第二十条　考点汇总考生违规记录，汇总情况经考点主考签字认定后，报送上级教育考试机构依据本办法的规定进行处理。

第二十一条　考生在普通和成人高等学校招生考试、高等教育自学考试中，出现第五条所列考试违纪行为的，由省级教育考试机构或者市级教育考试机构做出处理决定，由市级教育考试机构做出的处理决定应报省级教育考试机构备案；出现第六条、第七条所列考试作弊行为的，由市级教育考试机构签署意见，报省级教育考试机构处理，省级教育考试机构也可以要求市级教育考试机构报送材料及证据，直接进行处理；出现本办法第八条所列扰乱考试秩序行为的，由市级教育考试机构签署意见，报省级教育考试机构按照前款规定处理，对考生及其他人员违反治安管理法律法规的行为，由当地公安部门处理；评卷过程中发现考生有本办法第七条所列考试作弊行为的，由省级教育考试机构做出处理决定，并通知市级教育考试机构。

考生在参加全国硕士研究生招生考试中的违规行为，由组织考试的机构认定，由相关省级教育考试机构或者受其委托的组织考试的机构做出处理决定。

在国家教育考试考场视频录像回放审查中认定的违规行为，由省级教育考试机构认定并做出处理决定。

参加其他国家教育考试考生违规行为的处理由承办有关国家教育考试的考试机构参照前款规定具体确定。

第二十二条　教育行政部门和其他有关部门在考点、考场出现大面积作弊情况或者需要对教育考试机构实施监督的情况下，应当直接介入调查和处理。

发生第十四、第十五、第十六条所列案件，情节严重的，由省级教育行政部门会同有关部门共同处理，并及时报告国务院教育行政部门；必要时，国务院教育行政部门参与或者直接进行处理。

第二十三条　考试工作人员在考场、考点及评卷过程中有违反本办法的行为的，考点主考、评卷点负责人应当暂停其工作，并报相应的教育考试机构处理。

第二十四条　在其他与考试相关的场所违反有关规定的考生，

由市级教育考试机构或者省级教育考试机构做出处理决定；市级教育考试机构做出的处理决定应报省级教育考试机构备案。

在其他与考试相关的场所违反有关规定的考试工作人员，由所在单位根据市级教育考试机构或者省级教育考试机构提出的处理意见，进行处理，处理结果应当向提出处理的教育考试机构通报。

第二十五条　教育考试机构在对考试违规的个人或者单位做出处理决定前，应当复核违规事实和相关证据，告知被处理人或者单位做出处理决定的理由和依据；被处理人或者单位对所认定的违规事实认定存在异议的，应当给予其陈述和申辩的机会。

给予考生停考处理的，经考生申请，省级教育考试机构应当举行听证，对作弊的事实、情节等进行审查、核实。

第二十六条　教育考试机构做出处理决定应当制作考试违规处理决定书，载明被处理人的姓名或者单位名称、处理事实根据和法律依据、处理决定的内容、救济途径以及做出处理决定的机构名称和做出处理决定的时间。

考试违规处理决定书应当及时送达被处理人。

第二十七条　考生或者考试工作人员对教育考试机构做出的违规处理决定不服的，可以在收到处理决定之日起 15 日内，向其上一级教育考试机构提出复核申请；对省级教育考试机构或者承办国家教育考试的机构做出的处理决定不服的，也可以向省级教育行政部门或者授权承担国家教育考试的主管部门提出复核申请。

第二十八条　受理复核申请的教育考试机构、教育行政部门应对处理决定所认定的违规事实和适用的依据等进行审查，并在受理后 30 日内，按照下列规定作出复核决定：

(一)处理决定认定事实清楚、证据确凿，适用依据正确，程序合法，内容适当的，决定维持；

(二)处理决定有下列情况之一的，决定撤销或者变更：

1. 违规事实认定不清、证据不足的；

2. 适用依据错误的；

3. 违反本办法规定的处理程序的。

做出决定的教育考试机构对因错误的处理决定给考生造成的损失，应当予以补救。

第二十九条　申请人对复核决定或者处理决定不服的，可以依法申请行政复议或者提起行政诉讼。

第三十条　教育考试机构应当建立国家教育考试考生诚信档案，记录、保留在国家教育考试中作弊人员的相关信息。国家教育考试考生诚信档案中记录的信息未经法定程序，任何组织、个人不得删除、变更。

国家教育考试考生诚信档案可以依申请接受社会有关方面的查询，并应当及时向招生学校或单位提供相关信息，作为招生参考条件。

第三十一条　省级教育考试机构应当及时汇总本地区违反规定的考生及考试工作人员的处理情况，并向国家教育考试机构报告。

第四章　附　则

第三十二条　本办法所称考场是指实施考试的封闭空间；所称考点是指设置若干考场独立进行考务活动的特定场所；所称考区是指由省级教育考试机构设置，由若干考点组成，进行国家教育考试实施工作的特定地区。

第三十三条　非全日制攻读硕士学位全国考试、中国人民解放军高等教育自学考试及其他各级各类教育考试的违规处理可以参照本办法执行。

第三十四条　本办法自发布之日起施行。此前教育部颁布的各有关国家教育考试的违规处理规定同时废止。

中华人民共和国教育部令

第 43 号

《普通高等学校辅导员队伍建设规定》已于 2017 年 8 月 31 日经教育部 2017 年第 32 次部长办公会议修订通过。现将修订后的《普通高等学校辅导员队伍建设规定》公布，自 2017 年 10 月 1 日起施行。

教育部部长　陈宝生

2017 年 9 月 21 日

普通高等学校辅导员队伍建设规定

第一章　总　则

第一条　为深入贯彻落实全国高校思想政治工作会议精神和《中共中央国务院关于加强和改进新形势下高校思想政治工作的意见》，切实加强高等学校辅导员队伍专业化职业化建设，依据《高等教育法》等有关法律法规，制订本规定。

第二条　辅导员是开展大学生思想政治教育的骨干力量，是高等学校学生日常思想政治教育和管理工作的组织者、实施者、指导者。辅导员应当努力成为学生成长成才的人生导师和健康生活的知心朋友。

第三条　高等学校要坚持把立德树人作为中心环节，把辅导员队伍建设作为教师队伍和管理队伍建设的重要内容，整体规划、统筹安排，不断提高队伍的专业水平和职业能力，保证辅导员工作有条件、干事有平台、待遇有保障、发展有空间。

第二章　要求与职责

第四条　辅导员工作的要求是：恪守爱国守法、敬业爱生、育人为本、终身学习、为人师表的职业守则；围绕学生、关照学生、服务学生，把握学生成长规律，不断提高学生思想水平、政治觉悟、道德品质、文化素养；引导学生正确认识世界和中国发展大势、正确认识中国特色和国际比较、正确认识时代责任和历史使命、正确认识远大抱负和脚踏实地，成为又红又专、德才兼备、全面发展的中国特色社会主义合格建设者和可靠接班人。

第五条　辅导员的主要工作职责是：

(一)思想理论教育和价值引领。引导学生深入学习习近平总书记系列重要讲话精神和治国理政新理念新思想新战略，深入开展中国特色社会主义、中国梦宣传教育和社会主义核心价值观教育，帮助学生不断坚定中国特色社会主义道路自信、理论自信、制度自信、文化自信，牢固树立正确的世界观、人生观、价值观。掌握学生思想行为特点及思想政治状况，有针对性地帮助学生处理好思想认识、价值取向、学习生活、择业交友等方面的具体问题。

(二)党团和班级建设。开展学生骨干的遴选、培养、激励工作，开展学生入党积极分子培养教育工作，开展学生党员发展和教育管理服务工作，指导学生党支部和班团组织建设。

(三)学风建设。熟悉了解学生所学专业的基本情况，激发学生学习兴趣，引导学生养成良好的学习习惯，掌握正确的学习方法。指导学生开展课外科技学术实践活动，营造浓厚学习氛围。

(四)学生日常事务管理。开展入学教育、毕业生教育及相关管理和服务工作。组织开展学生军事训练。组织评选各类奖学金、助学金。指导学生办理助学贷款。组织学生开展勤工俭学活动，做好学生困难帮扶。为学生提供生活指导，促进学生和谐相处、互帮互助。

(五)心理健康教育与咨询工作。协助学校心理健康教育机构开展心理健康教育，对学生心理问题进行初步排查和疏导，组织开展心理健康知识普及宣传活动，培育学生理性平和、乐观向上的健康心态。

（六）网络思想政治教育。运用新媒体新技术，推动思想政治工作传统优势与信息技术高度融合。构建网络思想政治教育重要阵地，积极传播先进文化。加强学生网络素养教育，积极培养校园好网民，引导学生创作网络文化作品，弘扬主旋律，传播正能量。创新工作路径，加强与学生的网上互动交流，运用网络新媒体对学生开展思想引领、学习指导、生活辅导、心理咨询等。

（七）校园危机事件应对。组织开展基本安全教育。参与学校、院（系）危机事件工作预案制定和执行。对校园危机事件进行初步处理，稳定局面控制事态发展，及时掌握危机事件信息并按程序上报。参与危机事件后期应对及总结研究分析。

（八）职业规划与就业创业指导。为学生提供科学的职业生涯规划和就业指导以及相关服务，帮助学生树立正确的就业观念，引导学生到基层、到西部、到祖国最需要的地方建功立业。

（九）理论和实践研究。努力学习思想政治教育的基本理论和相关学科知识，参加相关学科领域学术交流活动，参与校内外思想政治教育课题或项目研究。

第三章　配备与选聘

第六条　高等学校应当按总体上师生比不低于1∶200的比例设置专职辅导员岗位，按照专兼结合、以专为主的原则，足额配备到位。

专职辅导员是指在院（系）专职从事大学生日常思想政治教育工作的人员，包括院（系）党委（党总支）副书记、学工组长、团委（团总支）书记等专职工作人员，具有教师和管理人员双重身份。高等学校应参照专任教师聘任的待遇和保障，与专职辅导员建立人事聘用关系。

高等学校可以从优秀专任教师、管理人员、研究生中选聘一定数量兼职辅导员。兼职辅导员工作量按专职辅导员工作量的三分之一核定。

第七条　辅导员应当符合以下基本条件：

（一）具有较高的政治素质和坚定的理想信念，坚决贯彻执行党的基本路线和各项方针政策，有较强的政治敏感性和政治辨别力；

（二）具备本科以上学历，热爱大学生思想政治教育事业，甘于奉献，潜心育人，具有强烈的事业心和责任感；

（三）具有从事思想政治教育工作相关学科的宽口径知识储备，掌握思想政治教育工作相关学科的基本原理和基础知识，掌握思想政治教育专业基本理论、知识和方法，掌握马克思主义中国化相关理论和知识，掌握大学生思想政治教育工作实务相关知识，掌握有关法律法规知识；

（四）具备较强的组织管理能力和语言、文字表达能力，及教育引导能力、调查研究能力，具备开展思想理论教育和价值引领工作的能力；

（五）具有较强的纪律观念和规矩意识，遵纪守法，为人正直，作风正派，廉洁自律。

第八条　辅导员选聘工作要在高等学校党委统一领导下进行，由学生工作部门、组织、人事、纪检等相关部门共同组织开展。根据辅导员基本条件要求和实际岗位需要，确定具体选拔条件，通过组织推荐和公开招聘相结合的方式，经过笔试、面试、公示等相关程序进行选拔。

第九条　青年教师晋升高一级专业技术职务（职称），须有至少一年担任辅导员或班主任工作经历并考核合格。高等学校要鼓励新入职教师以多种形式参与辅导员或班主任工作。

第四章　发展与培训

第十条　高等学校应当制定专门办法和激励保障机制，落实专职辅导员职务职级“双线”晋升要求，推动辅导员队伍专业化职业化建设。

第十一条　高等学校应当结合实际，按专任教师职务岗位结构比例合理设置专职辅导员的相应教师职务岗位，专职辅导员可按教师职务(职称)要求评聘思想政治教育学科或其他相关学科的专业技术职务(职称)。

专职辅导员专业技术职务(职称)评聘应更加注重考察工作业绩和育人实效，单列计划、单设标准、单独评审。将优秀网络文化成果纳入专职辅导员的科研成果统计、职务(职称)评聘范围。

第十二条　高等学校可以成立专职辅导员专业技术职务(职称)聘任委员会，具体负责本校专职辅导员专业技术职务(职称)聘任工作。聘任委员会一般应由学校党委有关负责人、学生工作、组织人事、教学科研部门负责人、相关学科专家等人员组成。

第十三条　高等学校应当制定辅导员管理岗位聘任办法，根据辅导员的任职年限及实际工作表现，确定相应级别的管理岗位等级。

第十四条　辅导员培训应当纳入高等学校师资队伍和干部队伍培训整体规划。

建立国家、省级和高等学校三级辅导员培训体系。教育部设立高等学校辅导员培训和研修基地，开展国家级示范培训。省级教育部门应当根据区域内现有高等学校辅导员规模数量设立辅导员培训专项经费，建立辅导员培训和研修基地，承担所在区域内高等学校辅导员的岗前培训、日常培训和骨干培训。高等学校负责对本校辅导员的系统培训，确保每名专职辅导员每年参加不少于16学时的校级培训，每5年参加1次国家级或省级培训。

第十五条　省级教育部门、高等学校要积极选拔优秀辅导员参加国内国际交流学习和研修深造，创造条件支持辅导员到地方党政机关、企业、基层等挂职锻炼，支持辅导员结合大学生思想政治教育的工作实践和思想政治教育学科的发展开展研究。高等学校要鼓励辅导员在做好工作的基础上攻读相关专业学位，承担思想政治理论课等相关课程的教学工作，为辅导员提升专业水平和科研能力提供条件保障。

第十六条　高等学校要积极为辅导员的工作和生活创造便利条件，应根据辅导员的工作特点，在岗位津贴、办公条件、通讯经费等方面制定相关政策，为辅导员的工作和生活提供必要保障。

第五章　管理与考核

第十七条　高等学校辅导员实行学校和院(系)双重管理。

学生工作部门牵头负责辅导员的培养、培训和考核等工作，同时要与院(系)党委(党总支)共同做好辅导员日常管理工作。院(系)党委(党总支)负责对辅导员进行直接领导和管理。

第十八条　高等学校要根据辅导员职业能力标准，制定辅导员工作考核的具体办法，健全辅导员队伍的考核评价体系。对辅导员的考核评价应由学生工作部门牵头，组织人事部门、院(系)党委(党总支)和学生共同参与。考核结果与辅导员的职务聘任、奖惩、晋级等挂钩。

第十九条　教育部在全国教育系统先进集体和先进个人表彰中对高校优秀辅导员进行表彰。各地教育部门和高等学校要结合实际情况建立辅导员单独表彰体系并将优秀辅导员表彰奖励纳入各级教师、教育工作者表彰奖励体系中。

第六章　附　则

第二十条　本规定适用于普通高等学校辅导员队伍建设。其他类型高等学校的辅导员队伍建设或思想政治工作其他队伍建设可以参照本规定执行。

第二十一条　高等学校要根据本规定，结合实际制定相关实施细则，并报主管教育部门备案。

第二十二条　本规定自2017年10月1日起施行。原《普通高等学校辅导员队伍建设规定》同时废止。

中共教育部党组关于印发《普通高等学校学生党建工作标准》的通知

教党〔2017〕8号

各省、自治区、直辖市党委教育工作部门、教育厅(教委)，新疆生产建设兵团教育局，部属各高等学校党委：

现将《普通高等学校学生党建工作标准》印发给你们，请结合实际认真贯彻执行。

中共教育部党组

2017年2月28日

普通高等学校学生党建工作标准

为深入贯彻落实党的十八届六中全会和全国高校思想政治工作会议精神，认真贯彻落实中共中央国务院《关于加强和改进新形势下高校思想政治工作的意见》精神，推动高等学校党的建设实现全面从严治党合格、贯彻落实党中央治国理政新理念新思想新战略合格、共产党员行为和作风合格、改革发展稳定的各项工作合格(以下简称“四个合格”)的目标要求，推进高校学生党建工作组织化、制度化、具体化，根据《中国共产党章程》和党内有关法规，结合高等学校实际，制定本标准。

一、组织领导

1. 领导体制

学生党建工作体系健全，责任明晰。学校建立健全学生党建工作组织领导机制，形成党委统一领导，组织部门牵头抓总，学生工作(研究生工作)、宣传、共青团、党校、教务、人事等部门协同配合，院(系)党组织负责实施、学生党支部具体落实的学生党建工作格局。学校党委对本校学生党建工作负主体责任，学校党委书记是第一责任人，学校党委分管学生工作的副书记是直接责任人，其他党委班子成员按照“一岗双责”要求，对分管部门和联系院(系)学生党建工作负主要领导责任。院(系)党组织对院(系)学生党建工作负主体责任，院(系)党组织书记负主要领导责任，副书记负直接领导责任。

2. 工作机制

校、院(系)党组织将学生党建工作摆在突出位置，列入重要议事日程，纳入整体发展规划、年度工作计划和党组织书记抓思想政治工作和党的建设述职评议考核的重要内容。学校党委每年至少专题研究一次学生党建工作，院(系)党组织每学期至少研究一次学生党建工作，学生党建工作有规划、有部署、有检查、有落实。建立校、院(系)两级领导班子成员、职能部门主要负责人联系指导学生党支部工作制度。切实发挥党支部主体作用。坚持以“两学一做”为基本内容，以“三会一课”为基本制度，以党支部为基本单位，形成学生党建工作常态化长效化机制。

3. 学生党支部设置

按照有利于发挥党支部战斗堡垒作用和党员先锋模范作用、有利于开展党员教育管理服务活动的原则，在按年级或院(系)设置学生党支部的基础上，根据实际需要，探索依托重大项目组、课题组和学生公寓、社区、社团组织等建立党组织，探索学生党建工作向最活跃、最具创新能力的组织拓展，扩大党的覆盖面，做到哪里有学生党员哪里就有学生党组织，哪里有党组织哪里就有健全的组织生活和党组织作用的充分发挥。学生党支部委员会任期根据支部设置方式设定为两年或三年，坚持按期换届。合理控制学生党支部党员人数规模，一般在30人以内。建强学生党支部，充实支部工作力量，创新支部工作方法，保障支部工作条件。整顿软弱涣散学生党支部，每年进行摸底排查，对支委不强、长期不开展组织生活、不发挥作用的，限期整顿转化。

4. 学生党建工作队伍建设

统筹院(系)党组织书记、副书记、组织员、辅导员和班主任、学生党支部书记、共青团干部等队伍建设。按照守信念、重品行、有本领、敢担当、讲奉献的要求，选优配强学生党支部书记和支部委员、专兼职组织员。注重从优秀辅导员、骨干教师、优秀大学生党员中选拔学生党支部书记。学生党建工作队伍教育培训纳入学校人才队伍建设总体规划，定期开展专题培训，特别是根据支部换届情况加强党支部书记、支委的党务知识培训。推动学生党建工作队伍专业化、职业化建设，落实职务职级“双线”晋升办法和保障激励机制，实行职务(职称)评审单列计划、单设标准、单独评审。落实专职思想政治工作人员和党务工作人员不低于全校师生人数的1%的要求，确保学生党建工作力量配置，每个院(系)至少配备1～2名专职组织员，按师生比不低于1∶200的比例设置专职辅导员岗位。

二、教育培养

5. 入党积极分子培养

入党积极分子确定程序规范，党组织收到入党申请书后，应当在一个月内与入党申请人谈话，指派培养联系人了解入党积极分子思想状况。在入党申请人中采取党员推荐、群团组织推优等方式，支部委员会(不设支部委员会的由支部大会)研究决定，并报上级党组织备案的程序确定入党积极分子。入党积极分子参加党校学习、开展集中培训，并定期向党组织进行书面或口头思想汇报。党支部每半年对入党积极分子进行一次考察。院(系)党组织每年对入党积极分子队伍作一次培养状况分析。

6. 发展对象培养

严格落实入党积极分子一年以上培养教育和考察的要求，党支部书记、培养联系人、入党介绍人和组织员都要承担起培养教育的责任。规范程序，严格把关，对基本具备党员条件的入党积极分子，在听取党小组、培养联系人、党员和群众意见的基础上，经支部委员会讨论同意并报上级党组织备案后，列为发展对象。为每一名发展对象确定两名正式党员作为入党介绍人，介绍人认真履行责任。健全落实发展对象谈心谈话和政治审查制度。对发展对象应进行短期集中培训，时间一般不少于3天(或不少于24个学时)，培训突出思想入党和政治引领，并结合社会实践和志愿服务等进行党情国情教育。发展对象要定期向党组织进行书面思想汇报。

7. 预备党员教育

院(系)党组织及时将学校党委批准的预备党员编入党支部和党小组，并认真做好预备期的培养考察记录。院(系)党组织通过党的组织生活、听取本人汇报、个别谈心、集中培训、实践锻炼等方式，对预备党员进行系统教育和综合考察，重点考察预备期的思想政治表现、个人党性分析和学习工作情况。严格执行预备党员转正的组织程序和要求。

8. 党员继续教育

党员继续教育结合本(专)科生、研究生等不同类型学生的特点，有计划、有安排、有落实。以增强党性与党员意识、提高思想政治素质为目标，以加强党的执政能力建设、先进性和纯洁性建设为主线，组织党员学党章党规、学党的理论创新成果，组织开展党的基本理论、基本路线、基本纲领、基本经验、基本要求和党的历史、优良传统教育，组织开展中国特色社会主义理论教育，组织开展党中央治国理政新理念新思想新战略、社会主义核心价值观和中国梦主题教育。开展学生党员遵守政治纪律和政治规矩、廉洁自律教育，引导党员政治合格、执行纪律合格、品德合格、发挥作用合格。党员每年集中培训时间一般不少于32学时。认真开展党员经常性教育，政治意识、大局意识、核心意识、看齐意识不断增强，中国特色社会主义道路自信、理论自信、制度自信、文化自信不断增强。

9. 党员教育方式载体

针对本(专)科生、研究生等不同类型学生的特点，构建以校、院党校为主体、基层组织专题学习为重点、网络学习教育为辅助、主题教育实践为支撑的多层次、多渠道的学生党员经常性学习教育体系。学校党校紧紧围绕校党委关于加强大学生党员发展工作的重要部署，紧密结合大学生思想实际，合理设置教学方案，科学制订培训计划，用党的理论创新成果武装学生头脑，增强党校教育的针对性、时效性。运用学生互动社区、主题教育网站和“两微一端”等网络新媒体，创建网上党建园地、网上党校等党员教育平台，确保外出实习、毕业班求职学生党员等流动党员正常接受教育。学校党委书记、校长和院(系)党组织书记、院长每学期至少给学生党员讲一次思想政治理论课。以重大节庆日、重要活动、重要节点为契机，开展形式多样的主题教育活动。重视教育培训实践环节，组织大学生党员广泛参加自我管理、志愿服务、社会调查、承诺践诺等活动。

三、发展党员

10. 发展原则

发展党员工作应当贯彻党的基本路线、基本理论、基本纲领、基本经验、基本要求，按照控制总量、优化结构、提高质量、发挥作用的总要求，坚持党章规定的党员标准，认真落实《中国共产党发展党员工作细则》各项要求，始终把政治标准放在首位。坚持慎重发展、均衡发展，有领导、有计划地进行。坚持入党自愿原则和个别吸收原则，成熟一个，发展一个。禁止突击发展，反对“关门主义”。注重发展边疆少数民族优秀学生党员，在坚持标准的前提下给予倾斜政策。制订年度发展工作计划，在上级党组织规定的年度发展计划控制数内发展党员。

11. 发展程序

认真落实培养、预审、公示、谈话、审批和接收、转正等程序及要求。支部大会程序规范，参会人数符合要求，党组织评定意见严谨规范、填写及时。预备党员必须面向党旗进行入党宣誓，入党宣誓仪式庄严、庄重。校、院(系)党组织认真履行职责，按照规定及时讨论审批党支部上报的接收预备党员或预备党员转正决议，党委审批必须集体讨论、逐一表决。学生党员的档案材料建档规范、齐备，入党申请书、入党志愿书、思想汇报等材料填写认真、规范。

12. 发展质量

强化发展质量，严把发展关口，严格政治审查，深入考察发展对象的入党动机是否端正，对党的认识是否深刻，是否懂得党员义务和权利，是否遵守党章党规党纪，是否坚定不移听党话跟党走，确保政治合格。把综合素质作为发展学生党员的重要考察内容，全面考察思想政治、能力素质、道德品行、现实表现等方面的具体标准，注重学生的一贯表现和关键时刻表现、自我评价和群众评议、学习情况和社会实践情况，防止把学习成绩作为党员发展的唯一条件。

四、党员管理

13. 党内组织生活

党内政治生活的政治性、时代性、原则性、战斗性强，党的组织生活经常、认真、严肃，坚持不懈用好批评和自我批评这个武器。

组织生活规范，有实质性内容，能有针对性地解决学生党员的实际问题。坚持“三会一课”制度，党员必须参加党员大会、党小组会和上党课，党支部定期召开支部委员会会议。“三会一课”结合学生特点，突出政治学习和教育，突出党性锻炼，坚决防止表面化、形式化、娱乐化、庸俗化。坚持组织生活会制度，会前广泛听取意见、深入谈心交心，会上认真查摆问题、深刻剖析根源、明确整改方向，会后逐一整改落实。坚持谈心谈话制度，开展经常性谈心谈话，做到坦诚相见，交流思想和意见。坚持民主评议制度，督促党员对照党章规定的党员标准、对照入党誓词、联系个人实际进行党性分析，强化党员意识，增强党的观念，提高党性修养。每年至少召开一次专题组织生活会，深入开展批评与自我批评，民主评议党员与党性分析评议活动规范有序，党内政治生态良好。院(系)党组织要加强对学生党支部党内组织生活的指导和引导，确保党内组织生活有序开展。

14. 党员日常管理

党员组织隶属关系明晰，每一名学生党员都能纳入党的基层组织管理之中。严格执行学生党员党组织关系接转规定，档案材料审查严格，接转组织关系及时规范，党员组织关系管理有效衔接。严格落实流动党员和出国境党员管理实施办法，建立流动党员管理信息库与管理台账，规范滞留学校毕业生党员组织关系管理。学生党员基本信息统计工作严谨规范，及时排查党员组织关系，妥善做好“失联党员”“口袋党员”的联系查找和组织关系接转。严格落实党费收缴、使用和管理工作，教育党员自觉按时足额交纳党费。加强党员日常管理监督，建立健全大学生党员退出机制，及时稳妥处置不合格党员，及时处分违纪党员。

15. 党员权利保障

坚持以人为本，从政治、思想、学习、工作和生活上关心爱护学生党员，建立健全党内激励、关怀与帮扶机制。搭建务实管用、灵活多样、特色鲜明的服务学生党员载体。尊重学生党员的主体地位，保障党员民主权利，落实党员的知情权、参与权、选举权和监督权，保障党员申辩申诉等权利，支持学生党员广泛参与班级、院(系)和学校管理工作，畅通学生党员参与讨论党内事务的途径，拓宽表达意见渠道，营造党内民主讨论的政治氛围。

五、作用发挥

16. 党组织作用发挥

校、院(系)党组织主体作用发挥突出，落实“四个合格”目标要求坚决有力，有效开展学习型、服务型、创新型党组织创建，领导和支持学生党组织发挥好组织带动、工作带动、队伍带动、榜样带动作用。学生党组织在党员思想政治教育、管理、服务工作中针对性实效性强，在推进专业学习、志愿服务、社会实践、就业创业等方面工作有力。坚持解决思想问题与实际问题相结合，注重人文关怀和心理疏导，在引领优良班风、校风、学风、践行社会主义核心价值观和维护学校改革发展稳定大局中发挥战斗堡垒作用。

17. 党员作用发挥

党员先锋模范作用发挥充分，严格遵守党章与党纪党规，带头遵守国家法律和校纪校规，做遵纪守法的标杆；带头践行社会主义核心价值观，做“勤学、修德、明辨、笃实”的表率；带头落实“四个合格”目标要求，做党的路线方针政策的宣传者，做朋辈帮扶、互助友爱的践行者，做就业创业、志愿服务国家需要的争先者，做钻研科学知识、勇攀科学高峰的探索者。研究生党员在学术研究、恪守学术道德中的模范带头作用发挥充分，毕业生党员在创新创业中的导向和示范作用突出。定期开展评选表彰优秀学生党员工作，通过选树先进典型，用身边人、身边事教育影响其他学生。团结和带领广大学生为推动形成优良党风、校风、学风做贡献。

六、条件保障

18. 制度保障

制定并完善发展学生党员及党员教育管理服务工作各项制度。“三会一课”、组织生活会、谈心谈话、民主评议党员和学生党组织工作考评等制度的全面落实。学生党员发展质量跟踪评价机制健全。

19. 经费保障

学生党建工作纳入学校年度经费预算，党校办学经费满足需要。学生党支部活动经费按照不低于上级党组织规定的标准落实到位。

20. 平台建设

建立党建信息化平台，加强“两微一端”建设，创建网上党校园地、党校、论坛等思想政治工作平台。学生党建工作有相对固定的活动场所和设施，建立多种形式的学生党员教育、实践和服务基地。校、院(系)党校师资建设和办学条件好，教学质量有保证。

中共教育部党组关于印发《高校思想政治工作质量提升工程实施纲要》的通知

教党〔2017〕62号

各省、自治区、直辖市党委教育工作部门、教育厅(教委)，新疆生产建设兵团教育局，部属各高等学校党委，部内各司局：

《高校思想政治工作质量提升工程实施纲要》已经部党组会议审议通过，现印发给你们，请结合实际认真贯彻执行。有关落实情况，请及时报告我部思想政治工作司。

中共教育部党组

2017年12月4日

高校思想政治工作质量提升工程实施纲要

为认真学习贯彻党的十九大精神，进一步把贯彻落实全国高校思想政治工作会议和《中共中央国务院关于加强和改进新形势下高校思想政治工作的意见》精神引向深入，大力提升高校思想政治工作质量，特制定《高校思想政治工作质量提升工程实施纲要》(以下简称《实施纲要》)。

一、目标原则

1. 总体目标。坚持以习近平新时代中国特色社会主义思想为指导，紧紧围绕统筹推进“五位一体”总体布局和协调推进“四个全面”战略布局，坚持和加强党的全面领导，充分发挥中国特色社会主义教育的育人优势，以立德树人为根本，以理想信念教育为核心，以社会主义核心价值观为引领，以全面提高人才培养能力为关键，强化基础、突出重点、建立规范、落实责任，一体化构建内容完善、标准健全、运行科学、保障有力、成效显著的高校思想政治工作质量体系，形成全员全过程全方位育人格局，切实提高工作亲和力和针对性，着力培养德智体美全面发展的社会主义建设者和接班人，着力培养担当民族复兴大任的时代新人，不断开创新时代高校思想政治工作新局面。

2. 基本原则。(1)坚持育人导向，突出价值引领。全面统筹办学治校各领域、教育教学各环节、人才培养各方面的育人资源和育人力量，推动知识传授、能力培养与理想信念、价值理念、道德观念的教育有机结合，建立健全系统化育人长效机制。(2)坚持遵循规律，勇于改革创新。遵循思想政治工作规律、教书育人规律和学生成长规律，坚持以师生为中心，把握师生思想特点和发展需求，优化内容供给、改进工作方法、创新工作载体，激活高校思想政治工作内生动力。(3)坚持问题导向，注重精准施策。聚焦重点任务、重点群体、重点领域、重点区域、薄弱环节，强化优势、补齐短板，加强分类指导、着力因材施教，着力破解高校思想政治工作领域存在的不平衡不充分问题，不断提高师生的获得感。(4)坚持协同联动，强化责任落实。加强党对高校思想政治工作的领导，落实主体责任，建立党委统一领导、部门分工负责、全员协同参与的责任体系。加强督导考核，严肃追责问责，把“软指标”变成“硬约束”。

二、基本任务

充分发挥课程、科研、实践、文化、网络、心理、管理、服务、资助、组织等方面工作的育人功能，挖掘育人要素，完善育人机制，优化评价激励，强化实施保障，切实构建“十大”育人体系。

1. 课程育人质量提升体系。大力推动以“课程思政”为目标的课堂教学改革，优化课程设置，修订专业教材，完善教学设计，加强教学管理，梳理各门专业课程所蕴含的思想政治教育元素和所承载的思想政治教育功能，融入课堂教学各环节，实现思想政治教育与知识体系教育的有机统一。

2. 科研育人质量提升体系。发挥科研育人功能，优化科研环节和程序，完善科研评价标准，改进学术评价方法，促进成果转化应用，引导师生树立正确的政治方向、价值取向、学术导向，培养师生至诚报国的理想追求、敢为人先的科学精神、开拓创新的进取意识和严谨求实的科研作风。

3. 实践育人质量提升体系。坚持理论教育与实践养成相结合，整合各类实践资源，强化项目管理，丰富实践内容，创新实践形式，拓展实践平台，完善支持机制，教育引导师生在亲身参与中增强实践能力、树立家国情怀。

4. 文化育人质量提升体系。注重以文化人以文育人，深入开展中华优秀传统文化、革命文化、社会主义先进文化教育，推动中国特色社会主义文化繁荣兴盛，牢牢掌握高校意识形态工作领导权，践行和弘扬社会主义核心价值观，优化校风学风，繁荣校园文化，培育大学精神，建设优美环境，滋养师生心灵、涵育师生品行、引领社会风尚。

5. 网络育人质量提升体系。大力推进网络教育，加强校园网络文化建设与管理，拓展网络平台，丰富网络内容，建强网络队伍，净化网络空间，优化成果评价，推动思想政治工作传统优势同信息技术高度融合，引导师生强化网络意识，树立网络思维，提升网络文明素养，创作网络文化产品，传播主旋律、弘扬正能量，守护好网络精神家园。

6. 心理育人质量提升体系。坚持育心与育德相结合，加强人文关怀和心理疏导，深入构建教育教学、实践活动、咨询服务、预防干预、平台保障“五位一体”的心理健康教育工作格局，着力培育师生理性平和、积极向上的健康心态，促进师生心理健康素质与思想道德素质、科学文化素质协调发展。

7. 管理育人质量提升体系。把规范管理的严格要求和春风化雨、润物无声的教育方式结合起来，加强教育立法，遵守大学章程，完善校规校纪，健全自律公约，加强法治教育，全面推进依法治教，促进教育治理能力和治理体系现代化，强化科学管理对道德涵育的保障功能，大力营造治理有方、管理到位、风清气正的育人环境。

8. 服务育人质量提升体系。把解决实际问题与解决思想问题结合起来，围绕师生、关照师生、服务师生，把握师生成长发展需要，提供靶向服务，增强供给能力，积极帮助解决师生工作学习中的合理诉求，在关心人、帮助人、服务人中教育人、引导人。

9. 资助育人质量提升体系。把“扶困”与“扶智”，“扶困”与“扶志”结合起来，建立国家资助、学校奖助、社会捐助、学生自助“四位一体”的发展型资助体系，构建物质帮助、道德浸润、能力拓展、精神激励有效融合的资助育人长效机制，实现无偿资助与有偿资助、显性资助与隐性资助的有机融合，形成“解困—育人—成才—回馈”的良性循环，着力培养受助学生自立自强、诚实守信、知恩感恩、勇于担当的良好品质。

10. 组织育人质量提升体系。把组织建设与教育引领结合起来，强化高校各类组织的育人职责，增强工作活力、促进工作创新、扩大工作覆盖、提高辐射能力，发挥高校党委领导核心作用、院（系）党组织政治核心作用和基层党支部战斗堡垒作用，发挥工会、共青团、学生会、学生社团等组织的联系服务、团结凝聚师生的桥梁纽带作用，把思想政治教育贯穿各项工作和活动，促进师生全面发展。

三、主要内容

1. 统筹推进课程育人。深入推动习近平新时代中国特色社会主义思想进教材、进课堂、进头脑。完善课程设置管理、课程标准和教案评价制度，实施高校课程体系和教育教学创新计划，推动面向全体学生开设提高思想品德、人文素养、认知能力的哲学社会科学课程，创新高校思想政治理论课建设体系。修订各类专业教材，加强课堂教学设计，推进马克思主义理论研究和建设工程教材、思想政治理论课统编教材编写修订，研制课程育人指导意见，充分挖掘和运用各门课程蕴含的思想政治教育元素，作为教材讲义必要章节、课堂讲授重要内容和学生考核关键知识。发挥专业教师课程育人的主体作用，健全课程育人管理、运行体制，将课程育人作为教师思想政治工作的重要环节，作为教学督导和教师绩效考核的重要方面。加强教材使用和课堂教学管理，建立哲学社会科学专业核心课程教材目录，研制引进教材选用管理办法，建立国家优秀教材评选奖励制度，制定高校课堂教学管理指导意见，明确课堂教学的纪律要求。培育选树一批“学科育人示范课程”，建立一批“课程思政研究中心”。

2. 着力加强科研育人。改进科研环节和程序，把思想价值引领贯穿选题设计、科研立项、项目研究、成果运用全过程，把思想政治表现作为组建科研团队的底线要求。完善科研评价标准，改进学术评价方法，健全具有中国特色的学术评价标准和科研成果评价办法，构建集教育、预防、监督、惩治于一体的学术诚信体系，治理遏制学术研究、科研成果不良倾向，组织编写师生学术规范与学术道德读本，在本科生中开设相关专题讲座，在研究生中开设相应公选课程。健全优秀成果评选推广机制，服务国家和区域经济发展，促进全社会思想文化建设。培养师生科学精神和创新意识，实施科研创新团队培育支持计划、科教协同育人计划、产学研合作协同育人计划等项目，引导师生积极参与科技创新团队和科研创新训练，及时掌握科技前沿动态，培养集体攻关、联合攻坚的团队精神和协作意识。加大学术名家、优秀学术团队先进事迹的宣传教育力度。大力培育全国高校黄大年式教师团队，培养选树一批科研育人示范项目、示范团队。

3. 扎实推动实践育人。整合实践资源，拓展实践平台，依托高新技术开发区、大学科技园、城市社区、农村乡镇、工矿企业、爱国主义教育场所等，建立多种形式的社会实践、创业实习基地。丰富实践内容，创新实践形式，广泛开展社会调查、生产劳动、社会公益、志愿服务、科技发明、勤工助学等社会实践活动，深入开展好大学生暑期“三下乡”“志愿服务西部计划”等传统经典项目，组织实施好“牢记时代使命，书写人生华章”“百万师生追寻习近平总书记成长足迹”“百万师生重走复兴之路”“百万师生‘一带一路’社会实践专项行动”等新时代社会实践精品项目，探索开展师生志愿服务评价认证。深入推进实践教学改革，分类制订实践教学标准，适度增加实践教学比重，原则上哲学社会科学类专业实践教学不少于总学分(学时)的15%，理工农医类专业不少于25%。加强创新创业教育，开发专门课程，健全课程体系，实施“大学生创新创业训练计划”，支持学生成立创新创业类社团。完善支持机制，推动专业课实践教学、社会实践活动、创新创业教育、志愿服务、军事训练等载体有机融合，形成实践育人统筹推进工作格局，构建“党委统筹部署、政府扎实推动、社会广泛参与、高校着力实施”的实践育人协同体系。

培育建设一批实践育人与创新创业示范基地。

4. 深入推进文化育人。推进中华优秀传统文化教育，实施“中华经典诵读工程”“中国传统节日振兴工程”，开展“礼敬中华优秀传统文化”“戏曲进校园”等文化建设活动，展示一批体育艺术文化成果，建设一批文化传承基地，引导高雅艺术、非物质文化、民族民间优秀文化走近师生。挖掘革命文化的育人内涵，实施“革命文化教育资源库建设工程”，开展“传承红色基因、担当复兴重任”主题教育活动，组织编排展演一批以革命先驱为原型的舞台剧、以革命精神为主题的歌舞音乐、以革命文化为内涵的网络作品；有效利用重大纪念日契机和重点文化基础设施开展革命文化教育。开展社会主义先进文化教育，开展高校师生社会主义核心价值观主题教育活动，推广展示一批社会主义核心价值观教育典型案例，选树宣传一批践行社会主义核心价值观先进典型。大力繁荣校园文化，创新校园文化品牌，挖掘校史校风校训校歌的教育作用，推进“一校一品”校园文化建设，引导高校建设特色校园文化；实施“高校原创文化经典推广行动计划”，支持师生原创歌剧、舞蹈、音乐、影视等文艺精品扩大影响力和辐射力；广泛开展“我的中国梦”等主题教育活动，推选展示一批高校校园文化建设优秀成果。建设美丽校园，制作发布高校优秀人文景观、自然景观名录，推动实现校园山、水、园、林、路、馆建设达到使用、审美、教育功能的和谐统一。广泛开展文明校园创建，评选“全国文明校园”，把高校建设成为社会主义精神文明高地。

5. 创新推动网络育人。加强工作统筹，建设高校思想政治工作网，打造信息发布、工作交流和数据分析平台，加强高校思想政治工作信息管理系统共建与资源互享。强化网络意识，提高建网用网管网能力，加强师生网络素养教育，编制《高校师生网络素养指南》，引导师生增强网络安全意识，遵守网络行为规范，养成文明网络生活方式。拓展网络平台，发挥全国高校校园网站联盟作用，推动“易班”和中国大学生在线全国共建，推选展示一批校园网络名站名栏，引领建设校园网络新媒体矩阵。丰富网络内容，开展“大学生网络文化节”“高校网络育人优秀作品推选展示”“网络文明进校园”等网络文化建设活动，推广展示一批“网络名篇名作”。优化成果评价，建设“高校网络文化研究评价中心”，建立网络文化成果评价认证体系，推动将优秀网络文化成果纳入高校科研成果统计、列为教师职务职称评聘条件、作为师生评奖评优依据。培养网络力量，实施“网络教育名师培育支持计划”“校园好网民培养选树计划”，建设一支政治强、业务精、作风硬的网络工作队伍。

6. 大力促进心理育人。加强知识教育，把心理健康教育课程纳入学校整体教学计划，组织编写大学生心理健康教育示范教材，开发建设《大学生心理健康》等在线课程，实现心理健康知识教育全覆盖。开展宣传活动，举办“5·25”大学生心理健康节等品牌活动，充分利用网络、广播、微信公众号、APP等媒体，营造心理健康教育良好氛围，提高师生心理保健能力。强化咨询服务，提高心理健康教育咨询与服务中心建设水平，按照师生比不低于1∶4000配备心理健康教育专业教师，每校至少配备2名专业教师。加强预防干预，推广应用《中国大学生心理健康筛查量表》“中国大学生心理健康网络测评系统”，提高心理健康素质测评覆盖面和科学性；建立学校、院系、班级、宿舍“四级”预警防控体系，完善心理危机干预工作预案，建立转介诊疗机制，提升工作前瞻性、针对性。完善工作保障，研制高校师生心理健康教育指导意见，保证生均经费投入和心理咨询辅导专用场地面积，建设校内外心理健康教育素质拓展培养基地，培育建设一批“高校心理健康教育示范中心”。

7. 切实强化管理育人。完善教育法律法规体系，加快制(修)订教育规章，保障师生员工合法权益。健全依法治校、管理育人制度体系，结合大学章程、校规校纪、自律公约修订完善，研究梳理高校各管理岗位的育人元素，编制岗位说明书，明确管理育人的内容和路径，丰富完善不同岗位、不同群体公约体系，引导师生培育自觉、强化自律。加强干部队伍管理，按照社会主义政治家、教育家要求和好干部标准，选好配强各级领导干部和领导班子，制定管理干部培训五年规划，提高各类管理干部育人能力。加强教师队伍管理，严把教师聘用、人才引进政治考核关，依法依规加大对各类违反师德和学术不端行为查处力度，及时纠正不良倾向和问题。加强经费使用管理，科学编制经费预算，确保教育经费投入的育人导向。强化保障功能，健全依法治校评价指标体系，深入开展依法治校创建活动。把育人功能发挥纳入管理岗位考核评价范围，作为评奖评优条件。培育一批“管理育人示范岗”，引导管理干部用良好的管理模式和管理行为影响和培养学生。

8. 不断深化服务育人。强化育人要求，研究梳理各类服务岗位所承载的育人功能，并作为工作的职责要求，体现在聘用、培训、考核等各环节。明确育人职能，在后勤保障服务中，持续开展“节粮节水节电”“节能宣传周”等主题教育活动，推动高校节约型校园建设建档，大力建设绿色校园，实施后勤员工素质提升计划，切实提高后勤保障水平和服务育人能力。在图书资料服务中，建设文献信息资源体系和服务体系，优化服务空间，注重用户体验，提高馆藏利用率和服务效率，开展信息素质教育，引导师生尊重和保护知识产权，维护信息安全。在医疗卫生服务中，制订健康教育教学计划，开展传染病预防、安全应急与急救等专题健康教育活动，培养师生公共卫生意识和卫生行为习惯。在安全保卫服务中，加强人防物防技防建设，全面开展安全教育，提高安保效能，培养师生安全意识和法制观念。增强供给能力，建设校园综合信息服务系统，充分满足师生学习、生活、工作中的合理需求。加强监督考核，落实服务目标责任制，把服务质量和育人效果作为评价服务岗位效能的依据和标准。选树一批服务育人先进典型模范，培育一批高校“服务育人示范岗”。

9. 全面推进资助育人。加强资助工作顶层设计，建立资助管理规范，完善勤工助学管理办法，构建资助对象、资助标准、资金分配、资金发放协调联动的精准资助工作体系。精准认定家庭经济困难学生，健全四级资助认定工作机制，采用家访、大数据分析和谈心谈话等方式，合理确定认定标准，建立家庭经济困难学生档案，实施动态管理。坚持资助育人导向，在奖学金评选发放环节，全面考察学生的学习成绩、创新发展、社会实践及道德品质等方面的综合表现，培养学生奋斗精神和感恩意识。在国家助学金申请发放环节，深入开展励志教育和感恩教育，培养学生爱党爱国爱社会主义意识。在国家助学贷款办理过程中，深入开展诚信教育和金融常识教育，培养学生法律意识、风险防范意识和契约精神。在勤工助学活动开展环节，着力培养学生自强不息、创新创业的进取精神。在基层就业、应征入伍学费补偿贷款代偿等工作环节中，培育学生树立正确的成才观和就业观。创新资助育人形式，实施“发展型资助的育人行动计划”“家庭经济困难学生能力素养培育计划”，开展“助学·筑梦·铸人”“诚信校园行”等主题教育活动，组织国家奖学金获奖学生担任“学生资助宣传大使”。培育建设一批“发展型资助的育人示范项目”，推选展示资助育人优秀案例和先进人物。

10. 积极优化组织育人。发挥各级党组织的育人保障功能，进一步理顺高校党委的领导体制机制，明确高校党委职责和决策机制，健全和完善高校党委领导下的校长负责制，推动学校各级党组织自觉担负起管党治党、办学治校、育人育才的主体责任。启动实施高校党建工作评估，全面推开校、院(系)党组织书记抓基层党建述职评议。实施教师党支部书记“双带头人”培育工程，分中央和地方两级开展示范培训。实施“高校基层党建对标争先计划”，开展“不忘初心、牢记使命”主题教育，遴选培育全国百个院(系)党建工作标杆，培育建设一批先进基层党组织，培养选树一批优秀共产党员、优秀党务工作者，创建示范性网上党建园地，推选展示一批党的建设优秀工作案例。发挥各类群团组织的育人纽带功能，推动工会、共青团、学生会等群团组织创新组织动员、引领教育的载体与形式，更好地代表师生、团结师生、服务师生，支持各类师生社团开展主题鲜明、健康有益、丰富多彩的活动，充分发挥教研室、学术梯队、班级、宿舍在师生成长中的凝聚、引导、服务作用。培育建设一批文明社团、文明班级、文明宿舍。

四、实施保障

1. 强化改革驱动。推动“三全育人”综合改革，遴选部分工作基础较好的省(区、市)和高校作为“三全育人”综合改革试点。在省级层面，整合育人资源，统筹发挥校内外自然资源、红色资源、文化资源、体育资源、科技资源、国防资源和企事业单位资源的育人功能，带动支持在本地区打造“三全育人共同体”，形成学校、家庭和社会教育有机结合的协同育人机制。在学校层面，以《实施纲要》所涵盖的“十大育人体系”为基础，系统梳理归纳各个群体、各个岗位的育人元素，并作为职责要求和考核内容融入整体制度设计和具体操作环节，推动全体教职员工把工作的重音和目标落在育人成效上，切实打通“三全育人”的最后一公里，形成可转化、可推广的一体化育人制度和模式。

2. 搭建工作平台。建设高校思想政治工作创新发展中心，依托部分省(区、市)和高校建设一批理论和实践研究中心，推动开展党的建设、思想政治教育、意识形态工作、维护安全稳定等方面的理论创新和实践探索。建设省级高校网络思想政治工作中心，支持各省(区、市)建设本地区网络思想政治工作中心，推动各地整合网络建设管理资源，深入开展网络意识形态研判分析、网络舆情研究引导、师生思想政治状况调查、网络文化产品创作生产等工作，统筹推动“易班”和中国大学生在线全国共建共享。建设高校思想政治工作队伍培训研修中心，依托部分省（区、市）教育工作部门和高校建设队伍培训研修中心，以强化理论武装、提升政治引领为重点，组织开展线上线下培训、高级访问研修、学历学位教育、课程体系研发、思政文库建设等工作，不断提高培训研修的覆盖面和受益率，推动理论研究和实践探索成果转化应用。

3. 建强工作队伍。完善教师评聘和考核机制，把政治标准放在首位，严格教师资格和准入制度。在教师教学评价、职务（职称）评聘、评优奖励中，把思想政治表现和育人功能发挥作为首要指标，引导广大教师不忘立德树人初心，牢记人才培养使命，将更多精力投入到教书育人工作上。加强专门力量建设，推动中央关于高校思想政治工作队伍和党务工作队伍建设的政策要求和量化指标落地。大力培育领军人才，在“长江学者奖励计划”中，加大对思想政治教育相关领域高层次人才倾斜支持力度。加大培养培训力度，开展高校思想政治工作队伍国家示范培训，遴选骨干队伍参加海内外访学研修、在攻读博士学位。强化项目支持引领，实施“高校思想政治工作中青年杰出人才支持计划”，支持出版理论和实践研究专著，培育一批高校思想政治工作精品项目，建设一批高校思想政治工作名师工作室。

4. 强化组织保障。成立高校思想政治工作委员会，加强工作统筹、决策咨询和评估督导。设立高校思想政治工作经费专项，保证《实施纲要》各项目顺利实施。健全高校思想政治工作质量评价机制，研究制定高校思想政治工作评价指标体系，创新评价方式，探索引进第三方评价机构。强化高校思想政治工作督导考核，把加强和改进高校思想政治工作纳入高校巡视、“双一流”建设、教学科研评估范围，作为各级党组织和党员干部工作考核的重要内容。各地各高校结合实际，将《实施纲要》实施纳入整体发展规划和年度工作计划，明确路线图、时间表、责任人。

中共教育部党组关于印发《高等学校学生心理健康教育指导纲要》的通知

教党〔2018〕41 号

各省、自治区、直辖市党委教育工作部门、教育厅(教委)，新疆生产建设兵团教育局，部属各高等学校党委、部省合建各高等学校党委：

《高等学校学生心理健康教育指导纲要》已经部党组会议审议通过，现印发给你们，请结合实际认真贯彻执行。有关落实情况，请及时报告我部思想政治工作司。

中共教育部党组

2018 年 7 月 4 日

高等学校学生心理健康教育指导纲要

心理健康教育是提高大学生心理素质、促进其身心健康和谐发展的教育，是高校人才培养体系的重要组成部分，也是高校思想政治工作的重要内容。为深入学习贯彻习近平新时代中国特色社会主义思想和党的十九大精神，推动全国高校思想政治工作会议精神落地生根，切实加强高校思想政治工作体系建设，进一步提升心理育人质量，根据原国家卫生计生委、教育部等 22 部门联合印发的《关于加强心理健康服务的指导意见》和中共教育部党组《高校思想政治工作质量提升工程实施纲要》的工作要求，特制定本指导纲要。

一、指导思想

深入学习贯彻习近平新时代中国特色社会主义思想，全面贯彻